ESTUDIOS
SERIE LITERATURA

ALVARO MUTIS: UNA ESTETICA DEL DETERIORO

Consuelo Hernández

ALVARO MUTIS:
UNA ESTETICA
DEL DETERIORO

Monte Avila Editores
Latinoamericana

1ª edición, 1996

D. R.© Monte Avila Editores Latinoamericana, C.A., 1995
Apartado Postal 70712, Zona 1070, Caracas, Venezuela
ISBN: 980-01-0937-4
Diseño de colección y portada: Claudia Leal
Composición y paginación electrónica:
ProduGráfica, C.A.
Impreso en Venezuela
Printed in Venezuela

RECONOCIMIENTO

DESEO EXPRESAR mi sincero agradecimiento a varias personas, por el apoyo que hizo posible la realización de este trabajo: al profesor John Alexander Coleman, director de mi tesis, quien oportunamente me sugirió retomar la obra de Mutis como tema para la disertación doctoral y tuvo la generosidad de orientarme; al profesor Maarten van Delden, quien por su formación en teoría literaria y su amable disposición fue un apoyo permanente como lector y crítico de la misma. A los profesores Ken Krabbenhoft, Anthony Castagnaro, Helene Anderson y Jacobo Sefami por su contribución a este proyecto.

No puedo dejar de mencionar a la profesora Haydée Vitali, quien previó la importancia de mi encuentro con Alvaro Mutis e hizo posible la realización del viaje a México.

Finalmente, quiero agradecer a Carmen, esposa de Mutis, por la afectuosa hospitalidad que me brindó durante la estadía en México y al propio Alvaro Mutis, quien a través de su obra me ha venido nutriendo desde el instante en que la abordé. Personalmente me dio el más alto testimonio de generosidad, durante las dos temporadas que pasé a su lado aprendiendo de su sabiduría; confirmando algunas veces mis sospechas sobre su obra; modificando mis conceptos en otras ocasiones, y abriéndome caminos que aún tendré que recorrer.

Pero «la gratitud cuando es tan absoluta no se expresa con palabras», decía uno de los personajes de Ilona llega con la lluvia; es lo que siento al darme cuenta que estas líneas están lejos de revelar todo mi sentimiento hacia estas personas.

ABREVIATURAS DE LAS OBRAS DE ALVARO MUTIS

A	*Amirbar*
AB	*Abdul Bashur soñador de navíos*
BM	*Un bel morir*
C	*Caravansary*
DL	*Diario de Lecumberri*
CR	*Crónica Regia y alabanza del reino*
E	*Los emisarios*
HSN	*Un homenaje y siete nocturnos*
I	*Ilona llega con la lluvia*
MA	*La mansión de Araucaíma*
NA	*La Nieve del Almirante*
PP	*Poesía y prosa: Alvaro Mutis*
SMG	*Summa de Maqroll el Gaviero 1948-1970*
UE	*La última escala del tramp steamer*
TR	*Tras las rutas de Maqroll el Gaviero* (editor Santiago Mutis Durán).

Todas las citas que se hacen de estas obras se indicarán con estas abreviaturas. La edición de SMG mayormente usada es la de La Oveja Negra, 1982. Cuando citemos la de Barral indicaremos la fecha (1973). Igualmente se hará cuando citemos la del Fondo de Cultura Económica (1988). Las ediciones que se utilizaron de las otras obras aparecen en la bibliografía final, en primera instancia.

SÍSIFO EN LA TIERRA CALIENTE

CUANDO CONSUELO Hernández me comunicó el título que pensaba darle a su trabajo sobre mi obra, Alvaro Mutis: una estética del deterioro, *supe en ese mismo instante que Consuelo daría en el blanco y trabajaría alrededor del núcleo esencial de lo que he escrito. Desde niño, ya fuera de las sombrías ciudades belgas o en el esplendor en plena descomposición de los cafetales y los plantíos de caña de azúcar, lo que más me impresionaba era ese destino de ruina y olvido que toca a todas las cosas de la tierra. Me impresionaba y me dejaba una lección, que hasta hoy me acompaña, sobre nuestro destino en la tierra. Porque, como era de esperarse, esa obsesión sobre el deterioro de todo lo que nos rodea, se extendió también a las relaciones con mis semejantes. La vida iba a darme un ejemplo brutal y de arrasadoras consecuencias: a los 33 años de edad moría mi padre, tras una corta enfermedad que se llevaba a un hombre de dotes excepcionales y desbordado amor a la vida. Yo tenía ocho años y allá en el fondo de mi ser tuve entonces la certeza de la fugacidad del tiempo que nos es dado vivir y de adónde van a parar nuestros sueños y la efímera materia que los sostiene. Desde aquella época temprana me acompaña la certeza de nuestro desamparo. Sin pesimismo ni amargura, sino con la más absoluta aceptación de esa verdad inapelable, he escrito cada una de las líneas que, sumadas, forman mi obra. En los primeros poemas que me atreví a entregar para su publicación, «El Miedo» y «La Creciente», es bien fácil para el lector percibir cómo, a los 15 años, me había convertido ya en un resignado testigo del deterioro que, con tanta perspicacia y aguda sensibilidad, ha sabido rastrear Consuelo Hernández en su minucioso y certero examen de mi obra poética y de mis trabajos de ficción.*

En muchas ocasiones se me ha preguntado por qué dejé, a la altura de mis sesenta años, la poesía para dedicarme a la prosa. No ha sido así y muy bien supo entenderlo Consuelo en este libro que hoy sale a correr estos mundos de Dios. Sigo trabajando en mis poemas y jamás he sentido que, al escribir las siete novelas que he publicado en los últimos diez años, haya dejado de lado por un solo instante las obsesiones, los paisajes, las certezas y las perplejidades que constituyen la materia de mis poemas y la más fiel substancia de mi asenderada existencia.

Maqroll el Gaviero ha estado a mi vera desde mis primeros intentos de poeta hasta la última página del Tríptico de mar y tierra, *que publiqué hace poco más de un año. Quien lea con detención mi poema «Oración de Maqrol el Gaviero», escrito hacia mis 20 años, verá que allí está ya de cuerpo entero y armado con todas las condiciones de su destino, ese personaje cuyas andanzas constituyen el fundamento de mi obra narrativa. Nadie ha sabido enunciar esto con mayor claridad y con mayor eficacia que esta joven doctora en letras de New York University, que conoce tan bien como yo las tierras donde se nutre mi desesperanza y mi dicha de estar vivo. Debo confesar que no me ha sido fácil recorrer estas páginas cuando me fueron entregadas. Hay espejos que, por fieles e implacables, no es aconsejable frecuentar, pero no por ello debemos negarnos a que los consulten quienes puedan internarse en nuestra obra. Ese proverbio sufí que inventé para presidir mi libro de poemas* Los emisarios, *creo que viene muy a propósito ahora para ilustrar a quienes lean este libro de Consuelo Hernández: «Los emisarios que tocan a tu puerta, tú los llamaste y no lo sabes».*

Alvaro Mutis

INTRODUCCIÓN

EN 1953, CUANDO Alvaro Mutis publicaba Los elementos del
desastre *en Colombia, García Márquez lo anunciaba como «un libro
que no está escrito ni en prosa ni en verso, que no se parece, por su originalidad, a ninguno de los libros... escritos por colombianos», y cali-
ficaba el título de «aterrador». Así subrayaba las realidades nuevas que
ingresaban en la poesía con esta voz tan singular (PP, 537). Posteriormente, con la publicación de* Reseña de los hospitales de ultramar *(1959),
Octavio Paz insistía en su originalidad y las cualidades de este autor
calificándolo como «el poeta de la estirpe más rara en español: rico sin
ostentación y sin despilfarro» (SMG, 1988, 10).*

*Más recientemente (1989), en Francia, el novelista François Maspe-
ro ha dicho que es un poeta que «se afirma en América Latina y más
allá como uno de los grandes escritores del continente» (6), y el crítico
Dominique Fernández lo ha aclamado en* Le Nouvel Observateur *como
«le Mac Orlan des Caraïbes, le Kipling de l'Équateur, le Conrad co-
lombien» (192). Cierto que su primera obra fue* La balanza *(1948), sólo
que desapareció en el incendio ocurrido después del asesinato de Jorge
Eliécer Gaitán, en Bogotá, el 9 de abril de 1948; por ello no alcanzó a
circular. Pero de allí en adelante su obra no ha dejado de sorprender*

por sus cualidades estéticas y por el decir de sus novelas, relatos y poemas.

Alvaro Mutis nació en Colombia el 25 de agosto de 1923, de cepa antioqueña. Creció en Coello, la finca cafetalera de su familia. Hizo sus primeros estudios en Bruselas, donde su padre se desempeñó como diplomático y los terminó en el Colegio del Rosario en Bogotá. Desde 1956 reside en México.

Ha sido un hombre de múltiples ocupaciones: locutor, actor radiofónico, hombre de negocios, asistente de Luis Buñuel en Nazarín, y viajero sin pausa. Ha traducido a Aimé Césaire, a Drieu de la Rochelle, a Valéry Larbaud y César Moro. Sus numerosos ensayos literarios se encuentran diseminados en revistas y periódicos, aún no han sido reunidos en un volumen. Existen traducciones de su obra en francés, inglés, rumano, italiano, ruso, portugués, holandés, alemán y griego.

Por su obra ha recibido varios reconocimientos: el Premio Nacional de Poesía (1983) y el Doctorado Honoris Causa de la Universidad del Valle (1988), ambos en su patria, Colombia. En México recibió el Premio de Crítica «Los Abriles» en 1985 por su libro Los emisarios; *en 1988 «La Orden del Aguila Azteca», en el grado de Comendador (premio por su destacada contribución en dicho país) y en 1989 el Premio Xavier Villaurrutia por* La Nieve del Almirante *y* La última escala del tramp steamer. *En Francia recibió el premio «Médicis Étranger», en 1989, que se concede a la mejor novela publicada durante el año, por* La Nieve del Almirante, *y también en 1989 le conceden la Orden de las Artes y las Letras en el grado de Caballero. En febrero de 1991 recibió el Premio Internacional Nonino, en Italia, por* La Nieve del Almirante, *en versión italiana.*

En este trabajo se ha estudiado toda su obra. La poética: La balanza *(1948),* Los elementos del desastre *(1953),* Reseña de los hospitales de ultramar *(1959),* Los trabajos perdidos *(1965),* que fueron incluidos en la primera *Summa de Maqroll el Gaviero* (1973). A ésta fueron agregados en la edición del Fondo de Cultura Económica (1988) los poemarios más recientes: *Caravansary* (1981), Los emisarios *(1984),* Crónica Regia y alabanza del reino *(1985),* Un homenaje y siete nocturnos *(1986) y un grupo de poemas inéditos que aparecen bajo el título de «Poemas dispersos» (1988).*

Su obra narrativa se compone hasta ahora de Diario de Lecumberri *(1960),* La mansión de Araucaíma *(1973), cuatro relatos: «Sharaya», «Antes de que cante el gallo», «La muerte del estratega» y «El último rostro» (que da origen a* El general en su laberinto *[1989] de García Márquez);*

La verdadera historia del flautista de Hammelin *(1982)*; Poesía y prosa *(1982), que reúne todos los trabajos narrativos, poéticos y algunos de los ensayos que Alvaro Mutis había publicado hasta ese momento;* La Nieve del Almirante *(1986);* Ilona llega con la lluvia *(1987);* La última escala del tramp steamer *(1989),* Un bel morir *(1989) y* Amirbar *(1990). También se incluye en este estudio* Abdul Bashur soñador de navíos, *que aún no ha sido publicada y de la cual el autor nos ha facilitado generosamente el manuscrito (todas las referencias de esta obra remiten a la paginación que tienen en el manuscrito).*

Nuestro trabajo, «Alvaro Mutis: una estética del deterioro», *es la visión del arte y la poesía que pueden ser hallados en la decadencia y el desgaste. Esta lectura intenta mostrar la puesta en acción de la* «voluntad de poder» *trabajando aliadamente con la conciencia de las fuerzas del deterioro para constituir un objeto estético, a través del signo lingüístico. En ella se combinan imágenes de una realidad enfermiza y elementos en decadencia, con un lenguaje altamente refinado y poético. La frase* «una fértil miseria» *describe mejor la antítesis de su expresión poética, tanto en la narrativa como en la poesía.*

Todo en la obra exhala una conciencia del deterioro; no así su lenguaje ni los recursos expresivos que escapan a cualquier efecto de decadencia. Se trata de un lenguaje muy cuidado, refinado y preciso sin ninguna señal de debilitamiento, donde cada palabra, cada imagen, cada ritmo han sido elegidos y trabajados para que el poema, el relato o la novela logren decir lo que dicen. No hay experimentación con el lenguaje y aunque algunas veces se ve lo conversacional, nunca recurre a las efímeras formas dialectales. Sin embargo, la perfección del lenguaje y su signo de fortaleza no implican la propuesta de un orden definitivo, sino un orden provisorio que es precisamente el del nivel lingüístico.

Por «estética del deterioro» *se entienden en el contexto de la obra mutisiana los elementos en decadencia, percibidos como residuos causados por los acontecimientos, la usura del tiempo, los sedimentos subyacentes de la muerte, la destrucción causada por el uso y el desgaste, los personajes víctimas de las plagas, la sociedad en descomposición, los espacios desiertos, las vastas regiones sin nombre, las ciudades monótonas y la visión particular que Alvaro Mutis tiene del trópico. En contraste, Mutis utiliza un lenguaje poético respetando sus códigos ambiguos y plurívocos en cualquiera de los géneros que escribe, dando así nacimiento a una estética.*

La miseria tiene que ver con la decadencia social, pero no sólo alude a la incapacidad de satisfacer las necesidades básicas de la vida; tam-

bién incluye la precariedad e incapacidad del lenguaje para expresar la poesía, la ineficacia de la palabra para establecer auténtica comunicación, la inhabilidad de la historia para trascender el tiempo, y la miseria entendida como pobreza de la personalidad, como ente unitario, lo cual se manifiesta en la creación de heterónimos, de los cuales Maqroll el Gaviero expresa la totalidad y da coherencia y unifica la mayor parte de su obra.

Desde el punto de vista semántico o de las unidades de contenido, pudiera pensarse, entonces, como en una construcción sobre lo deteriorado y en ese sentido verla como un tratado de entropía, captado por la literatura. Nada más incompleto. No es sólo una poesía o una narrativa cuya única preocupación sean los reveses de los sueños en provecho de una antipoesía extraña, donde la banalidad se transforme en un valor de misterio. En cierto sentido es eso también, pero mucho más; la revelación de las figuras de deterioro pone de manifiesto a la vez otro orden que yacía en ellas desde siempre y que Alvaro Mutis logra asir a través de su poética.

De una realidad frágil y decadente, Mutis crea una obra artístico-literaria de extraordinarias perfecciones y de un mundo de negación y de desesperanza nace la singularidad de su obra. Mutis logra una suerte de alquimia, trasmutando un mundo degradado en arte. Las novelas, relatos y poemas nos dan una visión del deterioro, la ruina y la entropía, y, por este medio, Mutis descubre cualidades positivas en esa experiencia, que traduce en conciencia y conocimiento del mundo exterior y, sobre todo, en estética, en poesía.

Dentro de la obra misma hay retornos y movimientos entre estos dos estados de orden y deterioro que se nutren recíprocamente. A todo el primer ciclo de poemarios del Gaviero, al que se suman algunos relatos, testimonios y cuentos de otro narrador diferente de Maqroll (La mansión de Araucaíma, Diario de Lecumberri, «El último rostro», «Sharaya», «Antes de que cante el gallo», «La muerte del estratega» y El flautista de Hammelin), sigue la etapa de Los emisarios, Un homenaje y siete nocturnos y Crónica Regia y alabanza del reino, poemarios que revelan el hallazgo de un orden que se impone a la visión del deterioro de estas primeras obras y a las novelas posteriores. En ellos otra voz toma distancia y hace la diferencia, crea una ruptura y una avanzada hacia un horizonte metafísico, hacia la nostalgia del poder absoluto, dada por su posición privilegiada de poder ordenador a través del lenguaje, de lo que fragmentariamente y sin orden había llegado a saber Maqroll. Simultánea y contradictoriamente el conocimiento de una tradición ar-

caica que aquí se bosqueja, refuerza la conciencia del deterioro. Luego viene el ciclo de novelas (seis hasta ahora) que continúa las tribulaciones de Maqroll. Esta situación llega a su punto culminante en la novela más reciente (Abdul Bashur soñador de navíos), cuando el personaje de Abdul ilustra muy bien que la decadencia, la confusión, la inestabilidad tampoco obedecen a una estructura lineal, que dentro del deterioro que niega un orden preexistente reside otro orden escondido que abre nuevos horizontes. Y a la vez afirma una libertad nueva, donde las posibilidades y las opciones para asumir ese desgaste son múltiples. Así la conciencia del deterioro deviene facultad creadora.

Mi propuesta, pues, no es una entropía que va hacia un desorden sin escapatorias. Mi propuesta apunta hacia la visión del deterioro, predominante en la mayor parte de la obra de Alvaro Mutis, pero que no excluye totalmente su alternante (la posibilidad estética que allí reside) donde se juega la vida.

No se trata de un nihilismo pasivo, sino de un nihilismo como diría Nietzsche que «se niega a sí mismo y su negación es la vida», la voluntad de poder como arte. Nada en ella es simple. Hay en todo momento un movimiento combinatorio del cual, ciertamente, registra con mayor claridad la bajada de la ola, la decadencia, pero este mismo hecho está sugiriendo sus «ausentes»: la subida, la cresta de la ola, que viene a romper la rutina del desgaste.

Esta obra es una visión de mundo diferente; ella revela con gran consistencia y predominancia la otra cara de la vida, la opaca, y muestra que el movimiento que la vida sigue hacia esas fluctuaciones puede ser objeto de belleza y puede dar origen a una obra de arte de «raras perfecciones».

Una de las claves de esta obra, vista en su totalidad, es su dinámica no lineal, ni siquiera en el nivel temporal. El poeta y el narrador constantemente se contraponen ante la imposibilidad de situarse en un orden cronológico que resulte confiable a una cultura que está acostumbrada a pensar de ese modo; y se excusa por no poder hacerlo resaltando, en compensación, la universalidad de lo que poetiza o narra, y asumiendo otra dinámica: la del instante. Esta nueva dinámica le abre acceso a otros fenómenos que, en apariencia, son los menos ordenados de todos los que desencadenan el deterioro. Sin embargo, no es una obra de apología del deterioro, porque los héroes sufren un profundo desencanto, ninguno es feliz en su estado, pero sí propone otra representación, mostrando que toda la decadencia y la turbulencia que surge en el hombre y en la naturaleza física (el trópico y sus espacios y climas) es atraída por otros estados que tampoco logra identificar en sus causas, pero su feno-menología, su acción, es reconocida como movimiento y cambio.

Tal vez la pregunta principal que intenta responder este trabajo es cómo una obra artística puede nacer del deterioro, del desgaste, de la decadencia. Y de igual manera que en la ciencia de hoy se encuentra una posición que no intenta dar una explicación total del mundo, Mutis transmite una clara conciencia de la transitoriedad, de lo provisional de una realidad imprecisa, moviente, azarosa y deteriorante de los más esenciales elementos de la existencia.

Quizás resulte de interés para los lectores y de respaldo a esta tesis, citar las palabras de Mutis cuando leyó la propuesta inicial de esta investigación:

> *Está muy bien visto y has agarrado exactamente el secreto, el núcleo y el sentido profundo de lo que yo escribo, que es el deterioro (...). Me parece el enfoque más rico que se puede dar a mi obra, éste que tú has hecho; y —agregaba— no estoy endulzándote los oídos porque esto no lo hago yo nunca en este tipo de trabajo. Puedo ser bastante brutal» (Entrevista personal en México, 1991).*

Las razones que nos movieron a embarcarnos en este estudio de la obra de un autor tan particular, derivaron de motivaciones subjetivas, como también de criterios objetivos. La profunda resonancia que despiertan en mí los puntos de vista de su heterónimo y del narrador en las novelas de Mutis, combinada con la importancia de su obra, y la ausencia de un trabajo crítico sistemático que englobara toda su producción literaria, se constituyeron en razones que me indujeron a esta tarea. El resultado final —quizás el más importante— del trato que durante estos años he tenido con la obra de Mutis, puedo expresarlo mejor con palabras que tomo prestadas de John Alexander Coleman, en su lúcido libro sobre el poeta Luis Cernuda:«Lo que empezó siendo una tarea académica, finalizó como una revelación», la revelación de la vida (9).

El trabajo está dividido en tres partes: la primera abarca dos capítulos: «Recepción crítica» y«Razón del extraviado». El primer capítulo explora las resonancias en el medio crítico. Aunque todos los trabajos son fragmentarios, fueron estudiados como un punto de partida para esta investigación. El capítulo segundo examina las consonancias de la obra de Alvaro Mutis con otras literaturas y sistemas culturales. Muestra cómo lo determinan literariamente su origen en Colombia y su contacto con la «tierra caliente» de un lado y, de otro, el haber vivido en Europa durante su niñez. Se establece también un diálogo entre la obra poemática de

Mutis y otros poetas y narradores colombianos y latinoamericanos con quienes tiene correspondencias temáticas o de estilo. Se examinan después las relaciones con algunos autores de la literatura francesa, inglesa, rusa y española que lo han influido y han hecho que Mutis sea un escritor que, sin dejar de ser tremendamente latinoamericano, tenga una obra tan universal y de grandes calidades estéticas. He allí una explicación de su éxito en Europa (Francia, Italia, España, Holanda, Alemania, etc). Coincide con estos escritores en la preocupación por el deterioro, la desesperanza, los mundos en decadencia y la corrosión moral de personajes que los identifica, y algunos rasgos estilísticos. Al finalizar este capítulo, mencionamos la presencia de la historia en las obras, lo que puede servir de punto de partida a otra investigación. Esta mención interesa en la medida en que ella crea en el poeta-narrador una conciencia valorativa del pasado y de formas tradicionales y arcaicas, que en ocasiones se ven como salida que hubiera funcionado. Pero en los momentos actuales resulta un anacronismo inútil, reconocido por el propio poeta.

Conviene aclarar que el segundo capítulo es una documentación muy válida, por cierto, pero en algunos casos hemos pasado rápidamente por sobre algunos nombres que, como nos confirmara Mutis, han sido muy importantes en su carrera artística, y obviamente ameritarían un análisis más detenido. Pero profundizar en ello nos hubiera llevado por otros rumbos distintos a los que se propone este trabajo. Los escritores aquí examinados de otras literaturas, no son todos los que Mutis ha leído; junto con él hemos hecho una revisión y hemos seleccionado sólo los más importantes de los cuales su obra destila algunas resonancias.

La segunda parte, «Irreductibilidad del decir poético» es un análisis de los recursos retóricos y expresivos que distinguen la poesía y la novela poética. Este estudio, oscilante entre la forma y el contenido, indica cómo empieza a insinuar la manera en que esta obra deviene un signo estético de gran belleza, en ausencia de un diálogo con el mundo fenomenológico definido por la armonía, la paz, el progreso, el sosiego y sin apoyarse tampoco en ninguna verdad absoluta. La elección de los recursos expresivos y significativos estudiados en esta parte, contribuye a dar la imagen de turbulencia incesante y de desgaste. Por otra parte, ni sus poemas ni sus novelas son puramente género poético o narrativo en el sentido estricto de los términos, y en esta ambivalencia y ambigüedad también reside una filosofía de la creación.

La tercera parte estudia el deterioro tal como lo revela la obra de Alvaro Mutis: las imágenes del desgaste en el individuo (física, mental y emocionalmente); de la decadencia en la sociedad (económica, política y cultural) y la naturaleza deteriorante y espacios decadentes. Para concluir, hay un capítulo que trata de ver las formas en que la obra propone respuestas, maneras de enfrentar el deterioro, pero al revelarse todas ellas como débiles paliativos, concluimos finalmente que el centro generador de esta poesía es la desesperanza que surge ante la clara conciencia del deterioro que trabaja todo lo existente.

Al concluir esta introducción debo decir que no tengo ninguna pretensión de haber expuesto la VERDAD. *Mi trabajo no es más que una lectura entre tantas otras que suscitará la obra de Alvaro Mutis y al ser expuesta de esta manera es una tentativa que, creo, ofrece una reflexión profundizada y una documentación organizada.*

Me he valido para enfocar esta obra, básicamente, de las revelaciones que ella hace, tan consonantes con el momento presente, aunque quizás su desnudez no satisfaga a todos los lectores. Igualmente mis opiniones provienen del modesto aprendizaje que he ido logrando en el transcurso de mi existencia, donde trato de entender en vano los «rhizomas» en que nos movemos y las impredecibles «líneas de fuga» que nos pueden atravesar (esta vez en honor a Deleuze).

Y así llegamos al final de este trabajo. ¿Cuál será su destino? Seguramente como toda idea que al principio es idealizada y después materializada, finalmente irá a diluirse entre las tantas visiones en que se reparten los enfoques de un autor. A pesar de que coincido en todo con la posición del Gaviero sobre el deterioro, siempre se espera haber aportado algo, y soy bastante humana como para pensar así. Pero como decía Mutis las obras son como los hijos, una vez concluidas no nos pertenecen y cada una correrá la suerte que el azar le permita.

PRIMERA PARTE
RESONANCIAS Y CONSONANCIAS
DE LA OBRA MUTISIANA

RECEPCIÓN CRÍTICA

ESTABLECER LO que ha pasado con los lectores de la obra de Mutis, es decir, determinar lo que extraen de ella, cuál es la respuesta a su estética y los puntos de partida de sus lecturas, es en gran parte la finalidad de este capítulo. Su pertinencia deriva de la convicción de que una obra literaria no se realiza sino en la medida en que se prolonga, a través de la lectura. Interesa, por otro lado, constatar que la hipótesis planteada (la obra de Mutis constituye una suerte de estética del deterioro) no ha sido demostrada y que no estamos duplicando esfuerzos para la comprobación de la misma.

Se llevó a cabo una revisión de la recepción crítica disponible sobre la obra de Alvaro Mutis, pues, de acuerdo con Jauss, quien se basa en Gadamer, el entendimiento de una obra es algo que nos sucede, pero a una situación cognoscitiva nunca se llega vacío, sino con la carga que proviene del mundo familiar de las creencias y expectativas. En consecuencia, «el fenómeno hermenéutico comprende ambos: el mundo extraño que repentinamente se encuentra y el familiar que cada uno lleva» (xi). Si se entiende la lectura como un correlato, los niveles de referencia del lector estarán próximos al origen de la obra, de tal modo que podrá captar su vida interior y exterior y así percibir las relaciones con las ideas, deseos y acontecimientos suyos que la obra le posibilita, creándose de esta manera una suerte de campo magnético. A continuación se presentan algunos aspectos de relevancia para este trabajo. Primeramente, damos una visión de conjunto; luego, las particularidades de algunos trabajos consultados y los aspectos sobre los cuales ha incidido la crítica. Finalmente, indicaremos dónde empalma esta investigación con los trabajos anteriores.

1. VISION DE CONJUNTO

Entre notas periodísticas, reseñas, artículos de revistas (algunas de ellas especializadas en crítica literaria) y ensayos de mayor extensión y profundidad, existen alrededor de doscientas publicaciones, de las cuales las más significativas han sido recogidas en *Alvaro Mutis: poesía y prosa* (1982) y en *Tras las rutas de Maqroll el Gaviero* (1988). Del estudio de este material se desprende que la recepción crítica de la obra de Mutis puede ser considerada en dos etapas. La primera ha girado en torno a la obra poética, especialmente, *Summa de Maqroll el Gaviero* (1973) y también el relato *La mansión de Araucaíma* (1973). La mayoría de los trabajos son breves, superficiales, y en ocasiones se quedan en el mero comentario. Otras veces no van más allá de la proyección que asumen los textos como un producto de la trasposición del autor, enfoques, todos ellos, «reduccionistas» (Todorov, *The poetics*, 235). La segunda etapa responde a las obras posteriores a 1980. Se debe tener presente que entre 1980 y 1991 Mutis escribe la mayor parte de las obras publicadas hasta ahora. Aquí hay también muchos trabajos que no difieren grandemente de los de la primera etapa, pero se empiezan a dar algunos que señalaremos más adelante, con mayor criterio literario, iluminados por una poética y desligados de la mera interpretación o descripción o de las lecturas impresionistas.

Dentro de la primera etapa los mejores trabajos críticos son los realizados por Guillermo Sucre, Fernando Charry Lara, Pere Gimferrer, Hernando Valencia Goelkel y Octavio Paz. Ellos realizan una lectura de los poemarios iniciales evitando la proyección biográfica o psicoanalítica del autor y la proyección sociológica. Más bien exploran el texto y relacionan elementos de éste con otros, cuyo funcionamiento es estudiado dentro del texto mismo. Y sin negar la autonomía de los poemarios o relatos, estos críticos saltan más allá adoptando una orientación hacia el problema que concierne al texto, y hacia el cual apunta. En lo relativo a extensión, el trabajo más amplio es el de J. G. Cobo Borda, que se encuentra como prólogo a *Summa de Maqroll el Gaviero (poesía 1948-1970)* (1973).

Los restantes artículos consultados sobre esta primera etapa de publicaciones, son sumamente breves; algunos carecen de importancia en lo tocante al objetivo que nos proponemos aquí y la mayoría de ellos no va más allá del comentario, de la impresión personal o de la escueta nota periodística, como es el caso de Carlos Marciano, Arturo Villar, Ramón Vinges o Policarpo Varón. No queremos decir con esto que sean desdeñables porque, por una parte, muestran que un texto no realiza nunca todos sus sentidos en un solo lector, ni en una sola lectura y, por otra, de alguna manera, estos artículos dejan también traslucir las expectativas de lectura o el limitado *horizon of expectation* que tuvieron algunos de los lectores de esta obra, entre los años cincuenta y sesenta. Me refiero a la suma total de reacciones, prejuicios, comportamientos (entre ellos el verbal) con los cuales los lectores se enfrentan a una obra según la apariencia de la misma (Jauss xii). Por otra parte, marca un contraste grande entre la recepción durante esta etapa, cuando Mutis considera que su poesía era casi secreta, y las generaciones de hoy que realmente empiezan a leerlo y entenderlo.

En cuanto a la recepción crítica en su tiempo, se puede ver claramente que a pesar de que Mutis publica su primera obra en 1948 (*La balanza*), son muy pocos los que se refieren a su obra antes de 1970. Sin embargo habría que mencionar aquí las reseñas de Aurelio Arturo, Gabriel García Márquez y Octavio Paz. Los comentarios a sus libros se hacen más numerosos a partir de 1973, con motivo de la publicación de *Summa de Maqroll el Gaviero (poesía 1948-1970)*, obra que reúne la poesía que había escrito hasta esa fecha: *La balanza* (1948), *Los elementos del desastre* (1953), *Reseña de los hospitales de ultramar* (1959) y *Los trabajos perdidos* (1965). A esta etapa corresponden los textos de Pere Gimferrer, Guillermo Sucre, Fernando Charry Lara y J. G. Cobo Borda.

La publicación de *Los elementos del desastre* (1953) había motivado ya algunas manifestaciones de la crítica, menos numerosa que la de mediados del setenta, pero significativa, especialmente porque tuvo epicentro en los mismos colombianos que sintieron necesidad de responder a una obra que les concernía de manera tan cercana. Hay que mencionar entre ellos a Hernando Téllez, Héctor Rojas Herazo, Jorge

Eliécer Ruiz, Hernando Valencia Goelkel y Gabriel García Márquez, cuando era reportero del diario *El Espectador*[1].

En 1959, Alvaro Mutis publica *Reseña de los hospitales de ultramar*, en la separata de la revista *Mito*, fundada y dirigida por Jorge Gaitán Durán. Prueba de una recepción que trascendía el ámbito colombiano, fueron la simpatía expresada por Octavio y sus certeras palabras sobre la poética mutisiana. Después, esporádicamente, se encuentra algún artículo y, en todo caso, durante los años que precedieron a 1984, fueron las revistas *Eco* y *Gaceta*, ambas publicaciones colombianas, las únicas que mantuvieron viva la atención sobre este importante poeta. Esto gracias al interés que poetas colombianos mantenían en la obra de Alvaro Mutis.

En síntesis, hasta 1980, con treinta y tres años de vida literaria y cuando Alvaro Mutis ya había publicado *La balanza* (1948), en compañía de Carlos Patiño; *Los elementos del desastre* (1953); *Reseña de los hospitales de ultramar* (1959); *Diario de Lecumberri* (1960); *Los trabajos perdidos* (1965); *Summa de Maqroll el Gaviero. Poesía 1948-1970* (1973), que reúne toda su obra poética, mencionada antes, y *La mansión de Araucaíma* (1973), sólo se habían publicado alrededor de sesenta notas críticas o reseñas. Fue después de 1980 (más exactamente después de 1984) cuando empezó un interés mayor por su obra.

Por la cantidad se puede ver que durante la década de los ochenta, los trabajos aunque muy breves y, muchas veces, repetitivos y fragmentarios, se concentran en determinadas latitudes. Los focos de recepción crítica hasta 1984 se habían centrado particularmente en Colombia, país de donde es nativo el autor y donde empezó su producción literaria. Se hace sentir también una corriente de crítica y comentarios a la obra de Alvaro Mutis en México, donde además de haber publicado algunas de sus obras como *La mansión de Araucaíma* (1973), *Diario de Lecumberri* (1960) y *Caravansary* (1981), es el país donde reside Mutis desde 1956. En España se han comentado y publicado algunas de sus obras como *Los elementos del desastre* (1953) y la propia *Summa de Maqroll el Gaviero* (1973). En Ar-

---

1 En 1953 Gabriel García Márquez publicó en *El Espectador*, diario de Bogotá, una reseña sobre el libro *Los elementos del desastre*, y una entrevista a Alvaro Mutis, posteriormente reproducida en *Gaceta* Nº 2 del Instituto Colombiano de Cultura. Allí afirmaba García Márquez, en las escasas líneas de la reseña: «...un libro que no está escrito ni en prosa ni en verso, que no se parece, por su originalidad, a ninguno de los libros en prosa o en verso escritos por colombianos. Está lleno de una poesía cruda, en ocasiones desolada, y tiene un título aterrador: *Los elementos del desastre*».

gentina, Perú y Uruguay las reacciones ante la obra de Mutis son exiguas y casi ni merecen ser mencionadas. En Venezuela no ha habido gran reacción crítica, en términos de cantidad; sin embargo hay que tomar en consideración que allí se han escrito dos de las tesis que hasta el presente ha motivado la obra de Mutis y uno de los ensayos más lúcidos y profundos, escrito por Guillermo Sucre[2].

Durante los ochenta, se acentúa la récepción en los países mencionados antes y además se encuentra uno que otro trabajo en Perú, Uruguay, Francia, Estados Unidos y España. Es en esta década, cuando se escriben más de un centenar de pequeñas publicaciones que reseñan los libros, impresos recientemente, y algunos que tardíamente testimonian el asombro que aún hoy, después de cuarenta años, siguen despertando los primeros poemas de Mutis.

Esta mayor afluencia en la recepción crítica, a partir de 1984, es comprensible si se tiene en cuenta que la mayor parte de la obra que hasta ahora ha escrito Alvaro Mutis, la escribe y publica después de 1984, y tal vez no sea demasiado aventurado suponer que, al menos en parte, este entusiasmo renovado por publicar nuevos libros, pudo haber sido efecto del interés que los lectores manifestaban en su poesía. Su no muy voluminoso libro de poemas *Summa de Maqroll el Gaviero* había motivado ya numerosos artículos y dos tesis escritas, ambas en Venezuela. El lector había dejado de ser el otro pasivo y ahora tenía un lugar en el diálogo que le habían abierto las páginas de sus libros. A partir de 1981, Mutis publica la mayoría de sus obras en el orden que sigue: *Caravansary* (1981); *La verdadera historia del flautista de Hammelin* (1982); *Los emisarios* (1984); *Crónica Regia y alabanza del reino* (1985); *Un homenaje y siete nocturnos* (1986); *La Nieve del Almirante* (1986); *Ilona llega con la lluvia* (1987); *La última escala del tramp steamer* (1989); *Un bel morir* (1989) y *Amirbar* (1990), y pronto saldrá a la luz *Abdul Bashur soñador de navíos.*

Dentro de esta etapa hay un buen número de trabajos breves que no iluminan la obra, no logran desmontar el sistema de los textos o se quedan en la lectura atomizada, característica del comentario. Algunos aún repiten lo dicho por los trabajos que inicialmente suscitaron los primeros

---

2 Se tiene noticia de tres tesis sobre la obra de Mutis, dos escritas en Venezuela: Ilian Kronfly, *Alvaro Mutis, una conciencia de la desesperanza* (Tesis de licenciatura, Universidad de Los Andes), Mérida, 1976. Consuelo Hernández, *El poema: Una fértil miseria* (Tesis de Maestría, Universidad Simón Bolívar), Caracas, 1984. La tercera en México, 1985, por María del Rocío Montiel, *Las metamorfosis de una poesía.* (Tesis de licenciatura, UNAM).

libros de Alvaro Mutis. Podría decirse que esto se debe a que el arte
poética que sostiene sus primeras obras continúa siendo una constante
en esta segunda fase de su escritura, a partir de 1984, cuando el desplazamiento de Mutis hacia la prosa es más obvio y decidido. Pero también
hay que admitir que una misma obra es capaz de generar diferentes
lecturas, que traten de los distintos sentidos de la misma, desdoblándo-
los para hacer flotar un «segundo lenguaje sobre la obra» como diría
Barthes (*Crítica,* 66).

Lo que sí se puede notar es que alguna de la crítica de esta segunda
etapa es más específica. Se limita más al análisis de una obra o al estudio
de algún aspecto de la obra, contrastando con otros trabajos que, por el
contrario, en muy pocas páginas pretenden abordar todas y cada una de
las obras de Mutis, y de allí lo superficial y esquemático de los mismos.
Sin embargo, no por ello carecen de valor, puesto que de alguna manera
son la prueba de que un mayor número de lectores gusta de Mutis y sus
obras merecen crédito aunque se trate de lectores «ordinarios», porque
como bien lo dice Starobinski, «los textos no han sido escritos para los
filólogos. Primero son simplemente gustados. La interpretación reflexiva
es una actividad tardía, que tiene todas las de ganar, si guarda en la
memoria la experiencia directa que la precede» (*Pour une,* 14). Y, claro,
la experiencia directa inicial es la impresión, el comentario, la interpretación y finalmente la lectura crítica.

En este sentido, el trabajo más significativo es el libro *Tras las rutas
de Maqroll el Gaviero* (1988), editado por Santiago Mutis Durán. Allí se
reúnen algunos análisis, reseñas, entrevistas (de estas últimas no me
ocuparé en el presente capítulo), e incluso varios trabajos que no fueron
escritos con intención académica, sino con el exclusivo fin de homena-
jear a Alvaro Mutis: discursos y poesías, «Fábula» de Octavio Paz, «Crónica de un encuentro con Maqroll el Gaviero» de Enrique Molina, «A
Novalis» de Gonzalo Rojas, «Adiós al sigloXX» de Eugenio Montejo, «Poema» de John Juaristi y «Homenaje a Alvaro Mutis» de Elkin Restrepo. Los
estudios de la obra de Mutis son relativamente desiguales, con enfoques
muy diversos y, en resumen, como dije antes, de ellos pocos aportan
algo realmente nuevo a pesar de la óptica diferente que demandan los
planteamientos tan disímiles de poemarios como *Los emisarios* (1984) o
Un homenaje y siete nocturnos (1986). Pero quizás también la cercanía
en el tiempo no ha dado la suficiente perspectiva para ver estas obras.

Algunos de los trabajos críticos adoptan técnicas cercanas al positivis-
mo. Tratan al texto ya sea como un documento biográfico o histórico,
o como la suma total de influencias que lo han determinado. Alberto

Zalamea, por ejemplo, establece una relación entre obra y vida, es decir, las distintas experiencias y encuentros que Mutis ha vivido y que Zalamea, amigo personal del autor, conoce bien; sólo que no es un gran aporte para la iluminación de la obra literaria de Alvaro Mutis, al menos para el aspecto que interesa en esta investigación. Además, si se visualiza desde ahora la obra en la proyección del tiempo, la anécdota puede ser ilustrativa pero poco explicativa de la esencia de una obra. Lo que sí tiene importancia es la sugerencia (no desarrollada por cierto) de que los libros de Mutis pueden ser leídos desde una perspectiva mítica. Un poco en esta misma línea de Alberto Zalamea se ubica el trabajo de Roberto Burgos Cantor, quien hace un recorrido por la vida de Mutis con una mayor contextualización histórica que la de Zalamea y, finalmente, nos da una breve idea sobre cada una de las obras que en ese momento había publicado Alvaro Mutis. Armando Romero realiza una comparación entre las obras de Mutis, García Márquez y el pintor Fernando Botero. Hay en Romero también un intento de explicar la obra por la relación con las vidas de los autores y el contexto histórico-social donde se desenvuelven.

Ricardo Cano Gaviria al referirse sólo a un aspecto de la obra, «Maqroll», dice que encarna otra visión del paisaje y otro tipo de herencia literaria, lo cual se insinuaba desde *La balanza* (1948) y los críticos de la primera etapa ya lo habían advertido. Otros, como Alberto Ruy Sánchez, se vuelven reiterativos de lo que ya había sido dicho antes e indica relaciones, bastante visibles, entre sus libros de poemas y los libros en prosa.

En algunos pocos se empieza a notar una experiencia de recepción distinta a la que se había venido dando en la primera generación de lectores. Es visible un cambio en la manera de enfrentarse al texto con el uso de nuevos métodos de crítica y un cambio de valores morales y literarios, producto también del cambio de expectativas. En los años sesenta hay un mayor auge en la crítica literaria con el estructuralismo y, más recientemente, el posestructuralismo, más notorio en la medida en que se avanza en la década de los ochenta. Y estos instrumentos de teoría literaria empiezan a ser aplicados para enfocar e iluminar la obra de Mutis. Allí tenemos por ejemplo a Moreno Durán, que muestra también la relación entre *La mansión de Araucaíma* (1973) y su poética. Es interesante el análisis estructuralista que hace de los personajes que pueblan la mansión de Araucaíma. Otro estudio interesante por su nuevo aporte es el de Julio Olaciregui quien, seguramente motivado por el subtítulo de *La mansión de Araucaíma. Relato gótico de tierra caliente*

(1978), busca relaciones con la novela gótica europea del siglo XVIII. Y Fernando Cruz Konfly aplica algunos elementos de crítica posestructuralista a un estudio de *La Nieve del Almirante* (1986).

Adolfo Castañón, refiriéndose a *La Nieve del Almirante* (1986), dice que es el tránsito del poema a la prosa, lo cual no parece ser totalmente cierto. Mutis desde sus inicios escribió poemas narrativos y en prosa. Mírese por ejemplo «El viaje» en *Los elementos del desastre* (1953) o el *Diario de Lecumberri* (1960), que también está escrito en prosa. Y mucho antes de escribir *La Nieve del Almirante* (1986), ya había publicado *Caravansary* (1981). Se diría, por el contrario, que Mutis no tuvo necesidad de efectuar tránsitos de la poesía a la prosa, porque las dos siempre convivieron en el poeta sin conflictos y, desde sus comienzos, las usó como medios de expresión de su estética.

Eduardo García Aguilar analiza los orígenes de *Crónica Regia y alabanza del reino* (1985), que se encuentran en 1948 en los primeros poemas de Mutis. Afirmación cierta. Este poemario es el desarrollo de la preocupación del poeta por Felipe II, a quien había escrito un primer poema titulado «Poema de lástimas a su Majestad el Rey Felipe II», en la revista *Crítica*, dirigida entonces por Jorge Zalamea y que, posteriormente, fue recogido con sus primeros poemas en SMG. Considera García Aguilar que este poemario es el libro de nostalgias de una historia.

Jaime Jaramillo Escobar, además de señalar las impresiones positivas que le deja la poesía de Mutis, recoge (sin compartir) los comentarios sobre los defectos que se le anotan a esta misma obra y las discordancias entre la vida del autor y la obra. Sólo que estos señalamientos carecen de interés aquí, porque este estudio no juzgará si lo que la obra literaria de Mutis dice es o no vivido por el autor. El enfoque que aquí se propone no es el biográfico o de resonancias vida-obra.

Finalmente, del grupo de artículos recogidos en *Tras las rutas de Maqroll el Gaviero* (1988), donde se encuentran todos los trabajos que hemos mencionado de esta segunda etapa, cabe señalar el de Louis Panabière. Desde la perspectiva de un francés, Panabière pone en relación la obra de Mutis con algunos de los principales escritores de la literatura europea del siglo XIX y XX: Rimbaud, Flaubert, Nerval, Larbaud, Cendrars y Conrad, y esto es importante por la visión desde afuera que puede tener un lector de la obra mutisiana. Panabière considera esta obra como un verdadero producto de asimilación de una esencia nativa, exótica y la herencia europea. No hay que olvidar que Mutis pasó su niñez y parte de la juventud en Bruselas y ha tenido mucho contacto con la literatura europea: francesa, inglesa, española y rusa.

Pertenecientes a esta misma segunda etapa y como una reacción ante las últimas obras de Mutis, se encuentra un conjunto de artículos diseminados en revistas y periódicos, fundamentalmente colombianos y mexicanos. De éstos sólo algunos han estado al alcance. Cabe mencionar, por ejemplo, a José Romero *(Vuelta,* 152), quien, además de un análisis de los cambios del punto de vista del narrador en las tres últimas novelas de Mutis, hace un seguimiento de la manera en que se cumple la muerte en los personajes de estas novelas. Interesa por la forma analítica en que estudia la ubicación del narrador en la elaboración técnica de estas obras.

Luego, Edgar O'Hara, en una breve reseña periodística que publicó en México, señalaba como virtud de los poemas de *Los emisarios* (1984) y *Crónica Regia y alabanza del reino* (1985), el presentar un nuevo derrotero cultural que debería incluir un diálogo con lo que es España incluyendo el elemento árabe, judío, y otras comunidades que la conforman y que han tenido influjo en los pueblos latinoamericanos. Considera, además, que «el siglo XVI español que Alvaro Mutis explora es el imperio de cenizas de las antiguas y actuales palabras» del autor (*Semanario*). Este punto es de importancia para tratar de dilucidar más adelante la preocupación por la tradición en algunos poemarios. Pura López Colomé, quien reseña *La Nieve del Almirante* (1986), considera que aunque el autor una vez la llamó novela, la palabra diario le viene mejor, lo cual es cierto por la estructura formal que la expresa. Se reitera aquí la creencia en el destino, o el hado que rige toda la producción literaria de Mutis. Luego Jacobo Sefamí, refiriéndose a *Un homenaje y siete nocturnos* (1986), apunta a una relación de correspondencias simbólico-numerológicas entre cada uno de los nocturnos, las fases de la luna y los días de la creación (58).

Los ejemplos hasta aquí citados y otros que no están, porque tal vez no es necesario reiterar con demasiados ejemplos, muestran la recepción de la crítica y la manera como esta obra va incrementando su poder persuasivo en los lectores. Mutis, a través de una expresión de «Tánatos» y «Eros», logra crear una suerte de placer catártico; lo que de otro lado, evidencia lo ambivalente del disfrute estético y cómo el lenguaje puede presentar lo increíble y lo desconocido, lo horrible y lo deteriorado de una manera tan aceptable estéticamente que incluso llega a afectar las creencias de sus lectores.

2. VALORACION DE LA CRITICA

Al tratar de aislar los aspectos más relevantes de la recepción crítica, es visible que la obra que Mutis ha escrito durante la década del ochenta (a pesar de que no transgrede en casi nada las reglas del código literario sincrónico, planteadas en la primera *Summa de Maqroll el Gaviero* y en otros libros anteriores a 1980), se manifiesta otro tipo de recepción, otras formas de concretización acordes con el tiempo. Entran en juego la historia cultural, la sensibilidad de la época y en ese sentido lo diacrónico. Por esto se intentará ahora, a partir del presente, reconstruir los principales aspectos de la respuesta de los lectores ante la obra de Mutis. Esta reconstrucción no está exenta de nuestros propios intereses y de la perspectiva de la «estética del deterioro» que orienta la respuesta crítica en esta investigación.

La crítica acerca de la obra de Alvaro Mutis ha centrado sus puntualizaciones alrededor de varios aspectos que, por ser constantes en los más importantes de los trabajos que se han revisado, se enumerarán a continuación:

— La originalidad de la obra.
— Ubicación de la misma.
— La relación que guarda con obras de otros autores.
— Los recursos temáticos.
— Los recursos formales utilizados.
— Las posibilidades críticas.
— Opiniones de los comentaristas y críticos que se relacionan más directamente con la hipótesis central de esta investigación.

La originalidad y calidad de la poesía de Mutis fue la primera característica que la recepción reconoció desde los inicios. Ya en 1948, cuando Mutis apenas publicaba sus primeros poemas, Aurelio Arturo dijo: «No será un libro de versos más, sino la irrupción en nuestras letras de una poesía auténticamente nueva» (*Semana*). Alberto Zalamea se refirió a ella como un riguroso aporte a la lírica colombiana por su esencia típicamente americana y llegó a afirmar que se trataba de una «poesía casi desconocida en castellano, con una profunda fuerza vital» (PP, 666). Y Hernando Téllez reconocía que los poemas de *La balanza* originan una sensación de autenticidad innegable.

Después, con la publicación de *Reseña de los hospitales de ultramar* (1959) y de *Summa de Maqroll el Gaviero* (1973), poetas como Octavio

Paz, Guillermo Sucre, Fernando Charry Lara no han vacilado en reconocer que se trata de una de las mayores figuras de la poesía hispanoamericana contemporánea, y el mejor aporte colombiano a la poesía actual. En 1967 Octavio Paz se refirió a Mutis como al «poeta de la estirpe más rara en español: rico sin ostentación y sin despilfarro». Además, hizo una enumeración de los principales recursos de lenguaje que Mutis utiliza en su escritura (SMG,1988, 10). Enrique Molina llegó a decir que Mutis «lograba la más alta misión de una obra poética: el nacimiento de un mundo, de un lenguaje personal y seguro» (PP, 686). Incluso en una de las reseñas publicadas por *Excelsior*, diario mexicano, se habló de una «lírica mutisiana» diferenciada.

Ya en la crítica posterior, de la década del ochenta, Guillermo Sheridan señala que *Los emisarios* (1984) es un libro original y acentúa este valor porque en este caso le parece que Mutis es original con respecto a sí mismo. Y quizás tenga razón porque es un libro que hay que mirar de manera un poco diferente a todos los libros de Maqroll. Este parece ser uno de los libros que Mutis escribió sin mucha intervención del Maqroll que lleva adentro. David Jiménez también opina que *Los emisarios* (1984) es un libro distinto dentro del concierto de las obras que Mutis ha publicado hasta ahora. Por nuestra parte también lo indicamos así, en el *Suplemento Literario* de *El Nacional*, en 1984, cuando salió la obra.

De una manera u otra, todos los lectores que se han ocupado de esta obra están de acuerdo en que no puede igualarse con otras obras de poesía o de narrativa contemporánea latinoamericana.

Los críticos y destinatarios en general también han buscado la ubicación de la obra poética de Mutis en un contexto más amplio. Así Octavio Paz, por ejemplo, lo sitúa en el grupo posvanguardista (*Los hijos,* 193), con lo cual están de acuerdo Guillermo Sucre y Pere Gimferrer.

Fernando Cruz Konfly, en un análisis no muy extenso pero interesante, realiza una lectura de *La Nieve del Almirante* (1986) y trata de mostrar la agonía de la modernidad que hay en esta obra (TR, 33-42), aspecto que nos interesa, aunque desde otro ángulo en esta investigación.

Desde el punto de vista de la poesía colombiana, se discute si pertenece a la generación de los «Cuadernícolas» o al grupo que conformó «Mito». Esta discusión ha sido originada porque la publicación de sus primeros poemas coincide en la forma de impresión (no en el tiempo) con lo que en Colombia se llamó grupo «Cántico» o «Cuadernícolas». Mutis es enfático en este punto al afirmar que sólo la inercia de la crítica lo puede haber convertido en un miembro de *Mito*, aunque sí publicó allí en dos ocasiones, casi por accidente, ya que no compartió en ninguno de sus puntos las proposiciones de *Mito*. Pero este aspecto lo clarificamos más adelante. En el capítulo siguiente nos ocuparemos de dilucidar detalladamente la ubicación de Mutis en el contexto de los movimientos poéticos colombianos, lo cual no se puede ignorar ya que se trata de un autor nacido en Colombia; parte de su formación transcurrió allí y en su temática y estética el lugar de origen pesa bastante en su escritura. Por lo demás, parece indiscutible que Mutis es el poeta colombiano contemporáneo que con mayores derechos puede ser incluido en la mejor poesía latinoamericana, y muchos literatos de Colombia así lo corroboran.

A través de los diferentes comentarios que registran la respuesta que ha suscitado, se puede notar que los lectores también han servido como mediadores entre la obra de Mutis y obras recientes o antiguas de la cultura occidental. Esto se manifiesta en el interés por buscar formas de relación con otros autores, tanto latinoamericanos como de otras geografías. Algunos como Cobo Borda, Octavio Paz, Pere Gimferrer, Hernando Téllez y Ramón Vinyes han indicado algunos autores, que desde su punto de vista, han influido en la poesía de Mutis; dichos autores son: Joseph Conrad, Luis Cardoza y Aragón, Pablo Neruda, especialmente con su obra *Residencia en la tierra*, Saint-John Perse y Lautréamont. Críticos como Joaquín Marco y Gimferrer señalan además que la obra poética de Mutis está influida por *la Biblia*, sobre todo por el libro de *Los salmos* y el *Libro de Job*, lo cual no es completamente cierto. Según Mutis el *Antiguo Testamento* es un libro que difícilmente lee; el interés por Jonás le viene, no por *la Biblia*, sino a través de Melville en *Moby Dick*. Destacan también la influencia de los viejos libros de navegaciones, diarios marítimos y crónicas de Indias.

Otros han comparado la obra de Mutis con la de autores cercanos a sus orígenes. Por ejemplo, Cobo Borda lo ha comparado con Enrique Molina, y en el contexto colombiano lo compara con la poesía de Luis Carlos López, con algunos poemas de León de Greiff y Aurelio Arturo. Sucre compara su poema «El Viaje» de *Summa de Maqroll el Gaviero* con el cuento «El guardagujas» de Juan José Arreola por la intensidad con que transcurre el tiempo en ambas creaciones. Octavio Paz lo ha comparado con las películas de Bergman, y creo que tiene mucha razón en esta resonancia si pensamos en películas como *El séptimo sello*, donde uno de los protagonistas es la muerte que ronda hasta el final a un jugador de ajedrez quien, sin más esperanza, tuvo que apostar con ella

la posibilidad de vivir un poco más. Mutis también ha sido comparado
con Fernando Pessoa, el poeta portugués, y con Isidoro Ducasse por la
capacidad para desdoblarse en personajes. Por otra parte, se le remite
a José Eustasio Rivera en lo que toca al espacio tropical desgarrador,
presente en la obra de ambos, y a Luis Cernuda por la presencia de
elementos narrativos en sus poesías. No ha faltado tampoco quien lo
relacione con la obra de Borges en algunos recursos literarios.

Finalmente, José Miguel Oviedo, Guillermo Sucre, Joaquín Marco
consideran que entre la obra poética de Alvaro Mutis y la obra narrativa
de Gabriel García Márquez existe un paralelismo, una sintonización de
climas, motivos, personajes e imágenes. Inclusive José Miguel Oviedo
ha comparado la prosa de *El otoño del patriarca* con la obra de Mutis.

Respecto a los recursos temáticos que se encuentran en *Summa de
Maqroll el Gaviero* (1973), se hacen anotaciones tocantes a las experiencias que toma para su creación, tales como el exilio, lo erótico, el deseo,
el miedo, la muerte, la ansiedad, la destrucción del tiempo, la soledad,
la desmemoria, los viajes por reinos del delirio y la enfermedad.

De igual manera Cobo Borda, Charry Lara, José Miguel Oviedo, Sucre
y Gimferrer indican que los espacios usados por Mutis para su producción literaria son los hospitales, los prostíbulos, la naturaleza tropical
más opresora que liberadora, y lugares privilegiados por la civilización
como la ciudad y, en ella, el gran hotel.

Por otra parte, en la misma enumeración de recursos temáticos han
señalado como constantes un tipo particular de personajes, compuesto
por enfermos, ahogados, sirvientes, guerreros, mendigos, marinos,
mujeres en decadencia moral —en resumen, como dice Fernando Charry Lara: «Hombres nuestros», es decir, propios de la vida de Latinoamérica.

Otro aspecto que resalta en la preocupación de los lectores y algunas veces en los comentarios y ensayos más analíticos acerca de esta
obra poética, es el relacionado con los recursos formales utilizados en
ella. Octavio Paz, en su trabajo escrito en 1959 sobre *Reseña de los
hospitales de ultramar* (1959), se detuvo a señalar varias características
de los recursos de creación usados allí por Alvaro Mutis. E indicó entre
ellos la familiaridad con las imágenes desbordadas de la fiebre, la descripción de una realidad anodina que desemboca en la realidad lejana
por medio de objetos infinitamente cercanos o a la inversa, y la alianza
entre el esplendor verbal y la descomposición de la materia de los poemas.

Esta última indicación es parte de lo que nos interesa demostrar en esta obra.

Gimferrer ha señalado como patrones poemáticos el paralelismo gramatical, la letanía blasfema, el retrato de gestas corroídas por el tiempo y el uso del versículo. De igual manera se ha referido, como otros, a la ambigüedad genérica de algunos de sus poemas contenidos en *Summa de Maqroll el Gaviero* (1973), donde además del poema hay una historia. Guillermo Sucre ha hablado de poemas narrativos en prosa, y otros como José Emilio Pacheco han destacado la ruptura con el poema en verso para servirse de la prosa y construir con ella la más alta poesía.

Cabe anotar aquí que hasta 1973, el único poema en el cual usa la métrica canónica (el verso endecasílabo) es «Cada poema» de *Summa de Maqroll el Gaviero* (1973). Los demás son poemas en prosa o en verso libre. De todas maneras, todos los recursos formales mencionados antes, y la creación de personajes que se metamorfosean, como el propio Maqroll, unidos a la tendencia al recuento y a la creación de situaciones y personajes históricos, nos confirman nuevamente la originalidad e importancia que tiene esta obra dentro de la poesía contemporánea actual.

Las posibilidades críticas de la poesía de Alvaro Mutis han sido observadas desde tres puntos de vista: crítica como tal, autocrítica y crítica a la poesía mediante la propia poesía.

A pesar de que la obra poética de Mutis no pueda enmarcarse dentro de lo que se ha llamado «literatura comprometida», poetas como Fernando Charry Lara y Aurelio Arturo han indicado que esta obra constituye una ruptura con las fórmulas impuestas por la costumbre y la comodidad y, por lo tanto, no guarda ningún vínculo tributario con sus predecesores. Guillermo Sucre también señala que se trata de una «crítica y desdén por la Historia como poder» (373).

Es también Guillermo Sucre quien se ha referido a Alvaro Mutis como al «Poeta de la conciencia», lo cual lleva implícito el autoconocimiento, el análisis y la autocrítica constante. Y es que la obra de Alvaro Mutis no representa la realidad sino que muestra la conciencia de la realidad.

La crítica a la poesía que encierra esta obra ha sido señalada por Octavio Paz, Fernando Charry Lara, Cobo Borda, Arturo Villar, José Miguel Oviedo y Alberto Hoyos, entre otros. Todos ellos reconocen que hay en ella una profunda crítica de las posibilidades del lenguaje para expresar la realidad, de donde proviene ese reconocimiento de la «inutilidad» del poema que se manifiesta a lo largo de su obra.

Ya para concluir se reseña un aspecto que, al igual que los anteriores, guarda estrecha relación con lo que se propone demostrar este trabajo. Pero quizás tenga una mayor trascendencia porque fueron estas observaciones de la previa respuesta de los lectores, expresadas en la bibliografía consultada, las que nos condujeron a refinar la hipótesis central de esta investigación.

Muchos comentarios, reseñas y ensayos revisados tales como los de José Miguel Oviedo, Octavio Paz, Pere Gimferrer, Guillermo Sucre, Enrique Molina, Oscar Collazos y Héctor Rojas Herazo, con distintas palabras y tonalidades hacen alusión a la posibilidad de que esta obra de Mutis esté construida sobre elementos en decadencia. Oviedo decía que la poesía de Mutis «propone una amarga reflexión sobre el decaimiento ineluctable que nos persigue desde nuestros sueños» (PP, 696).

Los elementos en decadencia, en el contexto de la obra, comprenden residuos de hechos provocados por la fatalidad, el sustrato de la muerte, las resultantes de la usura del tiempo, de los personajes envejecidos, atacados por las plagas. Y los hoteles, espacios sombríos, las ciudades al margen del urbanismo, las vastas regiones sin nombre, un mundo cotidiano que ya no es embellecido o desdeñado, sino mostrado desde cierta perspectiva poética. Sin embargo —aquí se da otra vez la antítesis a la que refiere el título de este trabajo— el lenguaje no sufre esta decadencia, no atenta contra el sentido mismo del discurso poético. Más allá del verso libre o del poema narrativo, se respetan los códigos estéticos, la plurivocidad del lenguaje en poesía, y los ordenamientos hasta cierto punto lógicos. Y a pesar de ser coloquial en muchas ocasiones, no llega al recurso de la jerga, tantas veces pasajero, ni se queda en la transposición del habla a la poesía.

De aquí que su obra pueda por lo tanto ser leída con esta óptica, desde esta clave. Sucre concretamente dice que toda la conciencia crítica de Mutis y su obra, por supuesto, se desarrollan en torno a la antítesis: «La fértil miseria», y Paz, al referirse a *Reseña de los hospitales de ultramar* (1959), dice que se trata del «rito del desastre».

Hernando Valencia Goelkel, aludiendo al origen de los contenidos mutisianos dice: «Estos elementos tienen otra procedencia y están revestidos de otros fastos: son historia o son arte desmenuzados y congelados con el prestigio de lo caduco —y me atrevo a decir de lo muerto—; es una imaginación enamorada del pasado» (677-680).

En fin, al darnos cuenta de que esta poesía es calificada como «relatos de la decrepitud», donde todo se deteriora sin término, sin dejar de proclamar la belleza en medio de la destrucción, pensamos y sentimos la necesidad de mostrar que la obra de Mutis es una suerte de estética o si se prefiere, una poética del deterioro, donde la miseria realmente es transmutada en poesía.

Esta miseria no debe entenderse únicamente como pobreza, hecho social que implica carencia de las comodidades materiales o satisfacción de las necesidades más básicas. En la obra de Mutis la miseria tiene connotaciones más amplias: es el reconocimiento de la pobreza del lenguaje para someter la poesía y la vida; la carencia de efectividad de la palabra para establecer una auténtica comunicación; la impotencia del poder y de la historia para superar la acción del tiempo, pues una vez que se sabe la insuficiencia de la visión lineal o cronológica implícita en la historia, queda la opción del instante y del tiempo cíclico que borra la historia al ser superada por la vivencia del presente o el olvido.

La miseria, incluso como pobreza de la personalidad cuya conciencia se pone de manifiesto en la creación de personas poéticas, cuya totalidad es expresada por Maqroll. Uno se pregunta, ¿a quién pertenece la obra escrita por Alvaro Mutis, a Mutis o a Maqroll? ¿No se trata de una suerte de autobiografía centrífuga donde Maqroll borra a Mutis o Mutis se borra en Maqroll? Es la escritura como presencia y a la vez como pérdida de autoridad, como pérdida de identidad que sólo puede reconocerse en otro. Mutis se multiplica, se implica para desaparecer, muestra para ocultarse; la presencia es a la vez una ausencia. Esta conciencia de la miseria lo lleva a un escepticismo que no es más que otra expresión de la antítesis sobre la cual se construye toda su obra. Pero ese escepticismo lo guía, casi fatalmente, a escribir poesía, a luchar con el lenguaje y con la historia, contra la ilusión de una naturaleza siempre colorida de la cual Mutis presenta una visión desgarradora. Esa lucha se extiende hasta sus personas poéticas, hasta el propio Maqroll, a quien intenta matar o destruir tantas veces y éste, sin embargo, como un ser mítico, vuelve a tomar forma, vuelve a resucitar para reafirmar la superioridad de la vida frente al lenguaje y para señalar que participamos en un simulacro de comunicación.

Por otra parte, en cuanto a la bibliografía consultada y la manera como empalma aquí nuestra investigación, se debe recalcar que la brevedad de casi todos los trabajos críticos, y el objetivo con el cual fueron escritos, generalmente como notas periodísticas o reseñas bibliográficas, o como una respuesta totalmente espontánea del lector ante su experiencia estética, no permitieron un análisis exhaustivo de la obra que pueda considerarse una demostración de las distintas puntualizaciones que se hacen. Por lo general se trata de enunciados o hipótesis sin ninguna demostración. Algunos textos son de tono muy personal o subjetivo, o simplemente respuestas de escritores ante una obra que, como colombianos, les tocaba sus fibras más profundas.

En conclusión, muchos de los escritos sobre esta obra se han quedado en el nivel de la experiencia estética (con el significado básico de percepción sensorial y sentimientos), otros llegan al ensayo de reconstruir el intento de Mutis, mientras unos pocos (los más completos) logran pasar del entendimiento y la asimilación a la lectura como la entiende Todorov[3]. La línea general que ha seguido la crítica ha sido unas veces apologética, magnificadora de la obra; otras, biográfica, estableciendo una correlación muy determinante entre la vida del autor y la obra. También hay muchos escritos de tipo impresionista y otros de carácter crítico intratextual, que no logran apuntar al problema que fundamentalmente concierne al texto y tampoco alcanzan a vincular la obra a sistema literario más abarcante, ya sea colombiano, latinoamericano o incluso de literatura mundial.

No obstante, esta revisión bibliográfica ha sido de gran utilidad; sin ella hubiéramos carecido de puntos de partida más seguros y de bases para orientar el logro del objetivo propuesto. Con apoyo del conocimiento de la recepción crítica, se emprende la demostración de la hipótesis general, sin dejar de lado las relaciones de la obra con otras literaturas y con las estructuras literarias internas donde el texto se vierte.

---

3 Jaramillo, J. «Sólo para lectores de Alvaro Mutis» *Tras las rutas de Maqroll el Gaviero*. Cali: Proartes y revista Gradiva, 1988. 171. Este trabajo es un ejemplo de una recepción estética que registra el inicio del proceso crítico, es decir, las emociones y sentimientos que la obra le va despertando en la medida de su lectura y el contacto que dicha obra establece con el mundo particular del lector.

RAZÓN DEL EXTRAVIADO: MUTIS ENTRE DOS MUNDOS

Hablo del viaje, no de sus etapas. (E, 12)

EL OBJETIVO de esta investigación es demostrar que la obra de Mutis constituye una estética del deterioro, donde se cumple la antítesis, «la fértil miseria». Antes de entrar en este análisis relacionaremos su obra con el sistema literario latinoamericano, para vincularla al contexto cultural donde se produce. Además, se indicarán sus consonancias con otros contextos culturales y literarios.

El significado de influencia se circunscribe aquí a lo que Mutis definió como «algo que crea una inquietud, un desorden, un estímulo, una palabra, que dispara al lector hacia cosas completamente distintas de las que produjo el estímulo. Es como una maquinaria que echa a andar en nosotros la lectura de un determinado autor» (TR, 339) y que provoca mecanismos que generan personajes, situaciones que pertenecen única y exclusivamente a la experiencia del poeta. Influencia no implica, entonces, una voluntad de copia o de imitación; no se trata de escribir como otro escribe. Su importancia reside en las comparaciones y paralelos, las identidades y rechazos, la «polémica oculta», como diría Todorov, que suscita dentro del escritor-lector o escritor-observador (*The poetics*, 246). Lectura y observación; estímulo provocador y movimiento creativo generador de una nueva obra, a partir de elementos propios, serían los momentos en que se realiza la influencia, en este caso literaria.

1. CONVIVENCIA DE DOS CULTURAS

Toda la obra mutisiana se nutre de dos aguas: a un lado Colombia y, al otro, su experiencia en Europa y su vida de viajero sin pausa. La tierra caliente de su origen es la experiencia vital de su infancia y juventud, a orillas de los grandes ríos, en esa porción paradisíaca que es Coello, la hacienda cafetalera de sus abuelos, en el centro de Colombia. Es una zona donde el sol sólo tiene tregua en la época de lluvias, con aguaceros incesantes y cargados de tormentas eléctricas. De allí deriva su obsesión por la tierra cálida y la creación de un espacio telúrico, una geografía, tipos humanos, psicologías, historias, y modos de vida diferentes a los europeos. También ello explica la relación (escasa por cierto) con la literatura de sus antecesores y contemporáneos colombianos.

> En la ciudad —dice Mutis—, de toda la familia, no nacimos sino mi padre y yo; mis abuelos, mi madre, todos, nacieron en haciendas cafetaleras. Esto te lo digo porque tiene una gran importancia en mi poesía; tú verás que está localizada en un sitio geográficamente delimitado, cuyo ambiente y detalles son ubicables: los trenes bajan de la cordillera (...). Entonces, yo estoy totalmente empapado de esa experiencia que me ha nutrido, de los cafetales, de ese calor, de la vida en la finca. (PP, 620)

Mutis vivió en Bélgica, varios años de su infancia, donde su padre era representante diplomático. Al referirse al choque cultural que le produjo la experiencia decisiva de pasar de ciudades del siglo XIV como Brujas o Bruselas al Tolima (Colombia), compara a Europa con Colombia, e indica los sentimientos contrapuestos que despertaron en él, privilegiando de cierta manera la naturaleza y sensibilidad que heredó de la tierra caliente:

> Por una parte, resultó terrible. Nunca me había enfrentado a una naturaleza tan inmediata, tan agresiva, tan húmeda y, efectivamente, tan hermosa. Por otra, me produjo un efecto que (...) me sigue produciendo la tierra caliente: de absoluto descanso, de distensión y placidez total. (...) Por eso cuando yo volví a Europa debí regresar, como «El Príncipe-Elector» en uno de los poemas de *Caravansary*: triste de volver a esa Europa ya hecha, severa, llena de compromisos y de seriedad. Al volver a Europa yo vi todo tan gris, tan pequeño y tan viejo. (TR, 255)

En definitiva, y sin ninguna pretensión de explicar la obra por su biografía, es obvio que a la hora de la decisión final, Mutis opta por el trópico colombiano. Su influjo ha sido mayor que el de otras latitudes geográficas y esto se puede balancear fácilmente con una lectura completa de sus obras:

> Para mí —dice Mutis— era maravilloso, una experiencia muy intensa el cambio del trópico al medio europeo. Como sabes pasé mi niñez en Bruselas, pero siempre iba de vacaciones a Colombia. Quizá entonces viví allá menos tiempo, pero esa es mi tierra, la tierra caliente. Lo demás es superpuesto. Adoro la *flate land* que a nadie le gusta (...) Pero mi sitio, el lugar al que pertenezco, está entre los ríos, en la tierra media americana que siempre despide aroma de café. (*Gaceta* 39 y entrevista personal, México, 1991).

Al reverso de lo tropical colombiano está el impacto recibido durante los nueve años de su estadía en Europa: un mundo de nostalgias culturales, que incluye «las brumosas» Bélgica y Holanda o los misterios de Trieste, Nijni Novgorod, Constantinopla o El Escorial: sustentos milenarios de la cultura cristiana, con sus templos góticos, sus ritos monárquicos y religiosos plasmados en las páginas del tiempo. A esto se agrega el influjo de sus literaturas, a través de lecturas de autores que posteriormente han sido determinantes en la propia obra de Mutis como los franceses (Baudelaire, Marcel Proust, Louis Ferdinand Céline, el surrealismo, Saint-John Perse), los rusos (Dostoievski, Tolstoi, Gogol, Turgenev, Kuprin), los ingleses (Charles Dickens y la novela gótica) y Joseph Conrad que, aunque era polaco, escribió en inglés. También españoles como Cervantes y Antonio Machado.

Otros aspectos que marcan su literatura son su conocimiento y permanente afición por la historia occidental; su posición profundamente monárquica con su nostalgia por un mundo casi medieval, estratificado y rígido[1]. Pues jamás ha sentido la menor veleidad por la izquierda, para él la revolución es algo inconcebible y considera que «la revolución más grande del mundo es el trópico», la cual él ya vio y vivió (*Torre de papel* 3, 289). Como monárquico, no concibe que se pueda obedecer a ninguna regla inventada por los hombres, todo poder para él deber tener un origen trascendente. A un rey que ha sido «ungido por Dios para gobernar a los hombres —dice Mutis— lo entiendo, lo acato y sus leyes para mí son la norma» (*Eco* 237, 250-258). Sin embargo, Mutis sabe que este «ideal» es imposible de cumplir en estos tiempos.

---

1 «Desde los 16 años —afirma Mutis— estoy leyendo casi las mismas cosas: la novela francesa, la literatura rusa, y si tú sumas mis lecturas del año, podrías observar que tres o cuatro meses han sido lecturas de historia» (PP, 589).

Ambos mundos, el tropical y el ámbito europeo, ejercen un fuerte influjo en su poesía y en su obra narrativa. Por ello se hace, primero, una relectura de algunas obras colombianas del siglo XX a la luz de la obra de Mutis para ponerla en relación dialógica con el medio cultural más inmediato y con el medio latinoamericano. Finalmente, se muestra cómo autores de literaturas foráneas o tópicos históricos contextualizan su obra. Así la obra de Mutis puede ser comprendida con una mayor amplitud, sin perder de vista, claro está, la autonomía intrínseca del texto literario. Pues en la obra mutisiana, como en todo texto, se encuentran soterradas o explícitas, contradicciones del medio social y cultural donde ella se produce; unas veces potenciada, otras sublimada o matizada por los recursos literarios.

2. UBICACION EN EL CONTEXTO LITERARIO LATINOAMERICANO

Mutis, como todo buen escritor, ilumina a sus antecesores e influye sobre ellos; de allí que a partir de él se pueda realizar una lectura retrospectiva de la poesía colombiana para indicar las relaciones y afinidades con otros creadores del mismo origen, del mismo subsistema literario. Esto no exceptúa que, simultáneamente, Mutis sea un autor transculturado, que como pocos logra recrear con acierto varios aspectos de la tradición europea.

La obra de Mutis obedece a un proceso que se había venido configurando en la literatura colombiana y que de cierto modo él sintetiza y rebasa. En la mayoría de los casos analizados aquí, no se pretende buscar influencias, ni crear predecesores o enmarcarlo dentro de una tendencia determinada. Se trata más bien de encontrar formas de relación con escritores del mismo origen, muy heterogéneos por cierto, de los que supo expresar lo mejor e integrar lo que en conjunto, aquéllos apenas habían bosquejado. Nos referimos, entre otros, a Luis Carlos López, León de Greiff, Jorge Zalamea, Aurelio Arturo, algunos integrantes del grupo «Piedra y Cielo» como Eduardo Carranza y otros de «Mito» como Jorge Gaitán Durán[2].

---

2   Luis Carlos López, es uno de los poetas más críticos; reacciona contra el modernismo. Sus principales obras son: *De mi Villorrio* (1906), *Posturas difíciles* (1908) y *Por el atajo* (1920). León de Greiff fue el iniciador del grupo y la revista homónima *Pánida*. Luego se integró a *Los Nuevos*, que representó la vanguardia en Colombia. Y aunque se ha dicho que no respondió a las exigencias vanguardistas,

El carácter coloquial, la narratividad en poesía, la multiplicidad de personas poéticas, la preocupación por la decadencia que produce la práctica del poder, la temática de la nostalgia y el desarraigo, son algunas de las características de la obra de Alvaro Mutis, que se habían venido prefigurando en la poesía colombiana. Mutis, además de continuar esa línea iniciada con Luis Carlos López, le da un vuelco a la estética, incluyendo una temática y una forma de tratamiento hasta entonces desconocida; en Colombia este género, después de José Asunción Silva, sólo se había visto ligeramente conmovido.

Mutis inserta en la poesía elementos antipoéticos, que en un contexto literario tan conservador como el colombiano constituían una ruptura. En el poema «Los elementos del desastre» se puede ver el rey muerto por los terroristas, la libreta de apuntes y dibujos obscenos olvidada por un agente viajero, el chillido de un insecto que se debate entre la vida y la muerte, la hiel de los terneros (SMG, 40). Luis Carlos López ya había significado una avanzada contra la temática preciosista y exótica del modernismo, introduciendo vocablos nuevos en el poema. En este sentido se puede ver «A mi ciudad nativa», poema dedicado a la heroica Cartagena de Indias, donde sin embargo compara el cariño que le inspira la gran ciudad histórica con el que tiene por «unos zapatos viejos» (citado por Holguín, Antología, I, 206). En el «Soneto a un bodegón», alude a elementos que tradicionalmente no se consideraban estéticos como el hollín, los frascos de aserrín, las ratas, el bodegón ahumado (citado por Holguín, I, 205). Pero, formalmente, López conserva muchas huellas de sus predecesores.

El tono coloquial que introdujo Luis Carlos López en la poesía colombiana y, tal vez, en Latinoamérica, también lo recuerda la obra de Mutis; sólo que en aquél se daba unido al humor, a lo provincial y algunas veces a lo dialectal. En cambio, la poesía de Mutis no presenta las efímeras formas del habla popular. Lo coloquial en Mutis habría que en-

---

salvo en las innovaciones del lenguaje, es de todas maneras un poeta que no se puede ignorar en la poesía latinoamericana. A Los Nuevos pertenecieron también Jorge Zalamea y Luis Vidales. Aurelio Arturo, por su parte, es uno de los poetas más singulares de Colombia; se le puede ubicar entre Los Nuevos y Los Piedracielistas. Su obra poética Morada al sur (1963), reúne la poesía escrita entre los años 1931 y 1960. Eduardo Carranza es de una generación posterior, la Piedracielista que tomó el nombre de uno de los libros de Juan Ramón Jiménez: Piedra y cielo. Sus fuentes de inspiración eran, con retardo, los poetas españoles de la generación del 27. Jorge Gaitán Durán, cuya obra principal es Si mañana despierto (1961), fundó la revista Mito (1957-1962), en la cual, sin pertenecer a ella, publicaron en contadas ocasiones Mutis y García Márquez.

tenderlo como la transposición de algunas formas prosaicas del lenguaje y de giros corrientes a la poesía.

Mutis trasciende también el tipo de personajes locales usados por López (el alcalde, el barbero del pueblo, las muchachas de provincia, el viejo camarada) y crea una poesía que, sin dejar de ser latinoamericana, es universal; sus personajes son más anónimos, menos alinderados en el estrecho regionalismo y en algunas ocasiones, con un tinte muy sutil de erudición, a través de nociones geográficas remite a otras culturas. Basta con citar algunos nombres para que escapemos de nuestro tiempo y espacio: Maqroll el Gaviero, el húsar, el capitán Cook, Felipe II, Marcel Proust, Chopin, los camelleros en *Caravansary*, Abidjan, Tashkent, evocan necesariamente otras regiones más lejanas: Italia, España, Francia, y todos los rincones del mundo donde viajeros como Maqroll, el capitán Cook y Matías Aldecoa han pasado su vida. De manera similar sucede con «La muerte del estratega». Es suficiente leer Irene, iconoclasia, y ya estamos en una ambientación bizantina. Igualmente con Sharaya de Handripur en el relato que lleva el título de «Sharaya».

La crítica, importante distintivo de la poesía de Luis Carlos López, se presenta también en Mutis de manera notoria. De hecho ya Guillermo Sucre ha sugerido que Mutis es el poeta de la conciencia, lo que lleva implícito la lucidez. Esta crítica, como veremos en el análisis de su poética, se extiende a varios dominios, uno de los cuales toca el lenguaje. López también había criticado el lenguaje como resultado del conocimiento intelectual en el soneto «Sin aprender el alfabeto», donde expresó la nostalgia por la vida del campesino que puede todavía comulgar con la naturaleza, porque no se ha involucrado en los vericuetos del conocimiento intelectual, tan propios de la vida citadina «donde nos mata el vino y la vida social nos envenena... / ¡y yo que pude haber sido un campesino / de esos que se santigua cuando truena! / ¡(...) sin aprender ni el alfabeto, alado / como el ave, y paciente como el burro!» (citado por Holguín, I, 210).

Finalmente, la capacidad para convertir su propia vida en poesía, también prefigura a Mutis. Poemas como «A un condiscípulo», «A un amigo», o «Sepelio» están dentro de esta atmósfera de recreación autobiográfica. Mutis, como López, recrea recuerdos de su infancia, de las gentes que lo rodearon y de su tierra natal, pero con tal destreza que en ningún momento cae en el sentimentalismo o en la autocomplacencia.

Es justo decir que León De Greiff ejerció una influencia directa en la obra de Mutis como él mismo ha reconocido: «Yo diría que ciertos poemas, y sobre todo las prosas de *Gaspar*, de León De Greiff, sí, en un momento de mi juventud fueron muy importantes; como el gatillo que se dispara, exactamente, fue la fuerza que disparó el gatillo, ahora, yo fui hacia terrenos completamente distintos» (entrevista con Ariel Castillo, 30).

Mutis recoge aspectos que ya habían sido prefigurados por León De Greiff, tales como la expresión de la poesía utilizando indistintamente verso y prosa, la poesía decididamente narrativa en la que apenas había incursionado De Greiff en sus relatos, la creación de personas que son dobles, alteregos, o heterónimos del poeta, el escepticismo frente a la existencia humana, la insistencia en el tema del viaje y también guardan relación en su afición por la música.

El desdoblamiento de Mutis autor, en diversas personas poéticas (Maqroll el Gaviero, Alvar de Mattos, el húsar), recuerda a De Greiff, el poeta que había formado parte del grupo que representó la vanguardia en Colombia: León De Greiff, quien se expresó a través de una amplia variedad de personas poéticas: Leo Le Gris, Matías Aldecoa, Gaspar von der Nacht, Beremundo el Lelo, Sergio Stepanski, Claudio Monteflavo, Erik Fjordsson, Guillaume de Lorges, Ramón Antigua, Proclo, Skalde, entre otros. Todos ellos venían a constituir objetivaciones de la confluencia de su mundo interior y exterior donde se encuentran las experiencias vitales del poeta. El personaje totalizador en la obra de Mutis es Maqroll el Gaviero. Apareció por primera vez en 1953 en *Los elementos del desastre* y, luego, este heterónimo ha titulado las ediciones de poesía a partir de 1948 hasta 1988. Maqroll es la persona que anda vagando en todas sus novelas, dándole coherencia y unidad a la obra como totalidad. Navegante, vigía, celador de barcos, viajero de oficio, ese personaje cambia no sólo de espacios sino de tiempos, ocupaciones y hasta de encarnaciones.

El lenguaje tan particular y el intento de unificar formas musicales con la poesía son también características de la poesía de León De Greiff. Allí está el «Relato de Guillaume de Lorges», donde emplea arcaísmos, neologismos, cultismos, juegos de palabras, onomatopeyas, aliteraciones: «¡Azores y neblíes, gerifaltes, tagres, sacres, alfaneques, halcones: / acudid a la voz del acontista!» (De Greiff, I, 437).

En la poesía de Mutis el lenguaje es culto, exento de vocablos y giros inventados; no se observa como en León De Greiff la permanente experimentación con el lenguaje o la invención de giros lingüísticos. El trabajo que Mutis realiza con el lenguaje es más para connotar las palabras y lograr que ellas encarnen lo que desea expresar. Esa preocupación por el lenguaje es una forma de lucha contra el escepticismo ante las palabras; pero, de otro lado, con ello confiesa su fe en la poesía. El sabe que «el poema sustituye», pero también sabe que nunca podrá dejar de escribir poemas.

Tanto en Mutis como en León De Greiff se podría hablar de una poesía erudita —Mutis es ante todo un gran lector. Véanse las alusiones a los húsares de la época napoleónica, al propio Matías Aldecoa (alterego de León De Greiff); «La muerte del Capitán Cook», una difícil aventura en tierras extrañas cercada por la lenta corrupción; el «Poema de lástimas a la muerte de Marcel Proust», uno de los más memorables. En *La Nieve del Almirante* (1986), Maqroll escribe su última página de un diario, en el barrio gótico de Barcelona y en este mismo libro alude a Napoleón Bonaparte cuando dice: «Pequeño militar sarnoso» y al Duque de Orléans. En *Crónica Regia*(1985) la Infanta Catalina Micaela, hija de Felipe II, en uno de sus poemas, muere a los treinta años con diez hijos que dio al Duque de Saboya y cuyo retrato el poeta ve, en el museo de El Prado. Y en *Los emisarios* (1984), aparece «Funeral en Viana» (1507), poema que rememora a César Borgia, Duque de Valentinois; «En Novgorod la Grande» retoma una anécdota en vísperas de la revolución rusa de 1917, acontecimientos fechables con exactitud. También allí están «Cádiz», «Una calle de Córdoba» y «El tríptico de la Alhambra». En fin, si se tratara de rastrear todos los elementos históricos que hay en Mutis se desbordarían las limitaciones de este trabajo. Pero la erudición de León De Greiff hace de su poesía una obra más «cultural», mientras que Mutis aprovecha este recurso para crear una poesía más existencial. Maqroll, Ilona, Abdul Bashur y Larissa son demasiado humanos y a la vez personajes verdaderamente cosmopolitas[3].

Otros poemas de Mutis recuerdan el acento de León De Greiff de manera muy exacta. En «Exilio» Mutis dice: «Hasta cuando una noche / comienza el golpeteo de la lluvia / y corre el agua por las calles en silencio / y un olor húmedo y cierto / me regresa a las grandes noches del Tolima / donde un vasto desorden de aguas / grita hasta el alba su vocerío vegetal» (SMG, 128). León De Greiff en su poema «Cancioncilla de gama» también revela la creación de recuerdos de su tierra: «Llueve tras los vidrios (bogotana / lluvia si no en mi corazón): / es la aburrida lluvia cotidiana, / de Bacatá, de Pasto o de Sonsón» (De Greiff, II, 404).

---

3   Las distintas personas poéticas que segrega León De Greiff son como materializa-
    ciones de las distintas líneas culturales que en él confluyen: la vikinga, encabezada
    por Erik Fjordsson; la flamenca, por Gaspar el noctámbulo; las tribus escitas por
    Sergio Stepanski; la anglosajona con Skalde... etc.

En *El libro de relatos* (1983) que contiene el «Relato de Sergio Stepanski», el más nihilista de sus alteregos, se observa el paralelismo gramatical como recurso literario y la presencia de elementos narrativos,
dos aspectos que van a distinguir la poesía de Mutis; citemos algunos
versos: «Juego mi vida, / cambio mi vida, / de todos modos la llevo
perdida...» Y la cambia por lámparas viejas, por lo eximio y por lo ruin,
por lo perfecto o lo malo, o la trueca por «una sonrisa y cuatro besos»
o «por una muñeca que llora como cualquier poeta». ¿No anuncia así lo
que para el Gaviero, para el estratega o para Sharaya va a ser un reconocimiento de la ilusión de la vida y la conciencia de que nada nos
pertenece?

El poema de Mutis «La muerte de Matías Aldecoa», cuyo título es un
heterónimo de León De Greiff, es una respuesta al «Relato de los oficios y menesteres de Bereundo» que dice: «Fui de Sind-bad marinero,
pastor de cabras en Sicilia, / di de cabriolas en Silesia; de cerdas en
Cerdeña y —claro— de corzas en Córcega» (Citado por Cobo, *Album*,
72). Y Mutis responde: «Ni cuestor de Queronea, / ni lector en Bolonia,
ni coracero en Valmy, / ni infante en Ayacucho; (...) / Ni cosa memorable alguna» (SMG, 109). También el *lied* X, «El regreso de Leo le Gris»
está titulado, con otro alterego de De Greiff, al tiempo que su epígrafe
son unos versos de este poeta (E, 113).

Y el punto de vista musical que tanto preocupó a León De Greiff se
puede ver en Mutis, en poemas como «La orquesta», varias sonatas, «Canción del este» y los «Nocturnos», de hecho uno de sus poemarios se
titula: *Un homenaje y siete nocturnos* (1986). Así mismo se encuentran
alusiones a Chopin: «Nocturno en Valdemosa» está epigrafiado con una
cita de la carta de Chopin a Mickiewicz; el poema recrea los últimos días
de este gran músico (HSN, 27). Alude también a Mario Lavista, músico
mexicano, en el poema «Homenaje. Después de escuchar la música de
Lavista» (HSN, 1), y a Schumann[4].

La obra de Alvaro Mutis también se eslabona con la obra de Jorge
Zalamea. Mutis tenía una gran amistad con Zalamea, quien tradujo gran
parte de la obra de Saint-John Perse. No hay que olvidar que Perse es
uno de los poetas que más ha influido en su poesía, sobre todo *Los*

---

4   De él le interesan, además de su música, la persona misma y su destino, el intento
    de suicidio y su demencia, durante la cual vivió el suplicio más aterrador porque
    podía oír y vivir una pieza completa y no podía escribir una sola nota.

elogios y un poema que Mutis considera «capital», «Imágenes para Crusoe».

La relación con Zalamea se produce, pues, por esa admiración y reconocimiento que ambos poetas tributan a Perse, pero también por algunas similitudes en la temática y por la presencia de poemas en prosa en ambos escritores. Sin embargo, particularmente a Mutis la obra de Zalamea no le agrada; *El sueño de las escalinatas* (1964), opina que es un poema «de una demagogia y grandilocuencia» exageradas (PP, 558). *El gran Burundún Burundá ha muerto* (1951) tampoco es de su gusto. Le parece un libro fabricado y agrega: «Zalamea era un escritor que se oía escribir» (PP, 558). Al leer este libro, dice Mutis, «hay un hombre oyéndose», lo cual, ya se sabe, encierra el peligro de la autocomplacencia.

Tanto *El sueño de las escalinatas* (1964), como *El gran Burundún Burundá ha muerto* (1951), constituyen poemas en prosa, recurso estilístico mutisiano; pero la resonancia Mutis-Zalamea es más bien por su común preocupación por la temática del poder.

El gran Burundún Burundá ha muerto (1951), se desarrolla en torno a la represión de un dictador demagogo, con un tratamiento ambiguo del tiempo, debido a la recurrencia del presente y el pasado: desde el comienzo sabemos que el dictador ha muerto. Estamos presenciando sus hazañas y vamos a asistir a sus pompas fúnebres. «Ninguna crónica de la gloria de sus actos será tan convincente ante las generaciones venideras como la minuciosa y verídica descripción del cortejo que perduró su poder a la hora de su muerte» (117).

En el análisis de la obra de Alvaro Mutis se verán «Apuntes para un poema de lástimas a la memoria de Su Majestad, el Rey Felipe II» (SMG, 12), «La muerte de Matías Aldecoa» (SMG, 73) y «El hospital de los soberbios» (SMG, 113), «El último rostro» (MA, 83-106), donde es recurrente la preocupación por la decadencia que todo poder lleva intrínseca. Mutis penetra en el tema del poder con mucha más profundidad que Zalamea, pero en algunos pasajes éste también logra insinuar el efecto de desgaste y decadencia: la ciudad lluviosa, nublada, mientras el cortejo fúnebre atraviesa «la avenida más amarga y ancha del mundo», «Las fuentes de agua se confunden con el hollín de las chimeneas», y hasta las vestimentas de los personajes están diseñadas en la medida de su poder, los tonos oscuros acentúan lo taciturno y la muerte.

El tema ya lo había anunciado Zalamea en *La metamorfosis de su excelencia* (1963), relato metafórico del tirano; drama de un dictador que toma conciencia de su crueldad y, anciano ya, se ve condenado a metamorfosearse en bestia.

Sin embargo, la obra de Mutis alcanza mayor eficacia que la de Jorge Zalamea debido a su lenguaje, «sin ostentación y sin despilfarro», como dijera Octavio Paz (SMG,1988, p. 10). En las obras de Zalamea, pareciera que los temas del poder o el dictador, fueran pretexto para la creación de imágenes y tal vez por ello se ha dicho que Zalamea ha desaparecido devorado por su propio lenguaje.

En cambio, hay más afinidades entre Alvaro Mutis y Gabriel García Márquez. Aunque no son exactamente contemporáneos (Mutis es cinco años mayor que García Márquez) y cuando éste empezó a escribir ya Mutis había escrito *La balanza* (1948) y textos tan fundamentales en su obra como «El viaje». Sin embargo, los une el haber compartido durante una época un entorno y una realidad cultural que los identifica, además de una gran amistad. Colombianos ambos, crearon universos poéticos paralelos en algunos aspectos, en otros interceptados y en otros de vertientes completamente diferentes. Publicaron en la revista *Mito* (1957-1962): Mutis publicó *Reseña de los hospitales de ultramar* (1959) y García Márquez publicó *El coronel no tiene quien le escriba* (1958) y *Monólogo de Isabel viendo llover en Macondo* (1958).

Sólo nos referiremos a algunos de los aspectos comunes en sus obras. A García Márquez, como a Mutis, le interesa el tema del poder. Así ha mostrado el primero en su obra *El otoño del patriarca* (1975) y *El general en su laberinto* (1989) y Mutis en *Summa de Maqroll el Gaviero* (1973), su relato «El último rostro» (1978), y en sus alusiones al Imperio de Bizancio y a la época de Felipe II.

En *El otoño del patriarca* (1975) el dictador es un demagogo frustrado como el dictador de Jorge Zalamea en *El gran Burundún Burundá ha muerto* (1951) que se ve obligado a aplicar la violencia y la seducción sexual para dominar, pretendiendo reducir al pueblo a la incapacidad suya y a su agresión. Pero la resonancia Mutis-García Márquez se da en la profundidad de su conocimiento de formas de vida y psicologías humanas y en la capacidad para recrear sus estados, cuando ésta es la víctima propiciatoria de la práctica del poder. Cada uno con sus recursos expresivos, muestra desde adentro la soledad absoluta, la incompetencia, la nostalgia, el dolor, la decadencia y la ausencia de poder real que, paradójicamente, tienen estas figuras de poder: si se recuerda a los soberbios en los hospitales de ultramar, o al Bolívar en vísperas de su muerte, esto se hace más evidente. La perspectiva de Mutis en «El último rostro» es retomada también por García Márquez en *El general en su laberinto*, para dar la imagen del Bolívar humano y desmitificado. Tanto la narrativa de García Márquez como la poesía de Mutis son inseparables, por otro lado, del proceso de la violencia que ha sufrido Colombia desde fines del siglo pasado hasta el presente. Mutis expresa de modos muy peculiares, en *La mansión de Araucaíma* (1973), el crimen, la cobardía, la sodomía, la lujuria, los placeres de Lesbos y hasta la inocencia, que han ido a compartir la vida de este lugar.

Oscar Collazos relaciona a Mutis con García Márquez en la amoralidad de ambos. A su juicio, esa amoralidad se pone de manifiesto en la generosidad de sus visiones del mundo y en la impudicia de sus lenguajes; «Mutis —dice— adjetiva con impudor que es, a veces, la mejor forma de calificar con generosidad» (PP, 730). Y en verdad la obra de Mutis no es retórica, ni su lenguaje es barroco, abundante o frondoso. Es una escritura desnuda, parca, hecha con palabras de todos los días, lo cual contrasta con el contenido y profundidad de lo que expresa.

Tanto en García Márquez como en Mutis, está la fuerte presencia tropical, mundo del que los dos tienen pleno conocimiento para llevarlo a ser parte integrante de sus creaciones. Ese Macondo tan reiterado en García Márquez hasta *Cien años de soledad* (1967) es el mismo mundo embrujado y desgarrador de SMG, de *La mansión de Araucaíma* y de su ciclo de novelas; lleno de paisajes polvorientos, ríos lodosos, hospitales de ultramar, invadidos de silencio, de tristeza y poblados por gente que está muriendo de hambre, atacada por las plagas. Ambos espacios son abstracciones de infinitos lugares que como éstos pueblan el trópico.

No se trata en ninguno de los dos autores de un trópico colorido, exuberante y vitalizante, sino del Macondo miserable, o del ultramar enfermizo; de los Buendía o de Maqroll, del coronel olvidado o del húsar, del patriarca o de los soberbios hospitalizados, o de cualquier otro personaje sin historia, sin identidad y sin perspectivas, como Flor Estévez, dueña del pobre refugio en *La Nieve del Almirante* (1986) y a quien el Gaviero pierde y no la vuelve a encontrar jamás, a pesar de que la anhela y la busca. Lo mismo se podría decir de Panos en *Abdul Bashur soñador de navíos*; Wito y Larissa, personajes de *Ilona llega con la lluvia* (1987) y el capitán en *La Nieve del Almirante*. Son todos personajes que están en el cero absoluto. Muchas veces seres ya casi inexistentes ante la fuerza de la pobreza, la ruina, sufrimiento y la miseria personal.

También es coincidente el desplazamiento de la fuerza moral hacia las mujeres. La mujer del coronel, las amantes fugaces de Maqroll, Bendición Alvarado (la madre del patriarca), Fermina Daza y Manuelita Sáenz o las esposas de los enfermos de ultramar, Flor Estévez en *La Nieve del Almirante* (1986) son más fuertes. Este mismo tipo de femineidad esencial se ve en Amparo María (BM), «es ya esa fiera que empieza a ser la hembra con una fuerza de destino que a veces llega a ser de orden délfico»[5]. Las mujeres son las que tienen mayor conciencia. Por esta razón logran enfrentar el destino y fortalecer a sus hombres, sin recurrir a fáciles consuelos, pues la sabiduría que forma parte de su visión de mundo les impide la compasión. Recuérdese cómo Bendición Alvarado, consciente de la pérdida de la libertad y demás limitaciones que su hijo no alcanza a desenmascarar, dice: «Estar en la casa presidencial es como estar a toda hora con la luz prendida».

Las analogías entre la obra de Mutis y la de García Márquez se dan en algunos temas y menos en el estilo. El tratamiento del tiempo: cíclico o circular que se ve tan claramente en *Cien años de soledad* (1967), o en *El otoño del patriarca* (1975), como recurso estilístico, en Mutis se da como insistencia temática. En SMG, Maqroll es un personaje mítico, que no sólo muere y resucita en la misma obra, sino en otras obras como *Caravansary* (1981), donde otra vez muere para volver a vivir en el ciclo de novelas «empresas y tribulaciones de Maqroll el Gaviero» (seis novelas hasta ahora, aunque el plan inicial era una trilogía). En ambos autores está presente el eterno retorno, en uno como en otro anda vagando el héroe de pretéritas guerras. Recordemos quién es el coronel, los Buendía, Maqroll y los húsares. Como en el mito de Sísifo (presente también en las obras de Albert Camus y Alejo Carpentier) el poeta está condenado a llevar la piedra de la poesía hasta la cima. Allí los dioses precipitarán la catástrofe, pero la labor está hecha y Maqroll se inmortaliza.

Los trenes amarillos de «La siesta del martes» son los mismos trenes de «El viaje» (SMG, 64), lo cual subraya la identidad del referente espacial (los trenes en Colombia eran, en su mayoría, de color amarillo). Los techos de zinc, las lluvias, la vida pendiendo de un hilo para los personajes de uno o para las personas poéticas del otro y la angustia por

---

5   Y agrega aún más: «Si hiciéramos un recuento de las mujeres que aparecen en mis poemas, veríamos que ese tipo de presencias femeninas son para mí parte del paisaje, de la tierra, de la evidencia misma de esa feracidad y de esa especie de disponibilidad que crean el clima, la vegetación y los ríos. Eso fue lo que yo sentí, así fue como viví la tierra caliente cuando regresé de Europa» (TR, 335).

hallar una identidad que, finalmente, es lo que van buscando a través de todas sus experiencias, son también puntos de contacto de ambos autores.

Ambas creaciones están hechas de «elementos del desastre» sobre restos de miseria, lo cual no constituye nada nuevo. Esta fue también la preocupación del realismo social. Lo nuevo en ellos es atribuirle a su manera de narrar o de poetizar una miseria cuyas raíces y ramificaciones van hasta lo inhabitualmente tratado en el campo de la literatura latinoamericana, sin pesimismo, sin apasionamiento, a pesar de la hostilidad impredecible de los elementos sufrida por los personajes.

En García Márquez como en Mutis la soledad es uno de los referentes de la obra y sus personajes se proyectan en el marco de su propia desproporción: Aureliano Buendía, Remedios la bella, Amaranta, la mamá grande, la abuela desalmada, el patriarca, el ahogado más bello del mundo, el general (Simón Bolívar). Mutis irá hasta la Edad Media, el Imperio de Bizancio, las guerras napoleónicas, la novela gótica y la alucinación metafísica de los escritores rusos del siglo XIX y algunos del siglo XX. García Márquez, en cambio, recurrirá al encantamiento de las formas del barroco, a los años de las pestes (*El amor en los tiempos del cólera*), a los símbolos del modernismo y a la realidad histórica y social latinoamericana, como lo indicaba también Armando Romero. Ambos encuentran en las proyecciones del tiempo y en una geografía distante otras claves para sus obras.

La obra de Mutis comparte algunas características con la de Aurelio Arturo, quien ha sido ubicado, equívocamente, en el grupo «Piedra y cielo». Es más bien un poeta de transición entre «Los nuevos» y los piedracielistas, y por su intensidad y su sabiduría verbal influye en la obra de Mutis. No se trata de mera relación o coincidencia, sino de «un poeta muy importante para nosotros, para mí sobre todo —dice Mutis— en ese momento» (*Torre*, 25).

Como la obra de Arturo, la de Mutis está saturada de nostalgia de su lugar de origen, es reiterativa en sus temas, está escrita en el vago límite entre el verso y la prosa y, aunque en el caso de Arturo se trata de una obra breve, es también muy trabajada.

Morada al sur (1963) de Arturo, presenta como algunos poemas de SMG, evocaciones por la tierra natal (el Departamento de Nariño, situado al sur de Colombia), por sus paisajes, su infancia, su gente y la mujer amada. En Mutis hay algo de ese acento de Arturo en el poema «Nocturno» y en «Exilio» (SMG, 1988, 68-85) donde evoca su tierra natal y

Coello en el Tolima, poblado de cafetales, con sus lluvias vastísimas. También en «El viaje» donde están presentes la tierra y la mujer. En Arturo tierra y mujer se confunden en un solo centro temático, como lo ilustran estos versos de «Interludio»: «Oyéndote desde lejos aún de extremo a extremo, / oyéndote como una lluvia invisible, un rocío. / Viéndote con tus últimas palabras, alta, / Siempre al fondo de mis actos, de mis signos cordiales, / de mis gestos, mis silencios, mis palabras y mis pausas» (citado por Holguín, *Antología*, II, 20). En los versos anteriores se ve la naturalización de lo humano tan característico en Arturo: Mujer paisaje; mujer y tierra. La tierra se hace mujer; en el poema «Rapsodia de Saulo» dice: «Aldea, paloma de mi hombro que yo silbé por los caminos, / Yo que canté, un hombre rudo, buscaré tus helechos, / acariciaré tu trenza oscura —un hombre bronco—» (citado por Holguín, II, 22). ¿No es este procedimiento similar al que presenta Mutis al humanizar la muerte? En el poema «Cita» (SMG, 115), la muerte se torna mujer, y en «El hospital de bahía», las enfermedades se humanizan: «Con su manto sobre los hombros, la fiebre recorría los lechos, sin demorarse en ninguno, pero tampoco dejando a ninguno sin visitar». Igual sucede en el poema «Clima» de Aurelio Arturo.

Señalamos arriba que Arturo también evocó su infancia y la tierra natal: ejemplo de ello es el poema «Nodriza» y otros que recrean la geografía espiritual de su tierra como lo hizo Mutis en SMG. En el poema «Rapsodia de Saulo», Arturo escribe: «Trabajar era bueno en el sur / cortar árboles, / hacer las canoas de los troncos. / Ir por los ríos en el sur, decir canciones / era bueno trabajar entre ricas maderas» (citado por Holguín, II, 22).

Ya propiamente del «Piedracielismo», uno de los poetas que ha contado en la formación de Alvaro Mutis es Eduardo Carranza. Fue su profesor durante la secundaria y, según expresa Mutis, sus lecciones lo marcaron para siempre y le transmitieron un fervor por la poesía. Sin embargo, si en la poesía de Mutis hay algo de Carranza, es del segundo período de éste. Pues en Mutis no se observa ese canto a las muchachas, el cielo azul de la patria y de los mares, los jardines de la juventud, los amores idealizados tan característico de buena parte del poeta piedracielista. En cambio, en Mutis sí se ve el poeta que transita por los caminos del dolor y la pasión que contribuyen a definir el destino de Maqroll y esa convicción en la miseria y en la fugacidad de la existencia humana que había aludido Carranza en «Epístola mortal» (citado por Cobo, *Album*, 112).

La poesía de Mutis evoca algunos poemas de Carranza que están escritos en un lenguaje próximo al hablado u otros que por su profundidad y desgarramiento, hacen sentir verdades casi absolutas o deslumbrantes como por ejemplo «Galope súbito» (citado por Cobo, *Album*, 111) o algunas de sus «Elegías». Pero gran parte de la poesía de Carranza, al contrario de la de Mutis, está cargada de excesiva retórica, reiteración de palabras que en ningún caso alcanzan la categoría de símbolos y menos aún de mitos: azules, potros, banderas, jardines, etc., que funcionan únicamente como enumeraciones.

Mutis: ¿Cuadernícola o de Mito?

Diez años después de las primeras publicaciones del grupo «Piedra y Cielo», al que perteneció Eduardo Carranza, empiezan a aparecer los poemarios de autores que, habiendo recibido influencias comunes, trabajaron aislados, sin conformar grupos o escuelas y sin lanzar manifiestos que determinaran una orientación poética específica. El sentido de la pertenencia al grupo se les otorga únicamente por su ubicación temporal y las circunstancias de su producción literaria. Todos publicaron sus primeros trabajos en ediciones muy modestas que ellos mismos costeaban. Este movimiento de «aislados» llamado Cuadernícolas se dio entre 1944 y 1945.

Mutis pertenece a los «Cuadernícolas», solamente si se toma el contenido semántico de este adjetivo en su época: Cuadernícola fue un título, humorístico por cierto, que dio Hernando Téllez a quienes tuvieron que publicar en pequeños cuadernos, debido al desinterés de las editoriales por publicar poesía de escritores que apenas se iniciaban. El estilo de publicación fue lo que colectivizó a escritores que a veces ni se conocían entre sí. Cuando a Mutis se le pregunta sobre esto, dice:

> Pertenezco a la generación bautizada por el binomio Sanín-Téllez «Cuadernícola». No los conozco personalmente a todos, no comparto la estética ni la orientación de ninguno de ellos. Y en este caso estamos todos los que pertenecemos a ese grupo. Cada cual trabaja por su lado y jamás hemos tenido la oportunidad de reunirnos alrededor de una mesa. Tres cosas nos unen: la fe en los dictámenes implacables de Casimiro Eiger, misterioso personaje escapado de las obras de Proust y evocado por nosotros para nuestro consuelo; la admiración por la poesía de Aurelio Arturo, y la implacable afición por publicar nuestros versos en esos «cuadernitos» que nos sirven de mote (PP, 535).

La balanza (1948), el primer poemario de Mutis, fue publicado con Carlos Patiño en uno de esos cuadernillos usados por los Cuadernícolas.

Pero, según el propio Mutis, ni siquiera alcanzó a circular porque el 9 de abril de 1948, con motivo del «bogotazo», desapareció accidentalmente toda la edición en uno de los incendios que se registró en Bogotá, como reacción ante el asesinato de Jorge Eliécer Gaitán, cuando se iniciaba otro largo período de violencia en Colombia.

En términos más estrictos, Mutis no es un Cuadernícola: en primer lugar, porque su publicación inicial ocurre en 1948 y no coincide temporalmente con los Cuadernícolas, los cuales surgieron hacia los años 1944 y 1945 y además esta publicación tampoco pudo llegar al lector.

En cuanto a la revista *Mito*, fundada y dirigida por Gaitán Durán, Mutis es muy enfático al afirmar que nunca perteneció a ella, ni comulgó con sus planteamientos políticos. Y considera que sólo la inercia de la historiografía literaria lo pudo convertir en miembro de una generación que como tal no existió. A Mutis, las proposiciones literarias de *Mito* no le interesaban; le parecían lecturas de gran ingenuidad, presentadas en una mezcla sin criterio (de Bataille, el Marqués de Sade, Sartre, entre otros), todos ellos autores que ya Mutis conocía, pero no niega que en ese momento *Mito* tal vez era necesaria para el país. *Mito* (1955-1962) fue una creación de Jorge Gaitán Durán, a quien Mutis conoció en Colombia, cuando éste era empleado de la Esso. Pero Mutis dice no haber estado de acuerdo nunca con la posición política ni estética ni literaria de Gaitán Durán; tampoco tuvieron una relación de amistad estrecha. Mutis tuvo contados encuentros con Gaitán Durán, los cuales generalmente se limitaron a pagar a la revista una página de propaganda para la Esso, de la cual Mutis era empleado. La última vez que Mutis vio a Gaitán fue en México, después de 1956, fecha en la cual Mutis se traslada a este país.

En esa coincidencia totalmente tangencial, Gaitán Durán le pidió algunos textos a Mutis para su revista y fue entonces cuando salió en *Mito* la *Reseña de los hospitales de ultramar* (1959).

En relación con *Mito* por ejemplo y con Jorge Gaitán Durán, a quien admiro por su capacidad de comunicación y por lo que entonces, en lo que era un país caótico y anegado en sangre y en ira, significó su revista, pero con quien me vi muy poco y con cuyas ideas políticas y estéticas jamás estuve de acuerdo. A otros miembros de *Mito* jamás los conocí como es el caso de Cote Lamus y de Castro Saavedra. Ello no quiere decir que la publicación de mis poemas en *Mito* no haya sido de importancia inmensa para la difusión de mi poesía[6].

---

6 Carta de Alvaro Mutis a Consuelo Hernández , fechada en México el 7 de noviembre de 1984. En esta misma carta agrega que dos veces publicó en *Mito*, eso bastó

En *Mito* publicó también, sin identificarse con los planteamientos estéticos o ideológicos de la revista, Gabriel García Márquez. Por primera vez salió allí *El coronel no tiene quien le escriba* (1958) y *Monólogo de Isabel viendo llover en Macondo* (1958). Enrique Buenaventura, el dramaturgo, también contribuyó a la revista y Jorge Gaitán Durán publicó en la misma *Si mañana despierto* (1961).

Pero estas divergencias no nos impiden como lectores ver la obra de Gaitán Durán a la luz de la de Mutis y encontrar relaciones temáticas, no así estilísticas o en el tono; en estos aspectos la poesía de Mutis no tiene parangón en Colombia ni en Latinoamérica. La preocupación central de Gaitán Durán es el erotismo, la belleza, la angustia ante la vida y la permanente conciencia de la cercanía de la muerte. Todos estos aspectos constituyen de alguna manera motivos de la obra de Alvaro Mutis.

Si se observa el poema «Amantes» (1959) de Gaitán Durán, es fácil darse cuenta de que el erotismo es para él lo culminante de la vida y de la naturaleza; simultáneamente un elemento triunfal y de desorden. Mutis no presenta la misma proposición, pero el erotismo es uno de los elementos que ayudan a Maqroll a sobrevivir en el exilio y lo salva de caer en el olvido absoluto. Es una de sus respuestas ante la desesperanza extrema frente a la vida. Y la mujer es la presencia que mayor alivio ofrece para los desamparados y enfermos de sus páginas.

Sólo que esa reiterada obsesión por la muerte en Gaitán Durán, es más fuerte en la obra de Mutis; muchísimos poemas y prácticamente todas sus novelas se desarrollan en torno a este eje temático y aquí, nos parece, hay una absoluta confluencia con la preocupación de Gaitán Durán. Si, como se verá más adelante, a Mutis le preocupan «los elementos del desastre»; las ruinas del tiempo, la entropía a la que están sujetas todas las cosas; si frente a la vida tiene una total desesperanza, ¿no es ésta otra manera de decir más contundentemente lo que dice Gaitán Durán en poemas como: «Si mañana despierto» (citado por Holguín, II, 124), que es como el presagio de su propio fin? La vida y la muerte están allí en permanente convivencia, pero la muerte prevalece; quizás por esto decía «Es un enemigo más temible que Dios, / el sueño que puedo ser si mañana despierto / y sé que estoy vivo». Ese presentimiento fatal vuelve a repetirse en el poema «Hacia el cadalso»: «Tú no has conseguido nada, me dice el tiempo, / y ahora la muerte-cáncer y

---

para hacerse conocer en otros ámbitos y para que Octavio Paz escribiera las generosas palabras de simpatía sobre «Los hospitales de ultramar»

silencio en tu garganta / te hace besar las ruinas que escupiste» (citado por Holguín, II, 125).

En fin, la corrupción y la otra vida, la muerte y el erotismo son polos de su poesía. Parece que Gaitán Durán no puede olvidarse de la muerte ni siquiera en momentos de mayor goce; paradójicamente es cuando más la recuerda: «Sé que estoy vivo en este bello día / (...) siento el sudor ligero de esta fiesta. / Bebemos vino rojo. Esta es la fiesta / en la que más recordamos a la muerte» (citado por Holguín, II, 124).

La muerte es vista como un hecho que va creciendo en la intimidad o pegada a la vida, como también lo ha visto Mutis en SMG, surgiendo desde la raíz misma del ser vivo. En los últimos versos de «Si mañana despierto», Jorge Gaitán Durán alude a la larga paciencia de la muerte. Ese es el trance de Sharaya, el santón solitario de Mutis, que da título a uno de sus relatos. Este renunciante mantiene una verdadera familiaridad con la muerte. Tanto en Gaitán Durán como en Mutis hay una visión de impotencia del ser humano frente a la muerte. Pero en Mutis será más acentuadamente trágica, más fatalista, como el «ser para la muerte» heideggeriano.

Puede decirse, para concluir, que con mayor radicalismo, convirtiéndose en punto de convergencia de motivos y objetivos, rebasando formas que habían sido bosquejadas por algunos poetas colombianos, la obra de Alvaro Mutis constituye otro punto de partida para la poesía. Independientemente de la asimilación de técnicas insinuadas y de una temática que pudiera ser ligeramente visible, aunque de un modo fragmentario, en poetas anteriores, es la concepción del mundo y su manera de presentarla en el poema lo que distingue su obra. Mutis en todo momento logra decirnos, como bien lo señaló Guillermo Sucre, que «la muerte lo infecta todo» que «La miseria de la poesía es la miseria de la condición sometida al tiempo que devora la carne de los hombres» (379).

Se ha revisado la poesía de los más importantes escritores en este siglo, que en Colombia antecedieron a Mutis. Esto debe verse como un procedimiento regular de valoración para establecer los nexos de relación (no exactamente influencias), con la obra que aquí nos ocupa. Y se habrá notado que Mutis no puede ser incluido con propiedad entre los Cuadernícolas y menos aún en *Mito*; la universalidad de su obra, las innovaciones de la misma y su desarrollo posterior, hacen que la declaración que en 1954 hizo García Márquez esté plenamente vigente: «No está clasificado en ningún grupo o tendencia (...) la razón principal por la cual Alvaro Mutis no es un escritor clasificable, es por la diferencia de sus puntos de vista de los demás» (*Gaceta* 2, 9).

Ya dentro del ámbito latinoamericano, fuera de Colombia, Neruda fue una de sus principales lecturas; la primera gran ventana a la poesía, un golpe y un impacto, «y lo sigue siendo —agrega Mutis—; no te imaginas la inmensa fuente de asombro y de conocimiento que es» (PP, 592). Se refiere al Neruda de *Residencia en la tierra* (1933-1935), poemario que como dice el propio Neruda está impregnado de una «melancolía frenética y de un estilo amargo que porfió en su propia destrucción» (*Confieso*, 137).

La importancia del Neruda de *Residencia en la tierra I* es tal que Mutis en varias ocasiones se ha servido de algunos versos de este libro, para expresar parte de su credo poético, por ejemplo: «Dios me libre de inventar cosas cuando estoy cantando!» (129) o «mis criaturas nacen de un largo rechazo» (18), que aluden a la soledad de un extranjero trasplantado a un mundo violento y extraño: el lejano oriente donde Neruda los escribió. Quizás se refieren también, como bien lo anota Mutis, al desprendimiento que el autor debe tener con sus obras para que éstas lleguen a ser criaturas de vida propia y al rechazo de lo rutinario y superficial para hallar el sentido de lo estético.

En los poemarios, la influencia de Neruda se ve en *Los elementos del desastre*, porque aquí Mutis presenta el paisaje de América Latina en el que nada dura, todo se destruye, todo se deshace. Y ese desgastarse es también una de las preocupaciones en los prólogos a la revista *Caballo Verde para la Poesía* (dirigida por Neruda en Madrid, 1935), donde habla de los instrumentos de labranza comidos por el óxido, lo cual actualizaba la realidad que había visto Mutis en la hacienda de sus abuelos. En el poema «Madrigal escrito en invierno» Neruda dice: «Alójame en tu espalda, ay, refúgiame / aparéceme en tu espejo, de pronto, / (...)Acógeme en la tarde de hilo, / cuando al anochecer trabaja / su vestuario y palpita en el cielo / una estrella llena de viento» (21). Comparable con el poema «Oración de Maqroll»: «¡Oh Señor! recibe las preces de este avizor suplicante y concédele la gracia de morir envuelto en el polvo de las ciudades recostado en las graderías de una casa infame e iluminado por todas las estrellas del firmamento» (SMG, 38). Ambos temas repetidamente enlutados, pues, como dice Neruda, su poesía es tristemente terrenal.

Todavía en *Crónica Regia y alabanza del reino* se percibe un cierto acento nerudiano, si se recuerdan poemas como «Colección Nocturna» que dice: «Reconozco a menudo sus guerreros, / sus piezas corroídas por el aire, sus dimensiones, / y su necesidad de espacio es tan violenta / que baja hasta mi corazón a buscarlo» (26). Y más adelante en el mismo poema dice «Oh Capitán, en nuestra hora de reparto / abre los mudos cerrojos y espérame: / allí debemos cenar vestidos de luto: / el enfermo de malaria guardará las puertas» (27). Bastante semejantes en tono y temática son algunos poemas de *Reseña de los hospitales de ultramar* de Mutis.

En la «Oda a Federico García Lorca», Neruda habla del húsar solitario que muere entre arañas y termina con dos versos que son comunes a ambos poetas: «Ya sabes por ti mismo muchas cosas, / y otras irás sabiendo lentamente» (137).

Así, pues, las influencias más notorias de la obra de Mutis se reparten entre la sensibilidad que hereda del trópico, de unos pocos escritores latinoamericanos y de la tradición literaria europea.

En cuanto a las corrientes literarias latinoamericanas, Mutis es ubicado entre los poetas inmediatamente posteriores a la Vanguardia. Es patente desde su comienzo que esta obra no constituye un tributo tardío al vanguardismo, sino una tendencia encaminada a romper con el inmediato pasado poético, sobre todo con la tradición literaria colombiana, a la cual se había venido tributando una exagerada sumisión. Si Mutis adoptó formas vanguardistas (surrealismo, por ejemplo) lo ha hecho a través de una verdadera asimilación, que se observa en los rasgos y tono acusadamente particulares de su poesía.

La obra de Mutis adquiere presencia internacional a partir de sus primeras publicaciones, oportunamente reconocidas por Paz, quien lo incluyó entre los iniciadores de la posvanguardia en *Los hijos del limo* (1974):

> Hacia 1945 la poesía de nuestra lengua se presenta en dos academias: La del «realismo socialista» y la de los vanguardistas arrepentidos. Unos cuantos libros, unos cuantos poetas dispersos iniciaron el cambio. Aquí se quiebra toda pretensión de objetividad, aunque quisiera no podría divorciarme de este período. Todo comienza —recomienza— con un libro de José Lezama Lima: *La fijeza* (1944). Un poco después *Libertad bajo palabra* (1949) y *¿Aguila o sol?* (1950). En Buenos Aires, Enrique Molina: *Costumbres errantes o la redondez de la tierra* (1951). Casi en los mismos años los primeros libros de Nicanor Parra, Alberto Girri, Jaime Sabines, Cintio Vitier, Roberto Juarroz y Alvaro Mutis (192).

Según dice Octavio Paz, la posvanguardia nació como «una rebelión silenciosa de nombres aislados»: Alvaro Mutis, por ejemplo, a pesar de las distintas opiniones críticas sobre si es Cuadernícola o de *Mito*, es, en última instancia, un caso aislado y muy particular, por el punto de partida de su poética y por la riqueza intelectual y existencial que se respira en sus obras. Es esto lo que lo distingue de sus coetáneos.

Mutis, como Pessoa, creó heterónimos e inclusive tiene un trabajo titulado «Quién era Barnabooth», que hace pensar en el antecedente de Fernando Pessoa (Valéry Larbaud y en su heterónimo, Barnabooth de *El diario de Barnabooth*). Mutis encuentra en Pessoa y en Valéry Larbaud otros modelos del desesperanzado. Esto es interesante dentro de este contexto porque, casualmente, los escritores que siguieron a la vanguardia fueron los que descubrieron a Fernando Pessoa (portugués) y la literatura brasileña.

Mutis no está arraigado en la generación anterior y tampoco se plantea como la negación total de sus antecesores. No formó parte de grupos enmarcados por manifiestos u otras formas de definir su orientación literaria; buscó independientemente su propio modo de expresión, su propia voz, la cual resultó singular entre los posvanguardistas. Las particularidades de la obra de Mutis se deben, por una parte, a su estrecho vínculo con la realidad colombiana, y por otra, a su perspectiva y distancia que pudo tener, facilitada por su formación en Europa y la audición de otras voces. Aún hoy, Mutis manifiesta leer muy pocos libros hispanoamericanos, pues piensa que «entre la literatura de los guerrilleros y la literatura ya convencional del realismo mágico nos acercamos a pasos agigantados a la estupidez absoluta» (TR, 257); de allí que su interés se reduzca a la literatura brasileña de la cual destaca a *Angustia*, *Vidas secas* y *Memorias de la cárcel* de Graciliano Ramos, cuya prosa escueta y desnuda compara con la de *El coronel no tiene quien le escriba*, y a *Macunaíma* de Mario de Andrade a la que considera un antecedente de *Cien años de soledad*.

Mutis, entre los posvanguardistas, se distingue por su poesía como forma de conocimiento de la realidad. El es en Colombia un caso excepcional, porque captó todo el desconsuelo y la infelicidad del hombre sobre la tierra, asunto nada extraño al resto de Latinoamérica. «Estamos hechos de destrucción y de duda... somos el impulso y el orden, la comedia y el choque», decía Rojas Herazo refiriéndose a la poesía de Mutis (PP, 672). Por esa razón, esta obra provoca un malestar al mismo tiempo que una fascinación, pues la plenitud verbal como vehículo de belleza, rebasa todo lo feo o lo horrible que ella pueda presentar.

3. CONSONANCIAS CON OTRAS LITERATURAS

La obra de Mutis es una visión de la realidad tropical colombiana, enriquecida por sus lecturas heterogéneas. Mutis se ha formado en fuentes muy diversas. La voz inconfundible de Maqroll no sólo obedece a una tradición colombiana; hay otras voces cuyo influjo ha sido captado en las obras y revelado por el autor en varias entrevistas.

Mutis estuvo relacionado con algunos escritores en Colombia, sí; pero su posterior exilio en México, los nueve años de su niñez en Bélgica y sus constantes viajes acompañados de un cúmulo de lecturas en otras lenguas le han dado una perspectiva distinta; la distancia necesaria para ganar la voz que le permitiría poetizar sobre su tierra de manera *sui generis* que desde *La balanza* hasta *Abdul Bashur soñador de navíos*, su obra más reciente, es de tono inconfundible.

La obra de Mutis se emparenta con la literatura inglesa en las consonancias que tiene con la novela gótica, con Dickens, Stevenson y Conrad, Henry James y T. S. Eliot. La advertencia implícita en el subtítulo de *La mansión de Araucaíma*: «Relato gótico de tierra caliente» remite a la literatura inglesa y sugiere otra perspectiva de lectura diferente. Según afirma Mutis, al escribirla, quiso utilizar «ciertos elementos de la novela gótica tradicional inglesa[7]: el castillo donde suceden cosas horribles y tremendas, la construcción, la presentación de los personajes, un cierto tufillo demoníaco en todo, pero inmerso en el trópico» (PP, 634).

Entre los elementos que ayudan a delimitar el género y que Mutis retoma para el desarrollo de *La mansión* están el lugar, el castillo, que es una casaquinta de las que tienen las haciendas del trópico; allí va a desarrollarse la historia. Como sucede generalmente en la novela gótica, una muchacha, doncella medio loca y medio erótica (Angela no es inocente ni pura), será víctima de todo el entramado sexual que se teje en la mansión. En segundo lugar, el culto al pasado, la nostalgia de un tiempo irremediablemente ido y una atmósfera de miedo y angustia, y la descomposición moral de los personajes principales, Don Graci y la Machiche.

---

7 Género que se origina en Inglaterra en 1764 con la obra de Horace Walpole *The Castle of Otranto*, subtitulada «A Gothic Tale». En general la novela gótica se caracteriza por la presencia del horror, la violencia, los efectos sobrenaturales y un gusto por lo medieval.

Esta es la conjunción que se halla en *La mansión de Araucaíma* (1973), donde se unen la sensibilidad de un hombre del trópico y el conocimiento de una forma de tradición exótica como es la novela gótica inglesa[8].

Lo gótico siempre se caracterizó por un des-orden que está velado a los forasteros, el tono clandestino en la anécdota: criptas, alcobas, castillos con fosos, cavas, ruidos de cadenas que contribuyen al ambiente siniestro donde se celebran ceremonias satánicas. Ese des-orden establecido por Don Graci es el que Angela, personaje de *La mansión de Araucaíma*, quiebra al llegar a ella. Igualmente, el ámbito de la mansión está sustraído a lo convencional, en esto que podría equipararse con el castillo gótico: también en la mansión se impone un código que hay que seguir, un ritual y una abstracción del ámbito social común, lleno de reglas que la moral impone para controlar las conciencias.

Mutis es el primero en señalar la tremenda importancia que tuvo la lectura de Joseph Conrad en el desarrollo de su obra; fue, según sus palabras, el autor que posiblemente lo llevó a escribir.

> Lo descubrí solito —dice Mutis— en la biblioteca del colegio de Saint Michel, en Bruselas. Entonces yo tenía once años y me golpearon muy fuerte *Los cuentos de inquietud*. En *La locura de Almayer* (1895), encontré esos elementos de destrucción y de trópico que coinciden con mis experiencias reales en la tierra caliente de mis abuelos. (TR, 244)

El tema de *La locura de Almayer* es la lucha del hombre, débil frente al poderío avasallador de la naturaleza. Y para Mutis esa imagen de aquel holandés en el trópico, casado con una indígena, destruido por el alcohol, al pie de un río, relacionándose con los rajás corruptos que reciben toda suerte de sobornos, era lo que Mutis mismo estaba viendo.

En las novelas de Conrad, como en las de Mutis, se ve que la geografía es capaz de precipitar al hombre a situaciones límite, como diría Jaspers, Almayer se pudre en la punta de la Malasia, Heyst en Sanburán y Lord Jim en el interior del río.

---

8 *Gothic fiction is a literature of nightmare. Among its conventions are found dream landscapes and figures of the subconscious imagination. Its fictional world gives form to amorphous fears and impulses common to all mankind, using an amalgam of materials, some torn from the author's own subconscious mind and some the stuff myth, folklore, fairy tale, and romance* (MacAndrew, 3).

Mutis leyó también *Nostromo* (1904), una novela que a Conrad le causó dificultades, la que le tomó más tiempo. Mutis piensa que el país que aparece aquí es Colombia con ciertas modificaciones y tal vez tenga razón, porque Conrad estuvo en Cartagena en un negocio de armas que eran vendidas a los alzados, cuando gobernaba Santiago Pérez, y al parecer se quedó en Cartagena, varado en el barco, bastantes días, quizás meses.

Críticos como Ian Watt creen que Sulaco es un espacio imaginario, pero podría ser Colombia: decir Costaguana es casi decir Cartagena o Santa Marta, que está a tres horas de Cartagena, aparece con su propio nombre e incluso uno de los personajes lee un diario de esta ciudad. Si el espacio de *Nostromo* es una síntesis de lo que Conrad conocía de Latinoamérica, como afirma Watt, no hay que perder de vista que su interés en los acontecimientos de Panamá y el hecho de que la obra fuera escrita en la misma época, hacen pensar en Colombia. Ian Watt alude a una carta de 1918 dirigida a Edmund Gosse en la cual dice Conrad, que parte de ese paisaje es el Golfo de Panamá, que como se sabe fue territorio colombiano hasta 1903.

La influencia de Conrad se observa en la manera como Mutis impregna sus textos de desesperanza. Ya en 1965, en un ensayo sobre la desesperanza cita al personaje central de la novela *Victoria* (1915) de Conrad, al señalar las motivaciones de esta actitud estética:

> Heyst forma parte de esa dolorosa familia de los lúcidos que han desechado la acción, de los que, conociendo hasta sus más remotas y desastrosas consecuencias el resultado de intervenir en los hechos y pasiones de los hombres, se niegan a hacerlo, no se prestan al juego y dejan que el destino o como quiera llamársele, juegue a su antojo bajo el sol implacable o las estrelladas noches sin término de los trópicos.(...) Heyst ama, trabaja, charla interminablemente con sus amigos y se presta a todas las emboscadas del destino, porque sabe que no es negándose a hacerlo como se evitan los hechos que darán cuenta de su vida. (p. 287)

Axel Heyst, el sueco que se hace cargo de una mina carbonífera en la Malasia, en cuya explotación no alcanzó a intervenir, prefigura esos otros desesperanzados que andan vagando en las páginas de Mutis: Maqroll el Gaviero, Ilona, Simón Bolívar o el Maestro, personaje principal de «Antes de que cante el gallo».

En cambio, de *Lord Jim* (1900) Mutis toma otro aspecto: igual que Conrad con su Marlow, Mutis no recurre a Maqroll porque le interesen demasiado sus aventuras y padeceres, sino porque le interesan las impresiones que tales aventuras suscitan en una mente semejante a la suya.

Mutis crea un personaje como Marlow que pueda vivir y, después, relatar y comentar su historia todo concomitantemente. Maqroll sabe del más allá, él es de más allá y de ninguna parte, por eso pertenece a todas partes como Lord Jim.

La grandeza de Lord Jim —tal es el sobrenombre del personaje principal— o la de Axel Heyst en *Victoria* (1915), consiste en enfrentarse en forma despojada y ascética al peligro absoluto y a la muerte, no sólo por la superficial sensación de la aventura, sino para saber hasta dónde llega el ser humano en esas situaciones límite, que es también lo extraordinario de Malraux en *La condición humana*.

Para Mutis es fundamental la noción de destino que se ve en Conrad; se nota también el interés por el sentido de culpa, la consecuencia con la esencia misma de la persona, el castigo que se imponen los personajes. El que se impuso Lord Jim, cuando después de retratar la escena del peligro en una sola mirada, su instinto de conservación vence su sentido de honor y ciegamente salta al bote salvavidas. Entonces Jim, que por sus caballerosas maneras es llamado Lord Jim, atormentado por el remordimiento, se retira a la oscuridad y se gana la vida en un remoto puerto malayo. Finalmente, incapaz de vivir más con este peso de conciencia, termina en una muerte suicida, permitiendo que lo maten. Es también el castigo que en cierta forma se impone Heyst que se queda esperando en la isla hasta que lo ajusticia Mr. Jones.

Como Conrad en *Lord Jim* (1900) se sirve de Marlow (el narrador que contará la historia de Jim), Mutis en *La Nieve del Almirante*, en *Un bel morir* y también en *Abdul* utiliza una estrategia semejante. Y como los documentos enviados a Marlow que revelan la última parte de la historia que viene contando, mediante una larga carta explicativa, escrita a mano y dentro de otra larga amarilleada por el tiempo; en *La Nieve del Almirante* como en las otras mencionadas hay un lector privilegiado (el autor implícito de la introducción) que encuentra dentro del bolsillo de un libro, papeles semejantes a facturas comerciales color rosa, amarillo o celeste, recibe cartas u oye la relación de la vida de Maqroll.

El viaje del Gaviero en *La Nieve del Almirante* (1986) por el río Xurandó recuerda también el de Conrad en *Corazón de las tinieblas* (1899). Un caso, como dice Mutis, «bello», por rutinario, por anónimo, es Maqroll atravesando un río o en el caso de Conrad, atravesando mares, haciendo rutas peligrosísimas. «Es el navegante que se puede hundir mañana sin que nadie lo registre, con la resignación absoluta de hacer bien las cosas» (PP, 586).

Los ejemplos de la influencia de Conrad serían numerosos. Sólo que «influencia» no es en ningún momento voluntad de imitación. Su importancia radica en los elementos que actualiza en Mutis y que corresponden únicamente a él. Conrad «encarna la aventura como una elección de vida», aventura entendida como riesgo, como prueba. Tal vez Conrad estuviera determinado por su padre a este modo de pensar desde que nació. En el poema que le dedicó su padre («A mi hijo en el año 85 de la opresión moscovita»), dice: «Tú no tienes tierra, no tienes amor, ni patria ni gente» (Najder, 33).

Charles Dickens es otra de las grandes líneas de influencia que se encuentra en esta obra, de manera muy velada y por lo tanto no es fácil de advertir. Sólo después de una lectura de Dickens y de Mutis se puede descubrir esa atmósfera de deterioro, de descomposición y decadencia que impregna los espacios, las situaciones y las relaciones sociales de las tramas de ambos escritores, sin que haya nada en común propiamente en los espacios, los personajes o las situaciones que cada uno presenta en sus narraciones y/o poemas.

Mutis se ha referido a Dickens como a uno de los novelistas que más se comunica con él y reconoce que Dickens posee una magia, una libertad, una maestría únicas para narrar y para crear, a partir de elementos reales, un mundo fantástico, absolutamente al margen de la realidad cotidiana, pero tan válido como la misma y además de considerarlo el antecedente directo de Kafka, afirma que es «uno de los más grandes milagros de la escritura» (TR, 244).

David Copperfield, novela de memorias y de trascendencia de la miseria, y la más autobiográfica de las novelas de Dickens, fue leída por Mutis a los once años. Tal vez allí encontró Mutis un retrato de la decadencia de las relaciones humanas, aun de las más preciadas, y la pérdida de los espacios que ilusoriamente se consideran más propios como el hogar. Al regresar a casa, David se entera del matrimonio de su madre. La casa ha dejado de ser un lugar de goce y se ha convertido en una oscura prisión. Su padrastro lo maltrata. Su madre no tiene poder para protegerlo porque está dominada por su esposo.

También en esta novela hay una destacada función de la memoria que es común a las obras de Mutis, cada uno elaborando poética o ficcionalmente sus propios materiales[9]. Pero ni David, ni Maqroll (en nin-

---

9 *You must know there is nothing higher and stronger than some good memory, especially a memory of childhood, of home. People talk to you a great deal about*

guna de las novelas de Mutis) desean reclamar distinción, ni siquiera a nivel narrativo, lo que describen no es la fuerza de una personalidad, sino la fuerza de la memoria en sí misma. La memoria no permanece como la única propiedad del héroe: David comparte la memoria con los miembros de su familia y con sus amigos de la juventud, y el atributo especial de muchos de los poemas mutisianos o de Maqroll en las novelas es la memoria[10]. Las remembranzas de Maqroll siempre dibujan en su campo de visión más que otra gente, u otros lugares, la conciencia de un pasado y de unas experiencias vividas.

En cambio, entre las novelas de Mutis y *Bleak House* hay un sentimiento coincidente: la creencia de que la vida en sí misma está llena de inesperada arbitrariedad y de conjunciones que llevan siempre al deterioro de la misma. Pero no hay resonancias arquetípicas en el tratamiento de la trama. La de Dickens es mucho más laberíntica y se le exige más al lector reconstruir el pasado para seguir el hilo del argumento que en las novelas de Mutis. Es oportuno decir que Mutis considera que *Bleak House* es origen de ese mundo de situaciones monstruosas y agobiantes de las obras de Kafka. En Dickens impresiona la atmósfera que crea un fluido y un medio reverberante en el cual cada detalle es capaz de llenarse del mayor significado. Por ejemplo, cuando Miss Flite conoce a Esther y a su primo, ella los invita a su cuarto porque piensa que la juventud, la esperanza y la belleza son escasas en ese lugar. El uso que hace ella de estas abstracciones parece inocente; pero cuando se leen los nombres de sus pájaros y se ve que sus jaulas son microcosmos de la corte nos damos cuenta de que su acotación predice que estos jóvenes también serán atrapados en el Chancery. Los viejos Turveydrop, Skimpole, y Vholes no son sólo personajes menores, sino también instancias del parasitismo que infecta a la sociedad, como la

---

your education, but some good, sacred memory, preserved from childhood, is perhaps the best education. If a man carries many such memories with him into life, he is safe to the end of his days, and if one has only one good memory left in one's heart, even that may sometimes be the means of saving us.

10 Hay como una memoria comunal que se descubre desde las primeras páginas. El niño nace después de que su padre ha muerto, seis meses antes de su nacimiento, sin embargo su memoria de la piedra de la tumba de su padre se levanta, está dentro de los primeros recuerdos que él desea reportar. La reputación del hombre muerto se esparrama por su conciencia. Su padre posterior, cuyo nombre David no soporta, le trae a la memoria a Betsey Trotwood, otra figura ausente de formidable importancia. El demuestra a través de su relación con el padre que los mayores sucesos en nuestra vida están ligados por lo que no ha sido visto ni tocado, por encuentros no vistos.

institución de la ley. Es un elemento alegórico y funciona como una alternativa de coincidencia y así expresa la conexión, o el sentido del sinsentido que envuelve a la gente y los sucesos. En Mutis no hay propósito alegórico en ninguna de sus obras, pero sí una suerte de descubrimiento del mapa secreto que une a todos los desesperanzados. Como en Mutis, los personajes de Dickens están usados metonímicamente. Ellos existen menos por su propia seguridad que por su habilidad de caracterizar su mundo o su clase: Volumnia Dedlock (a «peachy cheeked» and «skeleton throated», «charmer», «no longer young»). Un modo exagerado tanto en Dickens como en Mutis (piénsese en los soberbios) puede caracterizar los personajes a manera de sinécdoque, es decir, por sus partes.

En *Dombey and Son* como en *The Old Curiosity Shop* la entropía, el desorden causado unas veces por las circunstancias y otras por la voluntad humana con propósito de dominio están presentes: el hijo de Dombey es puesto por éste en la selecta escuela del Doctor Blimber, donde el hijo es doblemente oprimido por el confinamiento en los libros y por la separación de su hermana, cuya gran influencia era inaceptable por su padre. Poco tiempo después, el hijo muere, y con él, el sueño del padre de establecer la compañía que llevaría por nombre «Dombey and Son».

The Old Curiosity Shop narra todas las desventuras que la pequeña Nell vive con su abuelo. Este, deseando hacerla rica, desarrolla la pasión del juego y termina en la bancarrota, lo que muestra nuevamente la decadencia común a todas las obras y peripecias que viven los personajes de Mutis. Las tristes y extrañas aventuras que viven Nell y su abuelo (con un maestro de escuela que está angustiado por la muerte de su estudiante favorito; el vagabundeo con la caravana de Mr. Jarley, dueño del museo de cera, donde Nell debe exhibir las figuras; la recaída del viejo en el juego donde gasta hasta el último centavo que ella gana; la enfermedad de la niña después del viaje; la vida en la derruida mansión que les da el maestro), concluyen con la muerte de Nell. Un día el viejo, que loco de sufrimiento la visitaba, es encontrado muerto al pie de la tumba de Nell. Toda la trama es un precipitarse hacia el desorden y una lucha por retornar al orden que definitivamente se escapa para siempre. En Mutis no hay lucha por retornar al orden sino una asunción plenamente consciente de que vivimos en un mundo que marcha permanentemente hacia la catástrofe y la destrucción.

Después de observar a personajes de Dickens como Dombey, el abuelo de Nell, el Capitán Cuttle, el padrastro de David... se llega a reconocer que aunque se nos proponen en determinado momento como los malos convencionales, en realidad no lo son, a pesar de que están al servicio del bueno que es el héroe de la novela, porque el narrador va enriqueciendo al malo con una serie de situaciones que hacen que el lector desarrolle una perspectiva mucho más amplia del personaje y sus circunstancias y termine comprendiendo que en realidad no es tan malo como parecía. Aún más, llega un momento en que despiertan una cierta conmiseración y piedad. ¿No es esto lo que hace Mutis con Felipe II, los soberbios, Bolívar y hasta con Rigoberto, el preso de Lecumberri, que llegamos a verlos como víctimas de las circunstancias?

Lo anterior parece traspasar toda la obra de Dickens. De igual manera se puede ver en *La pequeña Dorrit*, cuyo segundo libro empieza con la riqueza de los Dorrit y los viajes por Italia y Suiza seguidos por sirvientes. Pero poco dura este solaz porque su padre se suicida al descubrirse pobre, víctima de un fraude. Y Clennam (quien será esposo de la pequeña Dorrit), también sufre los efectos de esta quiebra y acosado por los acreedores es puesto preso en la misma cárcel donde estuvo su suegro. Uno de los personajes de esta obra, Rigadaud-Blandois, por su calidad siniestra es evocado cuando el Gaviero conoce al práctico en NA.

Los espacios envejecidos es otro de los no muy obvios vasos comunicantes entre Mutis y Dickens: en *David Copperfield* se encuentra, por ejemplo, un largo corredor que lleva de la cocina de Peggotty a la puerta principal, en frente está un oscuro cuarto de depósito y David describe cómo debe pasar corriendo porque no sabe qué pueda haber entre esos barriles; o la sala del tribunal tapizada de arriba a abajo de rostros humanos, con ojos inquisidores que miraban cada milímetro de ese espacio. En Dickens se encuentran mundos viejos: la oficina de los señores Dodson y Fogg que era un cuarto sombrío, mohoso, oliente a tierra con un tabique de argamasa para ocultar a los escribanos de las miradas de los transeúntes, tenía sólo dos sillas viejas, un reloj estruendoso, un almanaque, una bastonera, una serie de clavijas para colgar los sombreros y unos cuantos estantes en los que estaban depositados varios legajos sucios, antiguas cajas para archivos con sus etiquetas y frascos putrefactos de diferentes formas y tamaños. El espacio en Dickens y, sobre todo, lo que mana de ese espacio, donde ni siquiera los recovecos oscuros dejan de existir, es lo que puede percibirse muy claramente en Mutis. Quien lea NA, difícilmente podrá olvidar cómo era la tienda de Flor Estévez o la pensión de Doña Empera en BM, y el hotel Astor en I. Pero sin duda es un punto que ameritaría una búsqueda mayor para señalar en detalle la resonancia de Dickens en Mutis.

Por el tratamiento de los espacios, a Mutis le asombra la capacidad infinita de Dickens para imaginar situaciones, ambientes, circunstancias hasta lograr introducir al lector en ese mundo de una belleza y de una eficacia absolutas.

> Hay —dice Mutis— rincones y sitios en las novelas de Dickens que yo podría describir ahora como si hubiera estado en ellos. Un patiecito que hay en *Dombey and Son*, en donde está creciendo un pobre arbolillo lleno de hollín que le cae de las chimeneas de Londres. Ese patiecito que no tiene salida, que no se ve muy bien cómo hicieron para sembrar ese árbol en medio de tantas casas y que en un momento dado está viendo el hijo de Dombey... los grabados no son nada comparados con la descripción dickensiana. (TR, 354)

En el mismo terreno de importancia de Conrad o Dickens está Melville. De ellos vienen personajes como el mayor y el capitán de *La Nieve del Almirante*, Wito, el capitán en *Ilona llega con la lluvia*, así como Don Aníbal Alvarez y otros que se dejan llevar por el destino y el azar con idéntica lucidez o escepticismo.

De *Moby Dick* viene el Gaviero; específicamente de Ishmael, el gaviero y narrador de esta novela, que está en la gavia, entre las gaviotas, avizorando el horizonte. Maqroll es un injerto lingüístico, que sospecho está formado con excepción de la «Q» por letras que forman parte del nombre del autor. El dominio de la inmensidad por el Gaviero es muy importante en *Moby Dick*, sin su guía los demás son sordos, mudos y ciegos; de él dependen para su seguridad, él es el que está guiando el mástil (132-137). Maqroll el Gaviero es también el gran testigo, va registrando todo lo que va dando su espacio, desde una gavia metafórica. El ha desarrollado una conciencia y una familiaridad con las situaciones más adversas, y por eso como Gaviero tiene dominio de todos los horizontes. De él se puede depender si se quiere encontrar un antídoto contra el idealismo.

Typée y, en general, todo Melville, parece haber influido en Mutis. Aunque no exploraremos más este punto, no es inútil mencionarlo, porque sabemos que para el autor, Melville es un gran punto de contacto. De Melville viene también lo que equívocamente muchos lectores de Mutis han asumido como resonancias bíblicas. Su interés por Jonás deriva también de *Moby Dick*. Específicamente del «Sermón» del capítulo 9, que es todo sobre el libro de *Jonás* (41-49). Hay que recordar que el barco tenía forma de ballena y también allí se da el famoso sermón del pastor.

Pero es oportuno aclarar que Mutis no es un lector de la *Biblia* y, aunque la conoce, no la disfruta. Considera que es un libro «que refleja la astucia judía para negociar con Yahvé y al mismo tiempo sobrevivir». Nada de la *Biblia* lo conmueve, como no sea el *Nuevo Testamento*, al que considera un libro aparte. «Antes de que cante el gallo», relato que recrea la pasión de Jesucristo, en un ambiente tropical y desde un punto de vista contemporáneo y desmitificador, ilustra muy bien hasta qué punto el *Nuevo Testamento*, es importante para Mutis. De igual manera el grito que lanza el ocupante de una habitación de hotel en el poema «204», «¡Señor, Señor, por qué me has abandonado!» y que funciona no como oración, sino como una queja que rodea y asfixia a los «despavoridos durmientes», es una de las siete palabras que dijo Jesús crucificado. Está en todos los evangelios.

Habría que mencionar por lo menos *In the South Seas* de Robert Louis Stevenson que registra su visita a los mares del sur. Enfermo por muchos años, Stevenson viajó por las islas tropicales del Pacífico, con la esperanza de recuperar su salud y vivió en Hawai y Samoa. En el libro cuenta las costumbres y tradiciones de los habitantes y delinea con un gran sentido del detalle (que también es visible en Mutis), el carácter y la forma de vida de los isleños. Por otra parte, la fiel manera de pintar las costumbres debe haber dado a Mutis no sólo un estilo en su poética sino también la confirmación y la ampliación de horizontes respecto a la relatividad de lo bueno y lo malo, es decir, del frágil fundamento que tiene la ética y el fracaso que sería pensar en establecer una moral universal.

Otra gran tradición literaria que pesa en las creaciones de Mutis de manera más visible que la inglesa, es la literatura francesa. En ella ha encontrado Mutis los estímulos particularmente desencadenantes de un tipo de escritura, en autores como Saint-John Perse, Baudelaire, Aloysius Bertrand, y su obra *Gaspard de la nuit*, Rimbaud, Céline, Malraux, Antoine de Saint-Exupéry, el surrealismo. De las lecturas que nutren los poemas y novelas de Mutis ha dependido en gran medida el éxito que ha tenido en Europa, pues se trata de un autor que carece, por su nomadismo, de una serie de preconceptos de lo que debe ser un escritor latinoamericano. Toda su obra se escribe al margen de la anécdota política, o como dice él, «fuera de la anécdota municipal» de América Latina. Lo cual no niega que su obra sea a la vez profundamente latinoamericana, pero es cierto que tiene muy poco que ver con el realismo social.

Saint-John Perse es uno de los poetas que Mutis reconoce como su maestro, sobre todo *Los elogios*, que considera magníficos, y el poema capital que normó diez años de su vida poética, «Imágenes para Crusoe»: al leerlo trasladado a la poesía, reflejó a Mutis su propio mundo de la infancia en las fincas cafetaleras del trópico colombiano. Saint-John Perse le abrió un camino con la posibilidad de recrear el recuerdo, pero Mutis elaboró sus propios materiales.

Mutis recrea también ese mundo de las mujeres que ya había descrito Saint-John Perse en *Los elogios*. Porque en esta parte específica del trópico, también la mujer es un gran poder, siempre está presente. Están la madre, las sirvientas, las recolectoras de café o chapoleras, las mujeres que llevan la comida a los lavadores de oro en los ríos; es un ámbito con gran predominio de lo femenino. Un mundo, como dice Mutis, parecido al de otra obra de Saint-John Perse: *La infancia del príncipe*, que describe esa condición del señorito que llega y es cuidado por las nanas, es «ese maravilloso mundo todo femenino, muy grato, muy hermoso (...) fuerte, vigoroso y directo en que no hay mentira, no hay engaño, en que la tierra está de por medio...» (PP, 625). Otros poemas de Mutis como «Moirologhia» (SMG) evidencian una resonancia de Perse en el tono. Y en cuanto a la temática, hay que indicar que los poemas «Exilio» y «Lluvia» de Perse tienen fuertes resonancias con algunos poemas de Mutis.

Baudelaire. «Sí —dice Mutis—. Baudelaire es más que una influencia. No hay un solo poeta que se respete posterior a Baudelaire (...) que pueda evitar las puertas que abrió Baudelaire, ni sus palabras, ni su poética» (PP, 639). En Mutis hay ecos de Baudelaire no solamente en la técnica del verso libre y el poema en prosa, sino también en la temática que recuerda mucho de *Las flores del mal*, especialmente en lo concerniente al viaje. Antecedido por Edgar Allan Poe, Baudelaire implica en su poética los temas que unen amor y muerte, placer y dolor; una obsesión con cadáveres, espantos, y tortura, y el pesimismo que lo persigue porque el héroe no encuentra satisfacción en la tierra. También podría aludirse una relación entre la visión aristocratizante y elitista de Baudelaire y la posición igualmente reaccionaria de Mutis, pero, naturalmente, como cada uno de los aspectos que estamos mencionando en este capítulo para ubicar al lector, ameritaría otra investigación.

Hay en Mutis una influencia del surrealismo, a pesar de que nunca fue aceptado por él como una ortodoxia. *El primer manifiesto* lo deslumbró y le interesó «el camino, la facilidad de acceder a un mundo de imágenes, el saber(se) libre, el saber que no tenía que escribir en sonetos, cuidándo(se) de las cosas prosódicas, de las normas por las cuales tenía terror y pereza», pero nunca hizo surrealismo en sentido estricto (PP, 578).

En la primera antología que leyó de poesía surrealista, estaba *El pez soluble* de Breton y algunos escritos de Paul Eluard, y esto constituyó un llamado a la poesía; Mutis empezó a realizar experimentos y llegó a escribir algunos poemas que iba a titular «La cebra perfumada», pero los rompió antes de publicarlos. No obstante, en los primeros poemas se notan aspectos surrealistas, como por ejemplo en «El capitán Cook».

También en las características fundamentales de los personajes desesperanzados de Mutis: la lucidez y el trato con la muerte, se observa una relación con André Malraux, especialmente con su obra maestra *La condición humana* (1933). Esta se desarrolla en 1927 en Shanghai y en ella Katov, un ruso, y Kyo son capturados. Kyo se envenena en la cárcel y Katov y sus compañeros son ejecutados. Pero su heroísmo es el más grande, ellos aceptan la muerte sin cuestionamiento. La situación es similar a la entrega que se ve en el Gaviero cuando en *Un bel morir* debe renunciar a todo lo que ama para viajar hacia la muerte a través del río, en esa zona que está infestada de violencia. Igualmente se observa esa disponibilidad en *La Nieve del Almirante* y en *Amirbar*, en el modo como asume su viaje hacia los aserraderos o su trabajo en la mina, sin ninguna esperanza, y sin preocuparse de los resultados finales.

En su tema de la obsesión por el viaje han influido, además de su experiencia personal como autor, sus lecturas de Chateaubriand, a quien lee desde su juventud, específicamente *Memorias de ultratumba* y de otros que sintieron la necesidad de buscar fuera de sí mismos. Saint-Exupéry (1900-1944) en el siglo XX, buscó hacer en el aire lo que Conrad hizo en el mar: *Pilote de guerre* (1942) relata la experiencia del autor durante el otoño de 1940 en Francia. Aunque el general francés y su destacamento están en el caos, medio país está ocupado por los alemanes que han destruido los aeropuertos y nada puede salvarlo, el narrador es forzado a realizar un vuelo de reconocimiento y ver lo que pasa con el avance de las fuerzas germanas. Diecisiete o veintitrés aviones franceses han sido destruidos en estos vuelos, pero el narrador milagrosamente escapa; lo hace con un alto sentido de cumplimiento de su misión. De esta experiencia, el narrador aprehende la superioridad de la fuerza del individuo confrontada con la anónima fuerza colectiva.

Vol de nuit (1931) está basada en la experiencia del autor en América del Sur. Rivière, supervisor encargado del correo en la Patagonia, ha empezado un horario en los vuelos nocturnos desafiando la opinión común sobre la inseguridad de los mismos; guiado por una intensa determinación logra hacerlo. Fabien, un piloto, muere en uno de los vuelos nocturnos y Rivière casi abandona el proyecto, pero su sentido del deber se sobrepone al desespero por la pérdida de su amigo y los vuelos de noche continúan. Este sentido de entrega a la misión, la noción del cumplimiento del deber sin apego a los resultados, es lo que Mutis toma de ellos, especialmente en sus novelas, para dotar el carácter del Gaviero. Mutis resume en esta frase lo que lo identifica con este autor: «Lo que vayas a hacer hazlo bien».

Con Proust el parentesco de Mutis debe entenderse bien. A pesar de que es una influencia fundamental, Mutis no intenta resucitar memorias como promesa de futuro. Tampoco hay una exaltación de lo estético como medio liberador o regocijante. Para Mutis el lenguaje no se le plantea como un culto a la palabra o como un absoluto estético.

«Como buen lector de Marcel Proust —dice Mutis—, como devoto suyo, me entrego plenamente a los trabajos de la memoria» (TR, 243); sin embargo, Proust no tiene en la obra de Alvaro Mutis la influencia que pueda tener Conrad o Dickens; hay una semejanza en cuanto a que los dos se ocupan de la memoria, pero el propio Mutis reconoce que Proust no lo «mueve a escribir una línea», a pesar de que lo frecuenta y lo admira y lo considera uno de los grandes escritores de los últimos ciento cincuenta años, pero lo ha marcado más personal que literariamente. La compañía de Proust parece terrible por esa destrucción minuciosa que hace de todas las razones por las cuales se puede seguir viviendo y porque es una confirmación de la teoría de la desesperanza, en la inutilidad de recordar y en el veneno de la nostalgia. Y tal vez simultánea y contradictoriamente, de aquí provenga la importancia de Proust en la obra de Mutis, cuya presencia se nota en los primeros poemas y en el «Poema de lástimas a la muerte de Marcel Proust».

No ocurre lo mismo con algunos autores españoles como Cervantes. *El Quijote* es un libro que llena, no de optimismo, pero sí de «razones para engañarse», como dice Mutis y brinda oportunidades de ser Don Quijote, de resolver que los molinos son gigantes, que la labradora Aldonza Lorenzo es la bella Dulcinea del Toboso o que el pobre Sancho Panza es su famoso escudero. Proust, en cambio, le destruye todo el idealismo que pudiera residir en un recuerdo decantado por el tiempo, y mata los sueños desconstruyéndolos minuciosamente.

El Quijote es el libro que Mutis siente más cercano, más contemporáneo, que toca todos los temas y situaciones que le obsesionan. Tiene la virtud de la risa y la tristeza, a pesar de que pareciera que de él sólo ha tomado el lado triste porque no hay humor en la obra de Mutis. *El Quijote* es el único libro que Mutis considera inagotable, «¡tan parecido a uno! En él está todo». De *El Quijote* deriva, además, su sentido de desesperanza y de la acción desinteresada, común con Conrad y algunos rasgos de estilo visibles en el tono y el lenguaje de la carta que le escribe el Gaviero a Flor Estévez (NA, 102). El empotramiento de historias dentro de las novelas es otro rasgo estilístico común con *El Quijote*. En Mutis tenemos la historia de Larissa en *Ilona*, la historia de Jon Iturri en UE o la historia del capitán en NA.

Antonio Machado es otro autor fundamental para Mutis. Las *Poesías completas*, lo acompañaron casi siempre en sus viajes por el mundo. No se ven en Mutis, sin embargo, obvias influencias de Machado. La poesía mutisiana, desde el punto de vista formal, dista de la de Machado, quien tenía una predilección por el verso rimado y una reiteración expresiva y temática en gran parte del paisaje y una parquedad en el uso de la imagen y la metáfora.

En lo que sí hay identidades es en algunas concepciones filosóficas respecto a la poesía. Mutis piensa que la «la palabra sustituye» (SMG, 44) y Machado agrega que «el elemento poético no es la palabra por su valor fónico, ni el color, ni la línea, ni el complejo de sensaciones, sino una honda palpitación del espíritu; lo que pone el alma si es que algo pone, o lo que dice si es que algo dice» (73). En ambos hay una conciencia de lo poco que se logra en el poema y de lo mucho que se deja de acometer. También hay una sintonía en sus alusiones a Henri Bergson.

Otras consonancias se dan en algunos temas como el sueño, el tiempo, la muerte, la evocación de recuerdos infantiles, el amor al pasado como se ve en *Soledades* y la fijación a un paisaje que es propio a cada uno de ellos. En Machado a través de *Campos de Castilla*: «A orillas del Duero», «Por tierras de España», «Eres tú Guadarrama viejo amigo», «Campos de Soria», «La tierra de Alvargonzález» pobladas de encinas, chopos, olmos, olivares. Igual acercamiento se da en *Canciones* de Machado, cuyo tema dominante es también el paisaje. Aunque Mutis no es un poeta de paisaje, en SMG alude al paisaje tropical poblado de cafetales, plátanos, yaraguá, guanábanos, eucaliptus. En este sentido puede verse una similitud entre los dos escritores al presentar topografías y vegetaciones perfectamente localizadas que son propias de su tierra natal. La admiración por Machado se expresa a través de uno de los versos de Machado que sirve de epígrafe al lied «Jardín cerrado al tiempo» (E, 83). Habría que agregar otra resonancia de estilo: de la misma manera que en *Los Emisarios*, Mutis atribuye el epígrafe a Al-Mutamar-Ibn Al Farsi, Machado atribuye dos cancioneros a Juan de Mairena y a Abel Martín, cuyo tema es la otredad. Todos ellos poetas apócrifos.

También considera presentes en su obra sus lecturas de historia rusa (la Rusia del último Zar), y de literatura, especialmente del triunvirato Dostoievski, Turgenev y Tolstoi, el más poderoso del movimiento realista en la novela del siglo XIX. Le interesan los tres, pero nos referiremos brevemente a Fedor Dostoievski (1821-1881) y a León Tolstoi (1828-1910).

En la doble visión de mundo que da la obra de Mutis es notorio: de un lado, la presencia de Europa, y lo árabe; y por otro lado, lo colombiano, la tierra del café o tierra caliente, donde vivió el desorden de los elementos naturales, la corrosión que causa el clima, la rapidez con que se deterioran los ambientes, los objetos y las personas y también presenció toda la etapa de la violencia en Colombia, que se vino a completar con su experiencia en la cárcel de Lecumberri en México. Tal vez de allí nace su interés por explorar los terrenos propicios al mal, a la maldad que tiene una condición de grandeza y que como la gran bondad, no se da todos los días en los seres humanos. Es el mismo mal sobre el cual habló Dostoievski con quien Mutis guarda relación.

Como Fedor Dostoievski, Mutis también transmuta el horrible mundo cotidiano en literatura y en arte. El ciclo de novelas que tiene a Maqroll como protagonista, lo ha llamado «Empresas y tribulaciones de Maqroll el Gaviero» (seis hasta ahora), así como sus poemarios realizan esta alquimia y viran la maldad, la destrucción y la enfermedad en poesía o novela poética. Hay en ambos escritores personajes consumidos por una idea o una emoción, por la intensidad del miedo o el terror, personajes que han vivido pesadillas terribles, todos ellos presentados en un estilo que le permite ver sólo una fracción de la verdad. Esto mismo se observa en *Diario de Lecumberri*, que es como constancia de las sordideces y de los delirios de seres privados de libertad y viviendo en medio de la descomposición moral, lo cual resulta casi alucinante.

Otro de los escritores rusos que le interesa a Mutis es León Tolstoi por su obra *La guerra y la paz*, los relatos de juventud y sus recuerdos de

Crimea: obvio decirlo, en toda la obra de Mutis la memoria y el recuerdo son *leitmotiv*. De Gogol le interesa la situación delirante tomada como razonable. Y se refiere Mutis a *Las almas muertas*, cuando un personaje de Gogol comienza a comprar almas muertas. Y el lector, a pesar de pensar en un primer momento que el personaje es un loco, se inserta en la situación narrativa y lo sigue sin cuestionarse, hasta ver qué pasa, hasta dónde va esa locura. Pasa exactamente lo mismo con el Gaviero, cuando por ejemplo junto con Ilona en *Ilona llega con la lluvia*, realiza en Panamá esa serie de aventuras ilegales, para sobrevivir, y a sabiendas de que es una locura lo seguimos hasta el final compartiendo su proceso en la aventura misma.

La literatura rusa continúa siendo de gran interés para Alvaro Mutis, a tal punto que admite que en cuanto a lecturas actuales las únicas cosas que lee con entusiasmo auténtico son las escritas por el grupo de disidentes rusos que se atrevió a decir no, a lo que Mutis considera esa inmensa cárcel que era la Unión Soviética. Menciona a Solzhenitsyn y a sus obras *El archipiélago Gulag*, y *Pabellón de cáncer*. Pero Mutis también lee a Zinoviev, Nekrasof, Mandelstam, la Guinzburg, Chéjov, Schedrin, y Lydia Tchukhovskaia y sus conversaciones con Akhmatova.

Entre Mutis y los escritores rusos es común la resistencia del espíritu humano confrontado por la privación, el maltrato (algunas veces hasta la tortura), lo cual coloca estas obras fuera de la categoría del «documento social» en la cual innegablemente tiene sus raíces. En la tradición intelectual de Rusia el hombre es inherentemente un ser corrupto, por tanto portador del espíritu del mal y éste es también el postulado central de Solzhenitsyn: la naturaleza corrupta del hombre y su corolario, la inutilidad de manipular su ambiente político y social ya era axiomático en la literatura rusa del siglo XIX. En Mutis no es tan visible la naturaleza corrupta del ser humano, pero sí el hecho de que éste se inserta en un mundo de circunstancias que lo llevan a corroerse, a descomponerse hasta destruirse lentamente.

4. PRESENCIA DE LA HISTORIA EN LA OBRA

La historia es una presencia que no se puede ignorar en novelas, relatos y poemas de Mutis. Su afición por la historia marcha casi pareja con la literatura. El Gaviero recurre frecuentemente a referencias históricas que trasladan al lector y lo sacan de una situación que podría parecer descontextualizada. Así mismo, las lecturas que Maqroll hace durante sus viajes inciden en el presente y le ayudan a vivir. Son muchos los tópicos y las referencias históricas en su obra. Pero empecemos por señalar las principales aficiones que Alvaro Mutis tiene en sus lecturas de historia, tratando de ponerlas en un orden cronológico:

La muerte de César y el golpe de estado de Augusto, el inicio del Imperio Romano. Le interesa por la seguridad, la finura, es decir, la estética con la que Augusto diseña este golpe. El último hombre en quien hubieran pensado que fuera heredero de César. Le apasiona ver la manera como Bruto mata a César, y luego cómo Bruto es liquidado.

El período de los Antoninos y Marco Aurelio (se liquida a sí mismo por torpeza política), quien le interesa como hombre, como emperador y como escritor. Considera Mutis que Marco Aurelio es, junto con Séneca, un antecedente de Montaigne que es otra gran lectura de este autor.

La Edad Media en su totalidad es otra de sus lecturas predilectas. El inicio de la Edad Media, en el momento en que el paganismo se empieza a diluir y entra el cristianismo a establecer un orden nuevo. Santo Tomás y San Agustín por distintas vertientes crean las bases dogmáticas de este orden. En el filo de esta época está un personaje que también apasiona a Mutis, Juliano el Apóstata. Dentro de la Edad Media también está su afición por Bizancio[11]. Europa cristiana, con capital en Constantinopla, basada en la iglesia ortodoxa griega. Igualmente, dentro de la Edad Media, el ducado de Borgoña, que en opinión de Mutis «es el país que tenía que haber existido en Europa para evitar la rivalidad monstruosa que ha costado tanta sangre y energía, bienes y belleza entre Alemania y Francia, a lo largo del Rhin» (entrevista personal, México, 1991).

Para Mutis todo lo que sucedió en la Edad Media, está teñido de una profunda religiosidad y de una profunda humanidad.

Vienen después sus lecturas de la historia de Federico II, emperador, que comienza con su reino de Sicilia y luego es nombrado emperador del Sacro Imperio Romano Germánico. Federico II tuvo una idea de Europa y fue el primero y casi el último de los europeos que pudo entender y encontrar una fórmula de convivencia con el Islam, que tanta falta hace en nuestros días.

Carlos V, su destino y su intento de volver a poner en pie el imperio de Carlomagno. De allí deriva la etapa de su hijo Felipe II. A Mutis le

---

11 La caída de Constantinopla en manos de los infieles en 1453 le parece a Mutis la catástrofe más grande e irreparable para el mundo. «Yo tengo una ausencia total de interés por todo fenómeno político posterior a la caída de Bizancio en manos de los infieles» (PP, 584).

impresionan todas las características de la época de Felipe II: la vastedad universal de su influencia, la tremenda autoridad del monarca y el desorden de las cortes vecinas: Enrique II, en Francia; Isabel y sus piratas en Inglaterra; Calvino, el adverso gemelo de Felipe en Ginebra; los electores alemanes; Venecia en su decadencia. Eran los años de la Compañía de Jesús concomitando con el prestigio de las Indias, y la leyenda de El Dorado y la gesta increíble de los conquistadores, bajo la atmósfera de la Santa Inquisición. Fue también el tiempo en que se construyó El Escorial, con su Panteón de los Infantes y sus cuadros de El Bosco.

Otra área de interés son las guerras de Religión en Francia, hasta la subida al poder de Enrique IV, en el siglo XVI. Este es, para Mutis, «el primer Borbón, de una madurez y de una modernidad extraordinarias, que espera en silencio (como Juan Carlos en la época de Franco), y con gran discreción va tejiendo la materia de su reino; cuando, por agotamiento de la rama Valois le toca reinar, él estaba listo para hacerlo, tenía pensados todos los elementos, los juicios, las soluciones, los planes» (entrevista personal, México, 1991).

La primera parte de la vida de Luis XIV, y la carrera de Napoleón Bonaparte, el Consulado y el Imperio, también le atraen. A partir del Imperio, la persona deja de interesarle. Considera que el golpe de estado del 18 Brumario, es otra obra de arte. Armonía, seguridad y cinismo se conjugan en un diseño genial. De la época napoleónica no le interesa el fenómeno político, sino el espectáculo de ascenso al poder. Los húsares dispersos por toda Europa, poseídos por una idea cesariana, hasta llegar a incendiar a Moscú. Esta ebriedad, este delirio maravillan a Mutis, aunque el Imperio le parece

> inmundo, grotesco, de nuevo rico, uno de los espectáculos más lamentables que dio este corso extraordinario y muy mal educado. Pero antes del Imperio, ¡qué gran espectáculo! Fue el último momento de gran caos, de gran desorden, antes de que entraran el racionalismo, la industria, el aburguesamiento total». (*Orquesta*, 13-14).

Allí concluyen las grandes aficiones que Mutis tiene por la historia. Esto no niega que luego se pueda interesar por aspectos muy particulares de la historia contemporánea como, por ejemplo, algunos hechos de la historia de Rusia en los años inmediatamente anteriores a la revolución de 1917 o el suicidio de Mishima, entre otros.

Veamos algunas ilustraciones de la presencia de la historia en sus poemas, novelas y relatos. La más obvia apareció recientemente como «Apéndice: las lecturas del Gaviero» en *Amirbar* (1990), donde el narrador, en un tono ligero, nos da un complemento de Maqroll el Gaviero y lo presenta como «un lector empedernido» (A, 142), lo que le permitía distraerse en sus constantes viajes. Después de hacer un relato del esfuerzo que al narrador le costó reunir esta lista revisando viejos papeles, empieza la mención de los libros leídos: *Mémoires du Cardinal de Retz* (1719)[12], *Mémoires d'outre-tombe* de Chateaubriand, *Las guerras de la Vendée* de Émile Gabory, las memorias del Príncipe de Ligne (1865), *L'Écluse* de Simenon y también menciona este apéndice a Céline y a Balzac.

La historia de Bizancio es el referente de «La muerte del estratega»[13], que nos traslada al amplio continente bizantino, desde su capital hasta las zonas periféricas y bárbaras del mismo, mediante una prosa mesurada y efectiva. A través de Alar Ilirio, personaje central, el narrador comunica las tensiones del gran imperio milenario. Otro de los personajes es Irene, la autócrator, que se hacía llamar el emperador a pesar de ser una mujer, la que emprendió la lucha a favor de las imágenes. De origen burgués ateniense, llegó hasta el extremo de sacar los ojos a sus cinco cuñados y a su único hijo por sospechas iconoclastas. También aquí hay referencias a León IV, el esposo de Irene, quien murió misteriosamente, y a Basileus, su hijo a quien la misma Irene mandó matar para usurpar el trono.

Las alusiones a la época de Felipe II se ven por primera vez en «Apuntes para un poema de lástimas a la memoria de Su Majestad el Rey Felipe II», donde dice: «Por última vez hagamos memoria de sus hechos, cantemos sus lástimas de monarca encerrado en la mansión eficaz y tranquila que bebe su sangre de reptil indefenso y creyente. / Cuánta mugrienta soledad» (SMG, 13). Este fragmento pertenece a uno de sus primeros poemas; sin voluntad alegórica es la leyenda bañada en una pátina de prestigio y antigüedad, el tono elegíaco y la tendencia al recuento. Pero no sólo ese poema, un libro entero titulado *Crónica Regia y alabanza del reino* se desarrolla en torno a su tiempo y en *Un homenaje y siete nocturnos,* en el segundo nocturno presenta la histo-

---

12　Este es un libro que Mutis dice no pasar un año sin leerlo y que le parece el verdadero ejemplo del maquiavelismo no escrito en probeta, sino vivido porque el cardenal deja testimonio de cómo hizo conspiraciones contra Ana de Austria y contra la corona.

13　Marcel Schwob, es uno de sus autores favoritos de quien ha leído *La Cruzada de los niños, Los mimos, Las saturnales,* este último libro contra el periodismo. También le parecen extraordinarias las cartas de Schwob a Margarite Moreno y André Gide, y a decir de Mutis en *La muerte del estratega* se ve influenciado por Schwob.

ria de los patios de El Escorial. En el tercero se presencia la batalla de la noche sitiadora del edificio, y en el último el enigma que guardan las bóvedas del Mausoleo donde reposan los monarcas.

Aunque en su poesía se detiene en otros personajes históricos como César Borgia o la época de Napoleón, el caso de Felipe II es más denso en la obra de Mutis; históricamente también lo es porque él recibe, de su padre Carlos V, esa herencia agobiante: el imperio con todas las deudas[14].

Caravansary es un poemario que incluye una temática histórica: en los poemas «El sueño del príncipe elector», «La muerte de Alexandr Sergueievitch» que recrea la agonía de Pushkin, quien muere en 1837, con sólo 38 años.

En *Los emisarios* la presencia de la historia es evidente en casi todo el poemario, sobre todo de la historia española, aunque también incluye un hecho histórico en Rusia, cuando la santa del monasterio de Diezmo «en Novgorod la Grande» le hace, en 1916, una premonición de la muerte a la Tzarina Alejandra Feodorovna. En este poema presenta el momento en que la Tzarina va a pedirle a la santa la curación para su hijo que sufre de hemofilia, y cuando la santa la ve exclama: «¡Veo que avanza hacia mí la Tzarina Mártir Alejandra Feodorovna!» (E, 49).

Pero ya desde los primeros poemas aparecía en *Los elementos del desastre* el «húsar», y las alusiones a Napoleón y otras situaciones históricas.

Además, están presentes algunos tópicos de historia oficial latinoamericana —Simón Bolívar y otros personajes que tuvieron que ver con Bolívar: Santander y Sucre. Mutis retoma el tema para desmitificar la historia oficial y darnos una imagen más humana de los héroes. Este es el tono de «El último rostro» (relato) y «El otro Bolívar» que es un artículo donde protesta el culto a un falso Bolívar: «¿Por qué no nos podemos conformar con un Bolívar de carne y hueso, guerrero desafortunado, político certero, pero rodeado de mediocres leguleyos y espadones de cuartel corroídos por la codicia y la envidia?» (PP, 484).

---

14 Carlos V fue el último hombre que tuvo una noción de unidad romano-germánica-católica del imperio y a quien Mutis considera «un hombre extraordinario, genial, el último gran gobernante medieval cuya noción caballeresca no permite ni entiende que Francisco I huya de la prisión cuando él le había dado su palabra de caballero, tiene además una tendencia al aislamiento, a la meditación, quiereregresar, morir en el monasterio de Yuste, en fin, presenta un gran desapego del poder y, al mismo tiempo, una noción del deber» (*sábado*, 16 de agosto, 6).

Maqroll, como Mutis, es un gran lector, posee una exquisita formación cultural y esto le permite transmitir antecedentes históricos de su propia experiencia. Ya hablamos de las lecturas del Gaviero, pero además hay páginas en las novelas donde comenta, alude, o analiza hechos históricos en un tono que pareciera una realidad que está viviendo en ese momento en la cual él fuera un espectador activo. Por ejemplo, comenta el asesinato del Duque de Orléans (NA), o la vida de San Francisco de Asís (BM), o las guerras de la Vendée, que es la lectura que está haciendo durante todo el desarrollo de *Amirbar*. En *La Nieve del Almirante*, se encuentra con el General Bonaparte en uno de los sueños discutiendo las matanzas y las batallas. En *La última escala del tramp steamer*, Warda, al cruzar el Caribe, descubre un mundo de coincidencias con su sensibilidad árabe y exclama «Por aquí debió andar Simbad». Como se habrá notado, lo que importa sobre todo es la trama de coincidencias. La manera como se van tejiendo los pequeños sucesos hasta llegar al momento en que producen un hecho extraordinario, como la llegada de Napoleón al poder, cuando está a punto de retirarse del ejército. No se trata, pues, de una admiración ingenua por los héroes, porque en realidad no le interesan desde un punto de vista histórico, sino desde el punto de vista existencial humano. Le parecen admirables Calígula, Constantino, el último emperador de Bizancio; en general, la gente que con la totalidad del poder decide su vida y la del resto de los mortales, para bien o para mal.

Mutis es un historiador y el Gaviero también lo es. Las lecturas del Gaviero, sus comentarios y muchos poemas que vienen de otra voz diferente a la del Gaviero nos remiten a sucesos de la historia occidental y revelan lo que parecía infinitamente lejano, como la herencia árabe y andaluza en los latinoamericanos.

Se ha hablado también de una posible influencia del sufismo, específicamente en *Caravansary*, y en la manera como despliega Mutis su geografía íntima, al lado de la sabiduría rusa y tropical, lo cual no sorprende porque su interés por el Islam, dice Mutis, le viene desde su niñez. Por ejemplo, *Los emisarios* empieza con un epígrafe de un poeta sufí Al-Mutamar-Ibn Al Farsi (1118-1196). Aunque no es más que un poeta apócrifo, el dístico funciona perfectamente como los dísticos árabes y las fechas atribuidas al poeta se sitúan en una época española cuando había muchos poetas sufíes en Córdoba. Apócrifos son también los epígrafes de *Reseña de los hospitales de ultramar*. La influencia del Islam toma forma más patente en *Abdul Bashur*, donde el personaje principal y sus dos hermanas son musulmanes y, claro, ello matiza poderosamente la atmósfera de toda la novela.

Ojalá este diálogo de la obra de Mutis con otras culturas, literaturas e historias y con los textos que están presentes en poemas, relatos o novelas, haya revelado algunas claves para comprender esos dos mundos que nutren esta obra. Sin esta búsqueda el provecho de su lectura sería limitado. Los vínculos con otros trabajos previos y contemporáneos ilumina la comprensión de las intertextualidades del trabajo de Mutis.

Al finalizar este capítulo debemos señalar, en primer lugar, que se trata de una documentación válida, pero no suficientemente profundizada. El haberlo hecho nos hubiera llevado lejos del objetivo que inicialmente nos propusimos como tema de tesis. Los planteamientos que se han hecho deben ser tomados como sugerencias y puntos de partida para otros estudios. La intertextualización de esta obra es abrumadora y difícilmente puede ser abarcada en un capítulo que tiene sólo intención documental e informativa. En ocasiones obras y autores son solamente mencionados y las formas de enlace deben aún explorarse.

Los contactos con los escritores que hemos anotado se caracterizan por ser relaciones de consonancia en los aspectos que se tocan. No hay en Mutis voluntad de parodiar, rebatir o subvalorar a otros escritores en la obra. No hay lucha contra ellos, aunque la obra como signo estético termina siendo una subversión de valores y puntos de vista de algunos predecesores. En general, se trata de una selección hecha por carácter de afinidad estética.

Las conexiones intratextuales obedecen parcialmente a una «figuración» donde, por ejemplo, las novelas no son sino desarrollo de poemas narrativos que se encuentran en SMG. En ese sentido cada texto es como un palimpsesto, una transformación y comentario que el autor realiza sobre un texto poético.

Las relaciones extratextuales de estilo y temáticas confirman, validan y, muchas veces, rebasan propiedades de los textos de algunos predecesores, aunque en otros aspectos el vínculo es de «superposición» o de relación paradigmática en la cual el otro texto no funciona en los mutisianos. Pero, como afirma Bakhtin, «todo estilo posee un elemento interno de polémica, la diferencia es solamente de grado y clase» (Todorov, *The poetics*, 246).

SEGUNDA PARTE
IRREDUCTIBILIDAD DEL DECIR
POETICO

EL POEMA

> *La palabra, ya en sí, es un engaño,*
> *una trampa que encubre,*
> *disfraza y sepulta el edificio de nuestros*
> *sueños y verdades, todos señalados*
> *por el signo de lo incomunicable.* (E, 33)

ESTE CAPÍTULO intenta definir el arte poética mutisiana, entendiendo ésta como el centro de su pensamiento creador. También se abordará la especificidad del discurso lírico, a partir de condiciones que puedan caracterizarlo tales como el lenguaje, el ritmo y la imagen. Se extenderá su aplicación a su obra narrativa, ya que la poesía de Mutis, como ninguna otra en Latinoamérica, oscila consistentemente en el estrecho límite que vincula el verso con el poema narrativo y éste con la prosa. Para el estudio de la poética veremos su filosofía del lenguaje y su poética propiamente dicha. La ontología que tiene que ver con los elementos de la realidad que la caracterizan, se analizará ampliamente en la tercera parte de este trabajo.

1. ARTE POETICA

A diferencia de la mayoría de los poetas, Mutis no ha formulado expresamente su arte poética, como lo hicieran, por ejemplo, Vicente Huidobro en «El espejo de agua» (I, 219); Jorge Luis Borges en su «Arte poética» (*Obra*, 196); José Asunción Silva, en «Ars» (citado por Del Re, *Antología*, 50), o Pablo Neruda en «Arte poética» (citado por Jiménez,

Antología, 402). Hay, sin embargo, una poética implícita y muy firme diseminada en su verso, una poética desentrañable y esparcida igualmente en su prosa: una «poética de la prosa», como diría Todorov. La conceptualización de ese punto donde se encuentran poesía y hombre, se fundamenta en las obras del autor, poemarios, novelas, y relatos, en las que se observa la conciencia de la inutilidad del poema; la irreductibilidad del tiempo del poema a un tiempo convencional: pasado, presente o futuro; el reconocimiento de la superioridad de la experiencia frente al poema y el dilema tan radical que, como consecuencia de lo anterior, se le presenta entre realidad y poema, entre la palabra y lo nombrado.

Inutilidad del poema

Reconocer la inutilidad del poema es escribir plenamente consciente de la insuficiencia del acto de creación artística y por ende del lenguaje mismo. Porque el poema, según se lee en «Los trabajos perdidos», no es más que un testimonio de intentos frustrados, de promesas que nunca llegaron a efecto, de amagos que no funcionaron:

Poesía: moneda inútil que paga pecados ajenos con falsas intenciones de dar a los hombres la esperanza.
Comercio milenario de prostíbulos. (SMG, 67)

Con el mismo hecho aclara dos problemas: la poesía nada logra retener y, como insiste San Pablo, «todo lo visible es perecedero». Sin embargo, es necesario escribirla aun cuando se haya comprendido el nulo alcance del poema y por ello su banalidad. Esto, que ha sido también preocupación de los místicos, se lo plantea el poeta al encontrarse en presencia de una relación con el mundo que no es mística ni lógica, sino estética. La respuesta no es una solución, sino la continuación de su proceso como artista, expresando sus dudas, su escepticismo, dentro de la obra de arte, remitiendo simultáneamente a la complejidad del hombre contemporáneo: «Ninguna verdad reside en estos rincones y, sin embargo, allí sorprende el mudo pavor / que llena la vida de aliento de vinagre...» (SMG, 44). En «La ciudad» también evidencia la ineptitud del poema porque el mito que allí habita está «perdido, irrescatable y estéril» (SMG, 56).

Para aprehender el mundo es necesario hacerlo a través de la incursión en el propio mundo. «Ver» implica obtener el objeto aislado de toda intencionalidad, como intentó hacerlo Francis Ponge en sus poemas «El cuaderno del bosque de pinos» (49). Sobre el bosque de pinos el poeta francés escribe varios poemas (no varias reflexiones), que demuestran que el mundo no se deja enunciar, y de todas maneras enunciarlo no es comprenderlo. Ninguno de los doce poemas da la visión completa del objeto. Borges, en el cuento «El Aleph», se plantea el mismo problema del lenguaje lineal, carente de simultaneidad y por tanto inútil para describir lo que capta en una visión maravillosa. Por su parte, Mutis, en su poema «El húsar», dice:

> Y no cabe la verdad en esto que se relata. No queda en las palabras todo el ebrio tumbo de su vida, el paso sonoro de sus mejores días que motivaron el canto, su figura ejemplar, sus pecados como valiosas monedas, sus armas eficaces y hermosas. (SMG, 52)

Mutis tiene una visión de la historia y de la muerte que le produce una relación problemática con el lenguaje. Su poesía es exuberante y va creando un espacio, personas poéticas, una épica más que una lírica... y sin embargo siempre hay la pregunta frente a la validez del poema y por ende del lenguaje. El objeto de su poesía es una metapoesía: poesía sobre la poesía. La dinámica del poema se da por esa dialéctica entre lo que ha sido la poesía de cánones tradicionales, que han regido con excesiva confianza en la efectividad de la palabra y lo que él descubre que puede hacer con la precariedad del lenguaje articulado. Esa antítesis «amor a la palabra y desesperación ante la palabra», también la transpira en la prosa (SMG, 1988, 10). Aun en libros tan fundamentalmente testimoniales como *Diario de Lecumberri* (1960), que comunica la experiencia del autor-narrador en la cárcel, transmite su desconfianza en la eficacia, ya no sólo de la palabra en poesía sino de la utilidad que puede tener la narrativa:

> No sé muy bien por qué he narrado todo esto. Por qué lo escribo. Dudo que tenga algún valor más tarde, cuando salga. Allá afuera, el mundo no entenderá nunca estas cosas. Tal vez alguien debe dejar algún testimonio de esta asoladora visita de la muerte a un lugar ya de suyo muy semejante a su viejo imperio sin tiempo ni medida. No estoy muy seguro. Tal vez sea útil narrarlo pero no sabría decir en qué sentido, ni para quién. (DI, 14)

El deseo infantil y por lo tanto profundo de cada hombre es llegar a manejar la realidad, pero ella se muere, se nos escapa antes de que logremos comprenderla sin tener en cuenta nuestras pretensiones. Lo otro, la otredad, la alteridad es lo único que nos acompaña, es nuestra esencia; y lo que no ha sido vivido por esa esencia no es decodificable. Por eso allá afuera el mundo nunca entenderá lo que es la cárcel.

Desde Mutis autor, al poeta de Maqroll (su alter ego), hasta los distintos personajes que desfilan junto con éste en sus novelas, esta conciencia de la inutilidad de la palabra se esparce como una onda que los envuelve a todos en un escepticismo y los emparenta en una sola familia.

En *La Nieve del Almirante*, cuando Maqroll le está escribiendo a Flor Estévez sobre sus recuerdos y nostalgias, mientras navega hacia los aserraderos le dice: «Esas no son cosas que deban escribirse, no solamente porque nada se adelanta con eso, sino porque, ya en el recuerdo, adolecen de no sé qué rigidez y sufren cambios tan notables que no vale la pena registrarlas en palabras» (NA, 103). Todavía más enfática es la voz lírica de «Cita en Samburán», que llega hasta el extremo de considerar inútil y vacía la comunicación oral: «Acogidos en la alta y tibia noche de Samburán, dos hombres inician un diálogo banal. Las palabras van tejiendo la gastada y cotidiana sustancia de la muerte» (C, 53). De allí que no resulte ajeno a la obra en general que Sharaya en su última fase de renunciación diga: «Hacía mucho tiempo que la palabra me fuera inútil y nada hubiera podido decirles» (MA, 109), o que Zagni, en *Ilona llega con la lluvia*, al agradecer a Larissa por acompañarlos en el viaje, diga:«La gratitud, cuando es tan absoluta, no se expresa con palabras» (I, 97).

El poema mutisiano contiene en sí su propia negación; cada vez que se realiza, es un poema crítico (palabras antitéticas) que problematiza el lenguaje, sin dejar de cuestionarse sobre la validez de la experiencia poética y del poema mismo. Esto prueba, como lo dice mejor Paz, que «a partir de *Une saison en enfer* nuestros grandes poetas han hecho de la negación de la poesía la forma más alta de la poesía» (*Signos*, 311).

Insuficiencia del lenguaje

Otra corriente que mueve su pensamiento creador es la conciencia de la superioridad de la experiencia frente al lenguaje. De allí su lucha con el propio poema. La abstracción verbal, las palabras no alcanzan a asir la vivencia del deseo y del placer:

> Esperar el tiempo del poema es matar el deseo, aniquilar las ansias, entregarse a la estéril angustia... y, además, las palabras nos cubren de tal modo que no podemos ver lo mejor de la batalla... (SMG, 67)

Ya en «Programa para una poesía» delineaba su poética con pleno conocimiento de la precariedad de la palabra frente a la realidad. Esta siempre resulta más imponente, y se cuela por debajo de lo que contrariamente las palabras quieren decir. Si la realidad es triste, ella se manifestará detrás de los términos que quieran mostrar felicidad. «Otros hay que opinan con una terrible certeza y convicción, dejando entrever, sin embargo, en su voz, fragmentos del gran telón de apatía sobre el cual proyectan todos sus gestos, todas sus palabras» (SMG, 19). ¿No son estas palabras descriptivas de la poética de Mutis?

Si existiera un orden axiológico mutisiano, el poema estaría después del deseo y del placer; frente a la efectividad de lo erótico, la palabra se olvida, porque:

> ...si una mujer espera con sus blancos y espesos muslos abiertos como las ramas de un florido písamo centenario, entonces el poema llega a su fin, no tiene ya sentido su monótono treno. (SMG, 44-45)

Existe en estos versos afinidad con Rafael Cadenas, cuando en su ensayo *Realidad y literatura* (1979) alude a las relaciones que hemos establecido con el mundo por causa de los conceptos que mediatizan todo acercamiento a la realidad, produciéndose como consecuencia una escisión entre el hombre y el mundo que lo rodea, entre los cuales se yergue como un obstáculo la palabra. Maqroll dice: «La voz de este relato mana de ciertos rincones a donde no puedo llevaros, pese a mi buena voluntad y en donde, de todas maneras, no sería mucho lo que podría verse» (SMG, 35).

En las horas de exaltación poética, el poeta o narrador alcanza una comunicación íntima con su yo, con aquello que lo individualiza y que no pertenece a ningún otro. Pero no existen palabras para describir con precisión ese abismo, puesto que las palabras son etiquetas puestas, por convención común, sobre los objetos accesibles a todos. El individuo estará impotente para decir, aun para decirse, aquello que él encuentra en el fondo de sí: eso es lo indefinible, lo incomunicable aunque se trate de una realidad viviente, puesto que reside en sí y el poeta puede presentirla:

> *¿Cómo decir de este tiempo durante el cual se prepararon*
> *[tantos hechos?*
> *¿Cómo compararlo en su curso al parecer tan manso y sin*
> *[embargo cargado de tan arduas y terribles especies?*
> *Tal vez a un cable que veloz se desenrolla dividiendo el hastío.*

O, mejor, al sueño de caballos indómitos
que detiene la noche en mitad de su furia. (SMG, 1988, 58)[1]

Lo arbitrario de las palabras las hace incapaces de corresponder a la realidad. La palabra, como la ciencia, sufre de impotencia. El mismo hecho de que la ciencia sea progresiva supone que sus leyes se formulan sólo con una exactitud aproximada nunca absoluta. De igual modo sucede con la palabra en el poema; aunque no obedece leyes de progreso, sólo se logra una aproximación a la verdad. Por eso la necesidad del recurso de las imágenes, entre ellas el símil.

También en la distribución espacial y en la puntuación remarca la insuficiencia del poema frente a la experiencia. Tal es el caso de «Fragmento» (SMG, 112), que empieza y concluye con puntos suspensivos subrayando la imposibilidad de asir un principio y un fin y a la vez dejando las posibilidades abiertas al lector para que imagine y cree lo que ese «fragmento» no pudo aprisionar. El poema 2 de *Caravansary* concluye en puntos suspensivos para decir callando las consecuencias que pueden venir «Si te empeñas en tu necedad...» (C, 16).

Ante la superioridad de la realidad el intento de poetizarla la desvirtúa. Pero aún más, el narrarla o describirla necesitaría tanto tiempo de narración como horas existenciales para conseguir un acercamiento y de todas maneras no lograría transmitir lo que desea: «Demorarme en recordar los incidentes del viaje y su compleja riqueza de experiencia sensual, de ricas incursiones en un pasado vivido como presente inobjetable, tomaría muchas horas, varios días» (I, 95).

Casi todos sus personajes novelescos han desarrollado también la conciencia de la superioridad de la realidad frente a las palabras. Hasta los menos letrados, los menos instruidos tienen esa sabiduría que han recogido de la experiencia. En *La última escala del tramp steamer*, cuando Jon quiso saber más sobre Warda, hermana de Abdul Bashur y dueña del barco, el Gaviero respondió con un gesto que quería decir «ya lo verás» (UE, 61). Jon necesitará dilucidar a través de su propia experiencia la carga de promesas que apenas insinuaba esa expresión. Por otra parte, recuerda así el lenguaje que habían usado el capitán y los otros que viajaban en el planchón con el mismo Gaviero en *La Nieve del Almi-*

---

1 Este poema puede ser leído como un poema mítico. En él se presenta el silencio primordial que precedió toda existencia, la soledad, luego el banquete que incluye la manifestación por el lenguaje y que no es más que una puerta al caos, a la insuficiencia y a la muerte.

rante, cuando éste preguntaba sobre la realidad de los aserraderos. La experiencia era imposible de transmitir en palabras y sólo le decían «usted ya verá». La comunicación con el capitán fluía por debajo de las palabras. La realidad (el tono de su voz, sus gestos, su manera de perderse en largos silencios), contribuía más a la comunicación que las palabras, porque éstas eran más bien obstáculo y factor de distracción. Al final, cuando el Gaviero está en el terreno, recién entiende por qué todos le habían respondido con evasivas, por qué nadie le dio exacta razón de los aserraderos. Ahora, sobre el terreno, otra vez el Gaviero constata que la verdad resulta imposible de comunicar, y que el silencio es el único que la puede contener en su totalidad: «'Usted ya verá', eso fue lo que, al final de cuentas, acabaron diciéndome todos, rehuyendo dar más detalles. Tenían razón» (NA, 107).

Dilema entre realidad y poema

Como consecuencia del reconocimiento de la superioridad de la experiencia surge en Mutis, como parte de su poética, un dilema radical entre realidad y poema, entre las palabras y lo nombrado. En sus poemarios se encuentra un cuestionamiento constante a la eficacia de las palabras y a las posibilidades que tiene el poema de encarnar la realidad y siempre concluye reconociendo sus limitaciones. Para Mutis el poema es un fracaso desde el comienzo de los tiempos.

En todos sus poemarios, desde *Summa de Maqroll el Gaviero* hasta *Un homenaje y siete nocturnos*, plantea el poema como irreductible a las palabras, al lenguaje. El poema ya está hecho desde los orígenes y lo que el poeta diga nada puede agregar; tampoco puede traducir el poema que está inscrito en el universo y que para el poeta parece residir en el silencio. El yo poético que nos habla en este poemario sabe que el acontecer está regido por otra dimensión que no es la de las palabras. Para él las palabras no transforman, no provocan sucesos, no transmutan, no cambian. De allí surge ese sentimiento de impotencia ante una lucha que desde el principio considera perdida. En «Del campo» dice:

*Si estas y otras tantas cosas suceden por encima de las palabras,
por encima de la pobre piel que cubre el poema,
si toda una vida puede someterse con tan vagos elementos,
¿qué afán nos empuja a decirlo, a gritarlo vanamente?
¿en dónde está el secreto de esta lucha estéril que nos agota
[y nos lleva mansamente a la tumba?* (SMG, 57)

El poema, como se desprende del texto, es un signo que intenta poner de manifiesto algo que, de otro modo, no se percibiría. Pero al estar hecho de palabras, no es más que una sustitución y, como sustitución, resulta incompleta, de allí el fracaso. La palabra ocupa un rango ontológico posterior a la experiencia sensible; pero a la vez la palabra es necesaria al poeta porque ella hace el poema, es una suerte de receptáculo activo y pasivo de su acto. Por lo tanto, la poética de la obra de Mutis es un camino hacia el poema, reconociendo a través de él y en el propio poema que la realidad es superior, que la gran poesía ya está hecha, y que el poeta nada tiene que agregar a ese gran libro doble del cosmos al que se refirió Mallarmé, al sistema de correspondencias que planteó Baudelaire, o a la analogía universal de la que habla Paz. Frente a ello la única salida posible no es precisamente el silencio, sino la vida.

> *La poesía sustituye*
> *la palabra sustituye,*
> *el hombre sustituye,*
> *los vientos y las aguas sustituyen...*
> *la derrota se repite a través de los tiempos*
> *¡ay, sin remedio!* (SMG, 66)

Como Sócrates frente a sus interlocutores (recuérdese por ejemplo el Diálogo de «Cratilo», que discurre precisamente sobre el origen y la naturaleza del lenguaje), unas veces Maqroll, otras el narrador o los personajes de las novelas, aparecen en plena contradicción consigo mismos. Por una parte, declaran que la palabra es impotente para asir la verdad y que ninguna lengua podría expresarla; por otra, se dirigen a sus lectores y consagran su vida a esta única búsqueda. Maqroll, como Sócrates, es un ser desconcertante que hace su camino a través de un dédalo de paradojas y antítesis. El no teme contradecirse, porque, bajo el choque de los términos contradictorios, brota la claridad de una intuición poética que los trasciende. Así en «La visita del Gaviero» se lee:

> Cuando relato mis trashumancias, mis caídas, mis delirios lelos y mis secretas orgías, lo hago únicamente para detener, ya casi en el aire, dos o tres gritos bestiales, desgarrados gruñidos de caverna con los que podría más eficazmente decir lo que en verdad siento y lo que soy. (E, 33)

La realidad que quiere asir la poética mutisiana no es abordable, ni nombrable, porque ya no está en el ser como existencia y por lo tanto el poema no la puede alcanzar; el poema está signado por la debilidad

de un código que es inepto, aunque es el único instrumento del que dispone Maqroll el Gaviero. En «El cañón de Aracuriare» dice: «Una llamada intensa, insistente, imposible de precisar en palabras y ni siquiera en pensamientos (...)» (E, 68).
Es por ello que, cuando el poeta quiere hablar, choca con la insuficiencia del lenguaje y está obligado a servirse de imágenes. Todas sus realizaciones, deben por fuerza ser transcritas por él en los términos ineptos y decepcionantes de un lenguaje que ha sido hecho para adaptarse a la experiencia normal del hombre medio. Expresadas así, ellas no pueden ser realmente comprendidas sino por los que saben, ya que, sabiendo, son capaces de dar a esos pobres términos exteriores un sentido nuevo, interior y transfigurado. Aun en *Los emisarios*, que es un poemario diríamos de ruptura, en «Una calle de Córdoba», siente la impotencia al manipular las palabras: «No sé cómo decirlo, es tan difícil», y luego agrega: «Aquí, en España, cómo explicarlo si depende de las palabras y éstas no son bastante para conseguirlo» (E, 41-42). Con más radicalidad se presenta en *La Nieve del Almirante*, donde, además, hay una clara alusión a la concepción bergsoniana del tiempo, otro filósofo que ha influido en las concepciones mutisianas[2]:

> Cuando ahora trato de relatar lo que entonces padecía, me doy cuenta de que las palabras no alcanzan a cubrir totalmente el sentido que quiero darles. ¿Cómo explicar, por ejemplo, el pánico helado con el que observaba esta monstruosa simplificación de mis facultades y la inconmensurable extensión del tiempo vivido en tal suplicio? Es imposible describirlo. Simplemente porque, en cierta forma, es extraño y por entero opuesto a lo que solemos creer que es nuestra conciencia o la de nuestros semejantes. Nos convertimos, no en otro ser, sino en otra cosa, en un compacto mineral hecho de aristas interiores que se multiplican en forma infinita y cuyo registro y recuerdo constituyen la razón misma de nuestro durar en el tiempo. (NA, 64)

---

2 S. R. de la Ferrière, atribuye como gran mérito a Bergson el haber hecho «inteligible dos 'especies de duración'» para resolver las dificultades que surgen «a propósito del corte entre el espíritu y la materia». La primera sería la duración en la cual se encuentra el «modelo en los fenómenos psicológicos»; la otra, el «tiempo homogéneo, confundido con el espacio enmarcaría los fenómenos de los cuales la materia es la sede. Nuestra conciencia, dice en substancia Bergson, nos da el espíritu y la vida en función de la duración psicológica, y nuestra inteligencia traduce estos datos en lenguaje de tiempo homogéneo». De ahí las contradicciones que nos parecen insolubles y que son más que apariencias debidas al pésimo utensilio de nuestro pensamiento» (30).

Este dilema insoluble entre realidad y poesía, que va haciendo de su poética una poesía crítica de sí misma, también se observa al darse cuenta de que no hay palabras suficientemente connotadas para referirse a sentimientos tan definitivos como el odio o el amor: «El adjudicarle el término de amor a un fenómeno tan total era caer en una simpleza, en una inaudita superficialidad. Con esa palabra se jugaba casi siempre con cartas marcadas... no era posible encerrar en palabras» (UE, 77).

El nocturno I de *Crónica Regia* podría ser leído también como una crítica a la poesía, o como una poesía crítica de sí misma. «Ni siquiera la poesía / es bastante para rescatar / del minucioso olvido / lo que calla este espejo...» (CR, 15). Otra vez Mutis cuestiona el lenguaje, muestra su falta de fe en la palabra poética y destaca el poco de poder que hay en ella contra el deterioro que produce el olvido. La crítica al lenguaje y a la poesía es un signo de la literatura contemporánea, pero ya desde Rubén Darío no es difícil encontrar esta autocrítica (ver el poema «Yo persigo una forma...»), aunque más centrada en la estética que en el lenguaje y mucho menos drástica que en Mutis (240).

Lo que Barthes llama «grado cero de la escritura» es también el hacer que la realidad viva menos mediatizada por la conciencia. Una de las sugerencias de Ponge es lograr, como poeta, proponer un objeto en lugar de un pensamiento. En diferentes modos coinciden con Mutis en la necesidad de encontrar un método que no sea la descripción ni la narración. ¿Cuál sería la vía?... Quizás la habilidad para definir acompañada de la sensibilidad de la descripción. La lucha de esta poética es hacer que el lenguaje tenga el mismo espesor que la realidad, la misma densidad del mundo que existe con o sin nosotros, donde las ideas nos involucran sin pedirnos consentimiento. Las cosas son un pretexto para un texto; aceptar entonces la dialéctica en esa relación con las cosas es sabio.

En «Cocora», ante un objeto totalmente desconocido que quiere presentar, no halla las palabras apropiadas y dice: «Algo que *podría llamar* una máquina *si no fuera por* la imposibilidad de mover ninguna de sus piezas de que *parecía* componerse» (C, 41). Las palabras que hemos resaltado hacen pensar en la forma como se adquiere el conocimiento; partiendo de lo conocido, se busca una referencia, un asidero en lo ya conocido y nombrado para dar una imagen, una vaga idea de algo que se presenta a la vista totalmente desconocido y que el lenguaje, en su evolución y dinámica propia, todavía no ha logrado ocupar.

La poesía crítica de sí misma es común a muchos de los poetas modernos. Entre los posvanguardistas latinoamericanos cabría mencionar a Parra, quien propone «Cambios de nombre», evidenciando la arbitrariedad del lenguaje y lo convencional de los signos lingüísticos (136). Claro que, a diferencia de Mutis, su crítica se extiende hasta lo ideológico, lo social y lo religioso. Por su parte, Octavio Paz, ya en «Libertad bajo palabra», expresaba: «Allá donde los caminos se borran, donde acaba el silencio, invento la desesperación» (*Poemas*, 18). En Mutis, como en los poetas mencionados, hay conciencia del acto poético, la lucha entre la palabra y el silencio, la búsqueda de identificación o el esfuerzo por hacer iguales el nombrar y el crear. Es allí donde aparece la crítica sobre las posibilidades del lenguaje y la búsqueda de un absoluto poético que coloca a la poesía como tema de sí misma.

La poesía de Mutis es poesía como conocimiento. Lo cual también se da particularmente en poetas como Goethe y Antonio Machado, entre otros. El poeta sabe que todo pasa, que nada permanece, que lo único verdadero es el presente; pero cuando lo quiere asir ya se ha convertido en un pasado que se escapa hacia la región de lo inalcanzable y sólo queda el recuerdo como huella: «Esa mujer viene desde otro tiempo.(...) todo ajeno, lejano, inasible» (C, 36). Mutis es aún más explícito cuando dice:

> En el fondo de todo mi trabajo de escritor se levanta una sombra de derrota y hastío que me está diciendo siempre ese fatal ¿para qué? paralizante y escéptico. Siento muy cercano y muy evidente el trabajo del tiempo y del olvido. (TR, 263)

El tiempo del poema

Es también clara su preocupación por definir el tiempo del poema; se percibe que ese tiempo no es futuro ni pasado, es un tiempo muy relativizado, un tiempo psicológico que, sin poder identificarse exactamente con el presente, se instala allí. En «Los trabajos perdidos» se lee: «Los días partidos por el pálido cuchillo de las horas, los días delgados como manantial que brota entre las minas, los días del poema...» (SMG, 66).

El tiempo del poema no se puede reducir al tiempo convencional, no es un día cualquiera, es un tiempo intenso donde las horas se viven con histórica vertiginosidad. Es, tal vez, el tiempo de tensión, de sufrimiento, cuando el poeta se siente particularmente rico en miserias. El tiempo del poema está relacionado con el tiempo bergsoniano. Esto se observa en el poema «La muerte de Alexandr Sergueievitch», cuya intensidad vivencial pone en choque el tiempo psicológico y el tiempo homogéneo:

«El tiempo pasa en un vértigo incontrolable. La escena no cambia. Es como si la vida se hubiera detenido allí en espera de algo» (C, 35).

Irreductibilidad del poema

Pero a pesar de todas las insuficiencias del lenguaje y, por lo tanto, de la palabra poética, debidas a las imperfecciones de la codificación en un lenguaje articulado, el poema es irreductible a otro decir. El no solamente nos da una visión del mundo sino que en sí mismo se asume como visión del mundo. Como escritura, parte de la explicación del mundo, pero se va convirtiendo en una experiencia verbal que crea otro mundo. Así el poema va integrando el cuerpo del lenguaje mediante una lenta ocupación.

El poema es, en sí mismo, la expresión que logra reunir más eficazmente el universo visible con otro invisible y el poeta es como un·anfibio entre estos dos mundos, donde la imagen le sirve de recurso para unir esos dos mundos. Simultáneamente, la palabra es la entrada en la forma y por ello es un mundo de limitación, un encadenamiento que aprisiona la libre manifestación de la vida, pues la forma impone una disciplina a la fuerza de la vida inevitablemente. Pero dentro de esa forma la palabra puede crear también una nueva realidad, en contrapeso a su ausencia de capacidad para ser espejo de la realidad empírica.

Definición del poema

El poema mutisiano se puede definir desde distintos ángulos: con relación al tiempo, es el instante en que comienza el fin de algo, es el momento en que se percibe que se inicia el deterioro: «El tibio y dulce hedor que inauguran los muertos / es el poema» (SMG, 67). Una verdad relativa, búsqueda de una supuesta referencia al pasado para afirmar un presente que se cuela y se escapa para siempre. Con relación al espacio, es el lugar donde las cosas se degradan, para entrar en la descomposición y luego en la muerte definitiva: «El cadáver hinchado y gris del sapo lapidado por los escolares / es el poema» (SMG, 67). Con relación a la mente, el poema es la dimensión que puede abstraer las dos anteriores (lugar e instante), es también la tensión y la atención que se producen ante una determinada simultaneidad de hechos que en ese momento se presentan como únicos: «El metal blando y certero que equilibra los pechos de incógnitas mujeres / es el poema» (SMG, 67). Con relación a la conciencia, el poema expresa el sentimiento de culpa, de miedo cuando

la barrera entre las concepciones particulares de bien y mal ha sido tras-
pasada: «El amargo nudo que ahoga a los ladrones de ganado cuando
se acerca el alba / es el poema / (...) La duda entre las palabras vulgares,
para decir pasiones innombrables y esconder la vergüenza / es el poema» (SMG, 67). Y al final el poema no es más que «una seca y amarilla
hoja prensada en las páginas de un libro olvidado» (SMG, 66).

Síntesis de una poética

«Cada poema» (SMG, 83) es tal vez, junto con «Los trabajos
perdidos», el que mejor sintetiza la poética en la cual se funda la obra
de Mutis hasta *Los emisarios*. Habla del origen del poema, y define el
poema y lo critica. Por otra parte, es uno de los pocos poemas escritos
bajo las leyes de la metrificación. «Cada poema un pájaro que huye / del
sitio señalado por la plaga»; lo que intenta salvarse de los predios des-
tinados a la muerte. «Cada poema un tacto yerto / del que yace en la losa
de las clínicas, / un ávido anzuelo que recorre / el limo blando de las
sepulturas». El poema está hecho de los residuos de lo que pudo ser y
no pudo llevarse a efecto; el remordimiento a posteriori trata de encontrar en esa posibilidad perdida, lo que todavía pueda ser rescatable.
«Cada poema un lento naufragio del deseo». El poema es lo que hace
más visible y concreta la frustración del deseo que va muriendo sin ser
satisfecho y, como tal, tiene una cierta posibilidad de congelar el hastío
y la nostalgia; es, en otras palabras, la mayor violencia que se puede
ejercer contra sí mismo: «Cada poema invadiendo y desgarrando / la
amarga telaraña del hastío». Por eso mismo «Cada poema un paso hacia
la muerte» (SMG, 83).

«Programa» (SMG, 20) es otro poema que incluye elementos característicos del contenido: el gran mal, el caos y la muerte definitivos. La
propuesta de innovación en la forma queda expresada así: «Busquemos
las palabras más antiguas, las más frescas y pulidas formas del lenguaje,
con ellas debe decirse el último acto». De esta manera nos remite a un
tiempo anterior a la abstracción, cuando el lenguaje servía para nombrar
una realidad que todavía conservaba atributos concretos. Un lenguaje
que no obedezca a recetas que, de tanto repetirse, se han convertido en
lugares comunes sin contenido significativo. En lo que respecta al ritmo,
también prevé la necesidad de modificaciones; intenta luchar contra la
insuficiencia y la vacuidad resonante de las palabras, porque, según el
mismo poema: «Todo está hecho ya. Han sonado todas las músicas

posibles. Se han ensayado todos los instrumentos en su mezquino papel de solistas» (SMG, 20).

La poética de Mutis se podría relacionar con Chopin y su música. A partir de una realidad frágil, enfermiza, crean Mutis su poética y aquél su música. De ese mundo de negación e insuficiencia de la palabra nace la fertilidad de sus poemas. Mutis logra una suerte de alquimia transmutando un mundo repugnante en belleza; incluso se podría decir que inaugura una poética. Su poética es una metáfora de las fuerzas antitéticas que porfían en el hombre hasta lograr su destrucción.

Ruptura

Con *Los emisarios* (1984) se da una suerte de ruptura en su poética. Es un momento diferente en el cual el poeta puede rendirse a sí mismo testimonio de su entrada definitiva en otra vía, penetrada a través de su iniciación en los secretos de la vida del sufrimiento que vivió como gaviero. Ya en las novelas sabemos que está contando su pasado, la memoria se ha afirmado y ha tomado su puesto. Pero todo el contenido de sus novelas tiene su origen en la poesía, cuya carga lírica es insuperada por el género novelesco.

Lo que digo de *Los emisarios* no puede ser probado más que por el apoyo del testimonio poético, por esa voz distinta a la de Maqroll, que se expresa en la mayoría de poemas de este libro, como testimonio de un orden que el poeta ha encontrado a partir del caos anterior. La realización que tiene en esa visita a España es presentada en los poemas «Cádiz» y «En una calle de Córdoba». La estancia en estas ciudades casi santas para él, va a significar una experiencia tan profunda que constituye el punto de partida de su obra posterior, especialmente la novelística[3]. Después de *Los emisarios* sólo escribe dos poemarios breves, *Un homenaje y siete nocturnos* (1986) y *Crónica Regia y alabanza del reino* (1985). Este último recoge algunos poemas que ya habían sido publicados anteriormente, y por su afinidad temática entran a formar parte del libro.

Los emisarios habla también de una luz nueva en la poesía de Mutis. Al llegar a ese punto, el poeta ha alcanzado un conocimiento directo,

---

3   «Cádiz» es uno de los poemas que mejor muestra cómo las multiplicidades en Mutis surgen de una vida nómada y del contacto con los más diversos contextos culturales y geográficos. Este es el poema donde empieza a descubrirlos, a hurgar en la herencia de sus antepasados, y ante tal asombro le quitará la voz al Gaviero, para ser modulada por el poeta.

experiencial y profundo (y no teórico y verbal), ha encontrado el fondo, el sedimento de todas las escuelas de la vida por donde ha pasado. Se ha colocado en el punto donde emana la verdad que se esconde en la diversidad y la multiplicidad de las formas exteriores. Me parece que poetas como Mutis contradicen a Platón, quien en uno de los *Diálogos* había proscrito a todos los poetas de su república ideal, y a Nietzsche que afirma, en *La voluntad de poderío* (441), que los poetas cuentan mentiras y de hecho conocen poca cosa. Para Mutis el poema nunca ha sido una máquina personal de producir efectos. Hay una gran autenticidad en su trabajo de poeta. Y cuando, en *Los emisarios*, presenta esta ruptura, vemos a la luz de la obra en su totalidad, el cauce por el cual se interna más decididamente en la narrativa y la novela. Hasta su poética se modifica fundamentalmente en este poemario; por ejemplo, en el lied IV, se lee una actitud afirmativa ante la poesía:

> *En los campos,*
> *un acre polvo micenio*
> *anuncia una noche ciega*
> *y en ella la sal de tu piel*
> *y tu rostro de antigua moneda.*
> *A esa certeza me atengo.*
> *Dicha cierta.* (E, 91)

Estos dos últimos versos son exactamente la antítesis de lo que había expresado como «poesía moneda inútil que paga pecados ajenos con falsas intenciones de dar a los hombres la esperanza» (SMG, 67).

En «Hija eres de los Lágidas» hay también una poética diferente a la de las obras previas a *Los emisarios*. La visión de la poesía es definitivamente más positiva, «en tus manos también está esa señal de poder, / ese aire que las sirve y obedece / cuando defines las cosas / y les indicas su lugar en el mundo» (E, 15). Y, por otro lado, la ve como un desafío contra el trabajo del tiempo; ella es la única que no envejece y la única que puede ofrecer una función que nos rescate del permanente desaparecer: «Me pregunto cómo has hecho / para vencer el cotidiano uso / del tiempo y de la muerte» (E, 15). Por primera vez empieza a entrever en el poema una posibilidad de permanencia y de verdad. Después de todo ese camino antitético recorrido, cuyo valor primordial es la negación, llega a entender la centralidad de lo estético y dice: «Tal vez este sea el signo cierto / de tu origen, de tu condición de heredera / del fugaz Reino del Delta» (E, 15).

Un homenaje y siete nocturnos continúa este cambio, esta ruptura y alude a la verdad que puede residir en la poesía, lo cual implica otro cambio de posición respecto a la palabra, más fe en el lenguaje. La palabra puede ser portadora de certeza pero sólo a condición de que sean palabras simples «con las que se hace presente la verdad» (HSN, 13). En *La Nieve del Almirante*, la desesperanza frente a la poesía también ha dejado de ser tan radical. En la cita que sigue (a la inversa de sus proposiciones anteriores) se ve que hay un momento en que Maqroll vislumbra que la palabra tiene que asir la realidad y que la realidad tiene que acudir y concretarse en la palabra. Como poeta, tiene la esperanza, cree que puede encontrar la realidad que logre llenar ese nombre y se propone esa tarea, si no como una meta, sí como un ideal:

> y nada logra aplacarme la sed. No es una sed de agua, sino de alguna bebida que tuviera un intenso amargor vegetal y un aura blanca como la de la menta. No existe, lo sé, pero existe esa apetencia específica y claramente identificable y me propongo algún día encontrar esta fusión con la que sueño día y noche (NA, 65).

Mutis nos ha hecho una crítica de lo que ha sido la poesía, mediante la poesía misma. Sin embargo, no cabría decir que la poesía de *Los emisarios* y la posterior se enfrentan a la que va desde sus primeros poemas hasta *Caravansary*; se trata más bien de una realización distinta y complementaria porque aquí los poemas no están hechos de lenguaje, el poema lo hace el hecho anecdótico en sí, casi despojado de lenguaje. No recurre a las abundantes adjetivaciones de antes; el lenguaje trata de ser fiel al hecho, sin recursos metafóricos. Lo que busca ahora es la fuerza de la evocación (léase, por ejemplo, «Cádiz», «En una calle de Córdoba», «Funeral en Viana»).

De todas maneras, sigue luchando, quizás con un poco más de fe, pero la poesía es una aventura en la cual se lleva todas las de perder, es la actividad más seria y a la vez la más insustancial. Este vencimiento se nota desde el comienzo de la obra hasta las novelas, donde sus personajes siempre fracasan e incluso llegan al suicidio: el piloto se suicida después de matar a la Machiche en *La mansión de Araucaíma*; Larissa se incendia y el capitán del barco se suicida de un tiro en la cabeza en *Ilona llega con la lluvia*; el capitán de *La Nieve del Almirante* se ahorca, y... Maqroll no contempla esta posibilidad, pero todas sus empresas las corre sabiendo de antemano que no lo conducirán a ningún destino, a ninguna meta.

2. ENTRE LA CREACION Y LA REFLEXION: GENESIS DEL POEMA

> *Pero si acaso el poema viene de otras regiones,*
> *si su música predica evidencia de futuras*
> *miserias, entonces los dioses hacen el poema.*
> *No hay hombres para esta faena.* (SMG, 66)

Hablar sobre el origen del poema pudiera conducir al problema de la inspiración, acerca del cual existen tan diversos puntos de vista. Aquí nos limitamos a desarrollar, a partir del texto poético, la dialéctica que dejan percibir sobre este tema, unas veces Maqroll y otras el hablante lírico, durante el proceso de creación.

La palabra

La persona lírica poetiza buscando dónde nace el poema. En «Una palabra», la propia palabra, funcionando más en un campo simbólico que mostrativo, se revela como origen del poema y como disparador de relaciones. Pero no bien ha descubierto esto, cuando ya concluye que es inútil, que sólo abre las puertas de la miseria o la tristeza, y que finalmente ninguna verdad reside en estos rincones que las palabras intentan penetrar.

> *Cuando de repente en mitad de la vida llega una palabra jamás*
> *[antes pronunciada,*
> *una densa marea nos recoge en sus brazos y comienza el largo*
> *[viaje entre la magia recién iniciada...*
> *una palabra y se inicia la danza pausada que nos lleva por*
> *[entre un espeso polvo de ciudades,...*
> *Sólo una palabra.*
> *Una palabra y se inicia la danza*
> *de una fértil miseria.* (SMG, 44)

Aquí, en los versos citados, se encuentra el leitmotiv del título de este trabajo y la formulación de la hipótesis central, que sostiene que la obra de Mutis está toda fundada en una antítesis primordial.

Para dar nacimiento al poema es necesario encontrar la palabra, que ya reside en el poeta de antemano. La función es reconocerla. Se trataría de crear partiendo de esas palabras que forman parte inseparable del ser del poeta, ya que la palabra es el hombre mismo. Reconocer esa palabra implica un cambio; pero no hay que confundir cambio con movimiento. Un objeto al moverse tiene que permanecer el mismo para que pueda ser reconocido, mientras el cambio es interior, es excepcional, y no es perceptible en su totalidad sino por quien lo sufre. Tal cambio es el que sucede en el poeta al hablar, al encontrar la palabra y encarnar el poema, pero éste no tiene un sentido triunfal, es un fracaso que lo constata en la puesta en acción de la palabra:

> *Pero alguien habló...*
> *algo rompió la cuerda que te sacaba del profundo pozo como a*
>   *[José los mercaderes.*
> *Hablaste entonces y sólo te quedó esa tristeza que ya sabes y el*
> *dulceamargo encanto por su asombro ante el mundo...*
>   (SMG, 96-97)

Pero luego en «Los trabajos perdidos» considerando la posibilidad de que el poema ya resida en el acontecer de la vida, niega las palabras como hacedoras del poema. Las palabras estarían de más, vale decir cubrirían al verdadero poema que ya lo hace la vida misma y no los términos lingüísticos. Las palabras serían un agregado, una adherencia al auténtico poema porque

> Si matar leones y alimentar las cebras, perseguir a los indios y acariciar mujeres en mugrientos solares, olvidar las comidas y dormir sobre piedras... es la poesía, entonces ya está hecho el milagro y sobran las palabras. (SMG, 66)

Y si el lenguaje llegara a una identificación, asiendo el poema que reside en el propio devenir (por expansión de los términos o por el choque o conjunción con la situación en devenir), entonces existencia y esencia, forma e intimidad de la naturaleza estarían unidas en esa palabra. Sería el conocimiento perfecto y no subsistirían más separados, el objeto considerado del poeta y del poema pero, por esa misma razón, las palabras estarían de más. Ellas no serían sino un «calco» innecesario.

Términos contradictorios permean su indagación profundizada. La búsqueda del origen del poema se plantea bajo la misma figura retórica de la antítesis que, como dice Jean Cohen, «es la más compleja de las figuras, por el refinamiento de análisis que ella exige» (*Sémantique*, 100) y que la retórica la define como un acercamiento de términos opuestos o como, aún mejor, lo dice Todorov: «Si la relación entre dos palabras es de oposición hay una figura: la antítesis» (*Sémantique*, 40). Afirmar y negar es la vía de conocimiento del hablante lírico, en una dialéctica que consiste esencialmente en reconocer la inseparabilidad de las contradicciones y en descubrir el principio de esta unión dentro de una categoría superior.

El recuerdo

En esta indagación sobre el nacimiento del poema, el poeta no descarta la posibilidad de que brote del recuerdo. Así se ve en el inicio de «Los trabajos perdidos»: «Por un oscuro túnel en donde se mezclan ciudades, olores, tapetes, iras y ríos, crece la planta del poema» (SMG, 66). El poema sería un lugar de evocaciones y de invocaciones, donde concurren simultáneamente las más incoherentes y discontinuas experiencias, pero el resultado no es «un fruto maduro, ni podrido, es una fruta vana» (229), como diría también Machado. Toda la poética de Mutis está caracterizada no sólo por sus temas, sino por el estilo, es decir, un carácter determinado constante en la enunciación que afirma y niega simultáneamente.

El origen del poema no está realmente en el recuerdo; se trata de una actividad psíquica mucho más compleja que la superposición de rememoraciones. El poema puede evocar el recuerdo (sometido a la recreación), pero recordar no es actividad suficiente para que nazca el poema. El recuerdo se transfigura por la confluencia de realidades simultáneas que con él vienen a combinarse, en el sentido químico del término, no simplemente a mezclarse. Y entre ellas se da también una coincidencia de tiempos que se despliegan espacialmente en el poema. Así, en «Los esteros» se lee:

> Todas las historias e infundios sobre su pasado, acumulados hasta formar otro ser, siempre presente y, desde luego, más entrañable que su propia, pálida y vana existencia hecha de náuseas y de sueños. (C, 60)

Entonces el recuerdo tiene su poder en la medida en que vive como presente en la memoria de otro ser que, a su vez, despliega una actividad en el tiempo y espacio homogéneos sincrónicamente con los recuerdos que duran y durar es otra forma de decir vida. Para Maqroll el ser que se ha formado de recuerdos es más apreciable que el ser que se despliega en el presente. Pero el poema es producto de un acontecer psíquico distinto a la actualización de ese ser de reminiscencias. El poema es, como dice Paz, «producto de una actividad psíquica capaz de provocar la pasividad propicia a la aparición de imágenes» (*El arco*, 55). Se puede decir entonces que el poema no nace del recuerdo. Los recuerdos forman parte de él, de su materia, de su decir pero transfigurados. Para Mutis las palabras deforman y empobrecen el recuerdo. Como vimos antes, el poema sustituye a la experiencia y entre lo sentido y lo dicho se abre un gran abismo. Negar y afirmar es el juego que desarrolla la antítesis y entre estos extremos camina el poeta.

> Escribo con enorme dificultad —dice Maqroll— pero, al mismo tiempo, al registrar estos recuerdos de mi mal, me voy liberando de esa visitación de la demencia que trajo consigo y que fue lo que mayor daño me hizo. El alivio es progresivo y rápido y llego a pensar en ratos que todo eso le sucedió a alguien que no soy yo, alguien que no fue sino eso y desapareció con eso. No, no es fácil explicarlo, lo sé, y temo que si lo intento con demasiada porfía corro el riesgo de caer en uno de aquellos ejercicios obsesivos por los que siento ahora un terror sin límites. (NA, 65)

En la tercera «Sonata», otro esbozo de su poética, esta técnica de reflexión sobre el origen del poema es llevada más lejos: se interroga sobre las causas que desencadenan los recuerdos específicos en un momento determinado, que llegan luego a formar parte del decir del poema:

> *¿Sabes por qué un rostro, un gesto, visto desde el tren que se*
>   *[detiene al final del viaje, ...*
> *vuelven un día a visitarte, a decirte con unos labios sin voz,*
>   *[la palabra que tal vez iba a salvarte?* (SMG, 96)

Es obvio que el poeta está buscando una razón, tratando de descubrir el motivo que le dilucide por qué el recuerdo, de una manera salvadora, se presenta como palabra en el poema. «¿Por qué esa ancla que revuelve las profundidades ciegamente y tú nada sabes?» (SMG, 96). ¿Por qué esas memorias se presentan sin que consulten para nada la voluntad o el deseo del poeta, para quien la poesía flota por encima o por debajo de él y sobre ella no tiene ninguna injerencia? El hablante lírico no es más que un receptor afortunado de trozos de esa sinfonía que el universo toca: «¿Quién eres, entonces? ¿De dónde salen de pronto esos asuntos en un puerto y ese tema que teje la viola...» (SMG, 97).

No sólo el poeta y su alter ego (Maqroll) han creído por momentos que la poesía se origina en el recuerdo. También Mutis autor, refiriéndose a su nacimiento en Colombia y a su contacto estrecho con la tierra del café y, por otra parte, a su paso por Europa, dice:

> Estas dos imágenes de mi infancia me alimentan y, mientras pueda, escribiré sobre ellas, mientras pueda las invocaré en los momentos de angustia, de depresión, de destrucción, de pérdida continua de toda esperanza. De estos momentos me salgo y me salvo a través de ese niño que conservo adentro. Entonces ¡claro que tiene un poder invocador y evocador mi poesía! (TR, 266)

Y es claro que tiene un poder evocador, pero la poesía, como lo ha dicho el yo poético, no nace del recuerdo ni la evocación es bastante como para convertirse en poesía.

La realidad

De la rebusca que viene haciendo el poeta a través de la propia poesía sobre el origen del poema, se comprende por qué el autor en el prólogo de *Summa de Maqroll el Gaviero* (1973), refiriéndose al poema afirma: «Yo creo que (...) su origen no está en la realidad ni toma de ella alimento, sino que es paralela invención delirante, claro que por eso mismo viene a ser una nueva realidad» (SMG, 1973: 33).

El poema no nace de la realidad, ni la copia; tampoco nace del recuerdo que viene a ser otra forma de realidad. El poema es una nueva visión del mundo, una nueva realidad inventada por el poeta, aunque esa nueva invención pueda aludir a la realidad. Ya desde el creacionismo, Huidobro lo había planteado en sus manifiestos. En «Non Serviam» había dicho:

> Hemos aceptado, sin mayor reflexión el hecho de que no puede haber otras realidades que las que nos rodean, y no hemos pensado que nosotros también podemos crear realidades en un mundo nuestro. (715)

Y para aclarar aún más en «La creación pura» escribe: «No se trata de imitar la naturaleza, sino de hacer como ella; no imitar sus exteriorizaciones sino su poder exteriorizador» (720).

En los últimos poemarios de Mutis también se puede encontrar el nacimiento del poema partiendo de una experiencia actual, un hecho

real. Así, en «Un gorrión entra al Mexuar» se ve que ha sido originado
por el gorrión que a saltos se desplaza entre la turba de turistas,

> *y he aquí que, por obra de un velado sortilegio,*
> *los severos, autoritarios gestos del inquieto centinela*
> *me han traído de pronto la pálida suma*
> *de encuentros, muertes, olvidos y derogaciones,*
> *el suplicio de máscaras y mezquinas alegrías*
> *que son la vida y su agria ceniza segadora.* (E, 59-60)

Se ve, entonces, como inicialmente decía el autor, que el poema no
es la realidad pero ella sí puede ser el pretexto que provoque una función liberadora a través del poema. La realidad no es el poema; lo estimula y, a su vez, el poeta toma de esa realidad alimento para exterio-
rizar sus poderes y presentar así una nueva realidad. En el lied VII, el
poeta se hunde en un estado arrobador, arrebatado por el vuelo de un
halcón, se instala allí y dice: «Gira, halcón, gira; / lo que dure tu vuelo
/ durará este sueño en otra vida» (E, 103).

Dentro de este esbozo del origen del poema en una realidad visible
y concreta, el texto sería como un dístico con sentido completo por sí
mismo y que aparece yuxtapuesto al hecho poético. La mayoría de los
poemas de *Los emisarios* están construidos con base en un pretexto en
un hecho poético real, y a partir de él crean una invención paralela. Se
cumple como una idea de descendimiento o ascenso (movimiento en
todo caso) apoyado en un hecho instantáneo y constantemente renovado —la idea del poema como salto y a la vez como creación de una
realidad que muere y simultáneamente renace en cada lectura. Al respecto, son oportunas las palabras de Pierre Emmanuel sobre el origen
del poema, que para él sucede como en un sueño:

> ¿Qué pasa dentro de este sueño? sin ofensa a Dios: Yo creo mundos. Una
> imagen viene, ella se alarga, se amplía, se estaciona en la oreja, se desa-
> rrolla bajo la forma de una gran frase musical, ella hace nacer otras imá-
> genes que se articulan con ella, etc. Allí, hay algo que se parece al pen-
> samiento, pero que no es del orden del pensamiento discursivo, que es
> una especie de lógica de lo imaginario. (29)

Este mismo poeta piensa que en muchos artistas, el momento original de la poesía es de psicosis o accidente neurótico de gran ruptura
interior, de gran conflicto repentino revelado, que se revuelve brusca-
mente afirmándose en una realidad que hasta ese momento huía, se

escapaba; esto que viene a ser la nueva realidad, no es inmediatamente dilucidable, pero ella va a permanecer allí como una herida que no cierra, como algo irresoluble. Así en «Programa para una poesía» leemos:

A lo lejos comienza a oírse la bárbara música que se acerca. Del fondo más profundo de la noche surge este sonido planetario y rugiente que arranca de lo más hondo del alma las palpitantes raíces de pasiones olvidadas. (SMG, 19)

y ese algo que comienza no es otra cosa que la poesía que surge de la noche del sonido planetario, que respira por la herida abierta del poeta. Es el sonido de multiplicidades inasibles, de notas en todos los tonos (puesto que sólo el silencio las contiene a todas), que se conjuga para dar origen al poema.

Irreconciliación consigo mismo

En otra declaración, Mutis sugiere que sus poemas nacen de la imposibilidad de reconciliación consigo mismo, de un «largo rechazo» y del desfase que se produjo ante lo que debía decir y no se pudo decir:

Mis criaturas nacen de un largo rechazo». En una cierta forma preferiría no haberla escrito. (...) Hay en ello como un proceso de insuficiencia que es muy doloroso porque son viejas huellas de intentos que no funcionaron. (PP, 570)

Ya Octavio Paz había dicho en *El arco y la lira* que la reconciliación del hombre consigo mismo es la condición previa para lograr la unidad entre las palabras y lo nombrado por ellas; mientras esto no se da, la salida posible que el hombre tiene para ir más allá de sí mismo, «para decir lo que no se pudo decir», es el poema. Así, en «En los esteros», se descubre que ese «largo rechazo» (implicación de pasado) genera los poemas de Maqroll. Y también subraya que, ante las situaciones que está viviendo y le provocan apatía, al sorprenderse en sus propios errores, poetiza para conjurar esa realidad concreta con la realidad de los poemas: «He aquí algunos de esos momentos, evocados por Maqroll el Gaviero mientras se internaba, sin rumbo, en los esteros de la desembocadura» (C, 58). Habría que agregar que este viaje, que, luego continúa en *La nieve*, es un viaje que hacía mucho tiempo que lo emprendía sin el menor interés, sin ninguna esperanza y hasta contra su propio querer, sólo el sentido de descubrir los límites de una contravención consigo mismo lo movía a continuarlo.

Toda la obra de Mutis, desde *La balanza* hasta *Abdul Bashur soñador de navíos*, nace de su descolocación en un mundo que no siente suyo, pero en el que, sin remedio, tiene que vivir. Cabría aquí aludir brevemente a la ideología básica del autor, quien se define a sí mismo como «gibelino, monárquico, y legitimista» (TR, 251) y que en otras ocasiones ha dicho que se considera «reaccionario». Esta posición obedece a las insuficiencias que encuentra en el mundo moderno y a las pocas respuestas que halla en los sistemas actuales para sus inquietudes más trascendentales. De allí que tienda a ubicarse en un espacio y tiempo anacrónicos, que el autor y algunos de sus personajes viven a través de sus lecturas de historia, y lo obliga a crear la persona poética de Maqroll para negarse a sí mismo y al mundo que rechaza y para permitirse vivir lo que no puede ser. Pero no es momento para analizar este punto. Lo que sí se puede decir es que en la obra subyace una nostalgia de lo primordial, una tristeza abrumadora, un huir hacia no se sabe dónde ni por qué, un desear algo que ni siquiera se alcanza a nombrar. Dicha nostalgia aspira al conocimiento de un originador que le es incognoscible de otra manera que no sea el propio conocimiento de sí.

El subconsciente

En otros textos se puede leer que el origen de la poesía está en una zona entre el inconsciente y el consciente. En el poema «Morada» (metáfora de la creación poética), se lee: «Se internaba por entre altos acantilados cuyas lisas paredes verticales penetraban mansamente en un agua dormida» (SMG, 115). Para la persona lírica de los poemarios de Mutis, en este caso el origen del poema está en los linderos del sueño y la vigilia, cuando el gatillo de esta frontera se dispara, vendrá luego la palabra que hará su pasaje por las moradas, enumerando los decires de sus poemas: el olvido, el recuerdo, la intemperie, los obstáculos, la inquietud, la enfermedad. «Navegaba en el silencio. Una palabra, el golpe de los remos...» (SMG, 115).

En «La creciente», el origen del poema surge en medio de los eventos que preceden al sueño: «Hace calor y las sábanas se pegan al cuerpo. Con el sueño a cuestas, tomo de nuevo el camino hacia lo inesperado en compañía de la creciente que remueve para mí los más escondidos frutos de la tierra» (SMG, 29). Esta imagen es persistente en toda la obra. Decir río, es decir fluir que deviene inspiración poética. Como dice Borges, «mirar el río hecho de tiempo y agua / y recordar que la vida es otro río...» (*Obra*, 196).

Jean François Lyotard, en su obra *Discours figure*, dice que en poesía y en las artes de la imagen hay una maquinaria común, indisociable de las operaciones del sueño y estima que está constituida por tres partes: la «figura-imagen» que se ve en la alucinación; la «figura-forma» que, aunque es visible en sí misma, en general no es vista, y la «figura-matriz», que sería el objeto del desdoblamiento inicial mezclado con el discurso (*Discours*, 349). El funcionamiento de estas figuras se puede ver en las líneas del poema que sigue[4]:

> *Alza tu voz en el blando silencio de la noche, cuando todo ha callado en espera del alba: alza entonces tu voz, y gime la miseria del mundo y sus criaturas. Pero que nadie sepa de tu llanto, ni descifre el sentido de tus lamentos.* (MA, 12).

La figura-imagen es lo que está diciendo todo el poema captado por el poeta en el momento de inspiración «alucinación». La figura-forma sería el silencio que se propone como marco de la imagen del que gime. El poema no tendría marco visible porque el poema sería inaudible, indescifrable, ininteligible para otros. La figura-matriz es una antítesis, que hace posible la copulación de los opuestos en el discurso. El poema podría nacer entonces en un universo imaginado, que impone un desafío y la respuesta sería el poema concluido. El poeta no dispone más que de un boceto de otra realidad que estaría en un lugar intermediario entre un universo de lo sensible, de leyes empíricamente verificables y un universo intangible más próximo al subconsciente.

Recapitulando, se puede decir que el nacimiento del poema se busca, a través de los distintos poemarios, en la palabra, en el recuerdo transfigurado, en la imposibilidad de conciliación del hombre consigo mismo, en la realidad y en la zona que linda entre el inconsciente y el consciente. Pero sobre todo se afirma que no se origina en la realidad,

---

4 Jean François Lyotard. *Discours figure*. Paris: Ed. Klincksieck, 1971. 349 1. «La figura-imagen: la que yo veo en la alucinación o el sueño, que me da el tablero, el cine (...), objeto posado a distancia, tema; ella pertenece al orden visible (...). 2. La figura-forma (...) se presenta en lo visible, visible ella misma en rigor, pero en general no vista: es (...) la arquitectura de un tablero, la escenografía de una representación, el cuadro de una fotografía, el esquema. 3. La figura-matriz (...), invisible por principio, objeto de desdoblamiento originario, inmediatamente mezclado de discurso, fantasma «originario».

sino que es una nueva realidad. Esta nueva realidad, en el contexto del poemario, se puede entender como una visión totalizadora donde confluyen sincrónicamente una simultaneidad de espacios, tiempos, experiencias, etc. El poema es entonces «una actualización de un pasado que es un futuro que es presente: nosotros mismos» (Paz, *El arco*, 64).

Otras regiones

La proposición final del hablante lírico sobre la génesis del poema es aún más extremada. El poema quizás proviene de «otras regiones», de la otra orilla y en ese caso los dioses hacen el poema; «no hay hombres para esta faena». Un origen trascendental que todavía aquí no lo ve muy claramente y por eso empieza con un adverbio de duda: «... Pero si acaso el poema viene de otras regiones, si su música predica la evidencia de futuras miserias, entonces los dioses hacen el poema. / No hay hombres para esta faena» (SMG, 66). En «Invocación» continúa cuestionándose sobre el mismo tema:

> *¿Quién convocó aquí a estos personajes?*
> *¿Con qué voz y palabras fueron citados?*
> *¿Por qué se han permitido usar*
> *el tiempo y la sustancia de mi vida?*
> *¿De dónde son y hacia dónde los orienta*
> *el anónimo destino que los trae a desfilar frente a nosotros?*
>
> (C, 21)

La persona poética que interroga a su otredad se da cuenta de que el poema se le ha impuesto y de que su voluntad no ha jugado ningún papel en la elección, ni siquiera con su lenguaje, porque la voz que los convoca también le es extraña. Como poeta, obedece, sirve a la revelación y sirve al lenguaje, pero el origen y la causa le parece que están fuera de sí. Y al final del mismo poema se responde sin haber hallado una solución:

> *No sé, en verdad, quiénes son,*
> *ni por qué acudieron a mí*
> *para participar en el breve instante*
> *de la página en blanco.*
> *Vanas gentes éstas,*
> *dadas, además, a la mentira.* (C, 21)

Es lo que, por otra parte, también se plantea Borges en «Borges y yo», cuando dice «No sé cuál de los dos escribe esta página». Para Mutis el presentir que el poema viene de otras regiones fuera de los dominios del poeta, o intuir que lo hacen los dioses no es condición suficiente para confiar en las palabras y admitir que allí pueda residir alguna verdad. El poeta está tomado por una situación que él no puede controlar y esto le produce un asombro, pero también un cierto malestar: «Nadie invitó a este personaje para que nos recitara la parte que le corresponde en el tablado que, en otra parte, levantan como un patíbulo para inocentes» (C, 26).

En *Un homenaje y siete nocturnos* tiene la certidumbre de que lo que la palabra dice se ordena con leyes que él desconoce, designadas por los dioses y nuevamente el presentimiento de que el poema viene de los dioses es presentado sin lugar a duda:

> *Así las palabras buscando*
> *presintiendo el exacto lugar*
> *que las espera en el frágil*
> *maderamen del poema*
> *por designio inefable de los dioses.* (HSN, 9)

Esta declaración de Mutis es definitiva para ilustrar su concepto y el de sus personas poéticas sobre un origen trascendente del poema, particularmente en los poemarios que siguen a *Caravansary*:

> Creo, totalmente, que la poesía tiene un origen, tiene una fuente religiosa. Creo que la poesía sucede en esferas, en mundos herméticos superiores a nosotros y que nos trascienden. El que no crea en una trascendencia en el trabajo poético, está perdido. Creo que la poesía es esencialmente mágica y esencialmente ceremonial. No me interesa, no me acompaña ninguna poesía que no tenga estas condiciones. (TR, 261)

Hemos tratado de realizar una búsqueda de las ideas-llaves, de ideas raíces, de la base, en cierta manera, de las palabras. La esencia de los términos y el sentido que conllevan en los distintos grados de penetración en el texto, en el cual habría más de una lectura posible para aclarar el origen del poema: la lectura erotizante, que asume y simultáneamente niega que el poema nace de la unión entre la palabra y lo nombrado; una histórica, que busca el origen en el pasado (recuerdo); la literaria, que ve el poema como una realidad lingüística paralela a otra realidad; la biográfica, que ve en la experiencia de rechazo del hablante poético la causa que lo lleva al poema como un mecanismo de conjuro. Sin embargo, ninguna de las posibilidades de lectura excluye la otra; se refuerzan mutuamente. Esta lectura ha sido una lectura sintáctica siguiendo, tan cerca como es posible, todas las capacidades para producir sentido, ya que toda lectura de un texto poético es, primeramente, una lectura sintáctica.

> Yo escribo —dice Mutis— porque creo que eso que estoy viviendo es una visión permanente de orden mágico que me ha sido dictada por fuerzas y por poderes trascendentes. Soy un intermediario apenas. Soy un transmisor (...) Entonces, no es que escriba para mí mismo. Escribo a través de mí mismo, con lo que soy. Que tiene que haber un lector desde luego. Pero me basta que sea uno, tan solo. Cuando son diez, ya vivo en el milagro. (TR, 270)

3. EL RITMO DE LOS POEMAS EN PROSA
Y EN VERSO LIBRE

> *Imposible saber en qué parcela del azar*
> *agazapada esta música destila*
> *su instantáneo licor de transparencia.*

(HSN, 212)

La obra propiamente poética de Mutis prueba que es uno de los escritores que continúa la renovación en la literatura latinoamericana con la traslación de la poesía a la prosa ya iniciada por Pablo Neruda en *Residencia en la tierra*, para no irnos hasta Baudelaire, quien, como afirma Todorov, sin haber sido el inventor del poema en prosa, fue el que «hizo de él un modelo de escritura» (*Genres,* 63). Desde *La balanza* (1948) hasta *Un homenaje y siete nocturnos* (1986) presenta una serie de peculiaridades en las formas del poema: están escritos indistintamente en verso y en prosa; recurre a abundantes elementos narrativos, muchos de ellos desarrollan una historia, tienen personajes principales y secundarios, poseen un principio y un fin perfectamente demarcados, a veces con trama y desenlace, de manera que podrían ser leídos como el orbe de una novela o de un cuento. Dadas estas particularidades y considerando que el propio autor ha manifestado que cada día la poesía se desplaza más hacia otras regiones, se analizarán varios poemas narrativos en prosa y en verso libre, para mostrar en dónde reside el elemento poemático y por qué no son reductibles a otras formas de expresión. Sirven de apoyo en esta búsqueda criterios expuestos por Octavio Paz, Jean Cohen, Roland Barthes, Tzvetan Todorov y otros críticos que estudian las diferencias sustanciales existentes entre poesía y prosa, o que han hecho aportes pertinentes en lo tocante al ritmo.

Paz, en *El arco y la lira*, estima que no puede haber poesía sin ritmo y Roland Barthes en *El grado cero de la escritura* plantea que existe una escritura poética y defiende la existencia de la estructura del lenguaje poético, refiriéndose a la época en que la poesía se diferenciaba de la prosa, por ser aquélla un discurso al cual iban ligados otros elementos que la caracterizaban: ritmo, rima, metro e imágenes.

Según Cohen, en *Structure du langage poétique*, existen tres clases de poemas: fonosemánticos o integrales, en los cuales se ha trabajado tanto la rima como el lenguaje; fónicos, en los que sólo se puede apreciar la rima o el metro y generalmente no constituyen obras de arte, y los poemas semánticos o poemas en prosa, que se basan más en el lenguaje que en sus recursos sonoros.

Para Paz, el poema es más complejo que para Cohen; aunque éste no descarta el aspecto semántico del poema. Parece más acertada la opinión de Paz. Según se desprende de *El arco y la lira*, puede haber poema integral sin rima siempre y cuando tenga ritmo y contenga poesía y, contrariamente, una obra escrita bajo las leyes de la métrica no puede, por ese sólo hecho, constituirse en poema, a menos que haya sido tocada por la poesía. De la misma manera, la prosa no puede ser poema si no ha sido tocada por el ritmo.

Pero, ¿qué es lo que se denomina ritmo?

Comúnmente se entiende ritmo como «la aparición de un elemento determinado, de manera periódica durante la producción sucesiva de un fenómeno» (Carreter, 354). Otra vez la definición de Paz viene mejor a nuestro objeto de estudio: «Ritmo es algo más que tiempo dividido en porciones, algo más que medida», pues debe también llevar implícito un contenido, una dirección, un sentido. El ritmo viene a ser imagen y sentido simultáneamente. Las frases rítmicas es lo que se llama verso (*El arco*, 56-64). Mucho antes Mallarmé, en una carta que le dirigía a Verlaine, hablaba de un libro arquitectónico, que mostrara que sólo existía un ritmo y el ritmo de cualquier otro libro no sería más que la superposición de esta «oda».

Con esta noción de ritmo, es posible entonces entender que existen ritmos binarios, ternarios, cuaternarios, antagónicos, cíclicos, múltiples, que «la naturaleza misma es un sistema de ritmos bipartitos, contrarios, alternantes y complementarios», ritmos que estarán presentes en los poemas, si aceptamos que éstos son imagen, según Paz; o invención paralela a la realidad, como dice Mutis, o imitación del poder exteriorizador de la naturaleza, según afirma Huidobro.

De ahí que hoy resulte anacrónica y poco funcional la definición de verso como el «molde, con determinados relieves fónicos a los cuales se adaptan las frases de que consta el poema» (Carreter, 407) o la unidad significativa que concuerda en número de sílabas con otras que le suceden y riman entre sí. Sería más adecuado hablar de un conjunto de «frases rítmicas, cuya función es recrear el tiempo» (Paz, *El arco*, 63). Por otra parte, si el ritmo no depende sólo de la asonancia o consonancia fónica, habría que pensar en un ritmo semántico dependiente de la medida en que los significados crean una realidad poemática paralela a los ciclos de la naturaleza, un ritmo cualitativo más que cuantitativo.

Intentaremos mostrar que el poema narrativo en prosa no es una especie de antipoesía, sino que es una extensión de la poesía moderna (quizás su forma más auténtica), con procedimientos similares a los que presiden el verso rimado y, como tales, posibles de ser descritos. Los ritmos pueden ser múltiples como lo veremos más adelante; de ellos analizaremos principalmente los poemas con ritmos binarios, ternarios, cuaternarios y otros que por su complejidad están agrupados en otras familias rítmicas. Se le da más atención a la regularidad del ritmo que a la duración del período. Finalmente, se indican las alusiones al ritmo en las obras narrativas: relatos o novelas.

Los poemas integrales, como «Cada poema», «Homenaje» o «Sonata» (escritos bajo las leyes del metro), no se analizarán en esta ocasión. Sobre poemas métricos hay suficientes estudios generales y aplicados; por ello tal vez no sea imprescindible retomarlos aquí.

Ritmos binarios alternantes

Los ritmos binarios pueden ser alternantes, consonantes, opuestos, complementarios y se pueden manifestar por relaciones exterior / interior, compañía / soledad, rutina / asombro, espera / resolución de la espera, pregunta / respuesta, objetivo / subjetivo o pueden alternar dos realidades contrastantes, ya sean visuales, auditivas, olfativas, táctiles o gustativas.

«El coche de segunda» (SMG, 110) tiene un ritmo binario visual. La primera unidad rítmica muestra los rieles del ferrocarril paralelos al curso del río y luego un ritmo binario auditivo asonante entre «el sordo girar de amplios remolinos» y el coche silencioso detenido. En la segunda secuencia el ritmo es semántico consonante. Todos sus términos aluden al deterioro haciendo de sus versos un todo intercambiable, puestos en cualquier orden van a expresar desgaste y acabamiento, nunca alegría o triunfo: la pintura del coche ya borrosa, la casi desaparición de las ruedas y hasta de los rieles que ya no eran más que «una roja y vaga cicatriz» en la tierra. En la tercera frase el ritmo se cumple en el nivel olfativo (el olor a medicina de las flores blancas de las lianas en el techo del coche) y una sensación táctil que desencadena esos olores: la fiebre de la infancia, la cual, a su vez, rima con el clima cálido del lugar y las ventanillas cubiertas del «halo blanco». La cuarta secuencia, dominada por el ritmo visual, comunica un sentido de fronteras: arriba el barranco, abajo el precipicio; el coche entre la cumbre y el abismo, entre el río y la montaña. Tres ventanas están cerradas, las otras están abiertas al aire caliente. Y en el interior del coche se desplaza la luz durante el día y la noche, en el interior del Gaviero se desplazan las dolencias y los sueños en la madrugada. Todo contrasta con todo. La quinta secuencia es la rima de lo incompleto, de lo parcial y fragmentario, no por libre elección sino por carencia: dos mujeres traían sobras (comida insuficiente, residuos inútiles a otros); conversaban con el Gaviero sin mirarlo (comunicación que no se completa); se desnudaban de la cintura para arriba (mitad de su cuerpo); para recibir «residuos de frescura» (restos de sensaciones: negación de plenitud). En la última parte una mujer busca el deseo en el Gaviero (lo cercano), la otra mira el paisaje lejano de la cordillera (lo inalcanzable) o la vorágine (destrucción) que baja por el río.

Internamente todo el poema observa un ritmo semántico consonante. Nada en él es distinto a la miseria o la decadencia. Los daños del coche son consonantes con la enfermedad y miseria del Gaviero, las cuales a su vez están en sintonía con la pobreza de las mujeres; el precario consuelo que pueden brindarle y las imágenes del paisaje transmiten esa misma significación:

> la burbujeante vorágine de remolinos, cuyo monótono círculo rompían a veces grandes troncos arrastrados por la creciente o cadáveres de mulos rodados al abismo, que habían perdido la piel en su viaje por las tormentosas aguas y cuyas grises barrigas giraban locamente hasta encontrar de nuevo el impulso liberador de la corriente. (SMG, 147)

«Apuntes para un poema de lástimas a la memoria de Su Majestad el Rey Felipe II» (SMG, 12-13). Su ritmo es creciente, aunque paradójicamente el contenido es también de degradación. Si a nivel rítmico va ascendiendo, a nivel de su decir va en detrimento: termina mostrando a Felipe II en el extremo del deterioro. El poema alterna la negación de la capacidad de producir efectos que tienen sus legados y la afirmación de la imposibilidad de identificar a Felipe II en ellos. Por último, está el canto a sus memorias que exalta, no sus triunfos ni su gloria, sino la soledad que lo corroe.

Desde el punto de vista sintáctico, el ritmo de la primera parte lo marca la repetición de la conjunción copulativa «ni». Con ella une las cuatro negaciones que componen esta secuencia y semánticamente reitera la negación en los primeros párrafos: «Ni la pesada carreta del sueño... / ni la mansa bestia que al agonizar... / ni la mugrienta cortina... / ni tanto elemento disperso...». Otro elemento de ritmo es la sensación de espera recurrente al final de cada párrafo, espera que prolonga al enumerar los elementos que la memoria de Felipe II ha dejado entre los hombres, antes de la conclusión:

—Campanillas de hoteles de miseria, navíos cuyos costados de metal hermosísimo carcome el salitre, escarcha de los cazadores, hondos disparos de la madrugada, humo de carboneros, pozo helado de las minas. (SMG, 12)

En esta enumeración el ritmo musical es más perceptible. Hasta se puede decir que, a pesar de no tener una distribución convencional en el espacio, en forma de verso, las unidades rítmicas están más próximas al verso libre. Ellas se imponen por su ritmo fónico.

Después de la ruptura de la espera, alterna con una conclusión totalizante de lo poco que esos elementos guardan de lo que fuera Felipe II: «Nada conserva la frágil armazón de su cuerpo ... Nada tiene ya esa tristeza de pálida fruta estéril». El ritmo es dado por un paralelismo sintáctico y por la repetición y las enumeraciones hasta la conclusión de que Felipe II ya no retiene ningún valor.

La secuencia del canto a su memoria, que alterna con las oraciones negativas anteriores unidas por la conjunción «ni», tiene dos variaciones. Ambas conscientes de que cantan a lo que ya no es más que ruinas: «¡Gloria de un clima! Loor al olvido que adelanta a través de las piedras que suelda el calicanto...» y la segunda parte dice: «Por última vez ... cantemos sus lástimas de monarca ... que lentamente bebe su sangre de reptil indefenso y creyente» (SMG, 13).

El poema está basado en sistemas binarios opuestos. Pero uno no contradice ni complementa al otro; se relacionan por aludir al mismo sujeto, al cual apuntan la primera parte negando y la otra afirmando con el canto esa negación. Estas dos oposiciones se alternan durante todo el poema sin conflicto y no hay ningún interés por resolverlas, a no ser por la convivencia que logran en el poema como tal.

Otro poema binario, que se estructura sobre un ritmo de afirmación y negación, es «Reseña» («Muestra que se hace de la gente de la guerra») (SMG, 14). La misma cadencia es reproducida por cada uno de los versos: «Incluimos también estos que perpetúan la desvirtuada magia de sus vidas». «Perpetuar» y «desvirtuada» son términos que aluden a realidades contrastantes, el primero es acción que afirma en el tiempo, y el segundo indica una privación de cualidades positivas. El segundo verso dice: «El insomne que trasiega los días y las noches y oye confesiones y no cede». Aquí es aún más visible esa binariedad, el insomne supone al durmiente, como el reposo supone actividad, el día la noche, y oír al callar. Tercer verso: «El que volvió por su mujer y se perdió para siempre en la selva y gritó hasta apagar el rumor de las manadas voraces». El hablante lírico alterna situaciones para producir un ritmo semántico: «volver» para encontrar a quien se define por el sentido de pertenencia y «perderse» ciertamente son situaciones que se niegan entre sí, pero allí no se detiene; va hasta el «grito», «silencia» las fieras, y grito / silencio son dos momentos opuestos del mismo ritmo binario. Toda la estructura rítmica del poema está construida sobre dos alternativas que se resemantizan sin excluirse y concluye, incluyendo, volviendo a la unidad, homologando en un mismo grupo la enumeración que precedió: «Todos sus súbditos, su vasto pueblo rendido oscuramente entre aguas de verdad e historia grasienta como uniforme de prendería o pez de naufragio». Y sólo la palabra «grasienta» les quita todo prestigio a la verdad y a la historia aun en ausencia de las imágenes posteriores, que hacen más inequívoco su sentido. En fin, encontrar y perder, oír y no hablar, gritar y silenciar, «verdad e historia grasienta» son polos contrastantes de un ritmo binario entre los cuales surge el poema. Cada frase rítmica (como el poema entero) está regularmente partida por una afirmación y una negación, como si se tratara de una cesura, en términos fónicos.

En «La muerte del capitán Cook» (SMG, 82), la repetición, el paralelismo de las construcciones sintácticas, las enumeraciones y la regularidad de las preguntas y respuestas dan el ritmo al poema. Cada uno de los párrafos empieza con la frase «Cuando le preguntaron...» y al iniciar la narración de la respuesta dada por el capitán, el texto comienza con un verbo en tercera persona del pretérito: «habló», «recordó», «descubrió», «explicó», «mostró», «estableció», «respondió». A pesar de que es un poema donde oímos un narrador testigo, los elementos narrativos de todas las respuestas se apartan de los códigos lógicos. Son respuestas que descolocan, que sorprenden, porque estéticamente asen una hiperrealidad, juntan dos realidades alejadas con imágenes inesperadas que sólo un lenguaje codificado poéticamente puede lograr.

En otros poemas como «En el río» (SMG, 105), la binariedad se cumple por un juego dialéctico interior/exterior. Al decir: «Derivaba el Gaviero un cierto consuelo de su trato con las gentes». Alude a lo que del exterior incorpora para su sobrevivencia anímica. Pero, luego, el Gaviero de sí saca lo que posee en sus haberes interiores para ponerlo al servicio de aquellos que exteriormente lo rodean vertiendo «sobre sus oyentes la melancolía de sus largos viajes y la nostalgia de los lugares que le eran caros a su memoria». «Derivar consuelo» y «verter sobre los oyentes» son dos situaciones que remiten a espacios diferentes. La primera toca al espacio del Gaviero que se deja tomar por el consuelo que le brinda la comunicación con los otros. En la segunda, verter, alude al paso de un recipiente a otro y en este caso va del interior del Gaviero a ocupar su relativo exterior que a la vez es el interior de los otros. En el párrafo siguiente presenta el espacio exterior del poema (el hospital), donde el Gaviero logra penetrar en su propio interior, el espacio del lenguaje. Allí se sumergía como un «pesquisidor de un cierto hilo que manaba de la vigilia de sus años sin compañía ni testigos». El ritmo del tercer párrafo interior/exterior se aplica al ambiente físico: el hospital está en la costa del país, a orillas de un río que cruzaba el «interior de un país». Luego muestra el exterior de la región: «Poblada de grandes árboles, de tronco claro y de hojas de un perpetuo verde tierno que daban bien poca sombra y protección contra el sol implacable de los trópicos». Mientras que en el interior yacían «los enfermos que bajaban de las minas, los heridos en los derrumbes y las explosiones, los dolientes» como el Gaviero. Al final del poema (se extendería demasiado este análisis si lo hiciéramos con todo el texto) habla de las enseñanzas que el Gaviero derivó de su soledad en el hospital y vuelve a observarse el mismo ritmo interior/ exterior; las vivencias internas buscan proyección externa:

> Se confunden los rostros y los nombres, se borran las acciones y los dulces sacrificios hechos por quien se amó una vez, pero el ronco grito del goce se levanta repitiendo su sílaba como las sirenas de las boyas a la entrada del puerto. (SMG, 107)

La primera parte sucede toda en el interior del Hospital del Río, la segunda en el exterior donde el Gaviero da a conocer las enseñanzas que derivó de su estadía en el hospital. Interior y exterior conviven simultáneamente. Los hechos se reterritorializan entre un interior y un exterior siempre relativos y dependientes del punto de vista que el lector asuma. En este poema, como en la vida real, la búsqueda de la unidad y de suprema resolución pasa por la relación con el otro o con lo otro; con alguien que es literal, simbólica o metafóricamente otro espacio, otro sexo, otro tiempo. Puede ser incluso el paso por la relación consigo mismo, con esa otra polaridad: con lo que la mujer tiene en ella de masculino, o lo que un hombre porta en él de femenino; con el exterior de su interior, o con el tiempo que difiere de su presente.

El ritmo de: «En el río» (SMG, 105) se podría sintetizar en dos momentos: compañía y soledad (que abarca la enfermedad, la lección de la soledad y la vivencia de la soledad). Después repite el ciclo soledad (durante la enfermedad) y compañía. Es una suerte de poema «circular», aunque la palabra no es exacta. Estos momentos son presentados en una sucesión de tiempos. En un pasado remoto se ve al Gaviero contando a sus oyentes las memorias de sus viajes (compañía); luego en el pasado reciente experimenta la soledad en un hospital, donde cura sus heridas. De aquí nos retrotrae a un pasado que media entre el remoto y el reciente para presentar las circunstancias que provocaron la estadía en el hospital, cuando tuvo que huir de los airados feligreses que sin embargo lograron acuchillarlo en las escalinatas del templo. A partir de este momento se vuelve a repetir el ciclo soledad/compañía. Maqroll el Gaviero está en el Hospital del Río, rumiando su soledad, dilucidando las distintas enseñanzas que ella le diera, cuya eficacia práctica examinará finalmente. Para ello se va a vivir solo en las minas, donde estuvo a punto de morir, de no haber sido por el auxilio de una patrulla, que «lo rescató de la muerte». Con su ritmo, este poema evidencia la discontinuidad, las rupturas temporales y existenciales. Por otra parte nos hace pensar en la concepción islámica del tiempo, el cual es comparado con un tizón encendido que al hacerlo girar deviene una línea de fuego, dando la apariencia de continuidad. Pero en realidad hay «llenos» y «vacíos» y renovación a cada instante, que no podemos percibir debido a la imperfección de nuestro sentido de la vista.

En el poema 5 de *Caravansary* (C, 18), en el que Maqroll habla de su oficio como limpiador de las lámparas de los cazadores de zorros, el ritmo se da por el contraste entre lo rutinario e inexorable de un oficio y el asombro que experimenta al tomar conciencia de los fines a los que la lámpara sirve. Le asombran la forma como mueren los zorros sin quejarse, «Miran por última vez a sus verdugos como quien se encuentra con los dioses al doblar una esquina». Como en el *yang* y el *yin* de los chinos están aquí presentes la luz (lámpara), principio activo, dinámico (el trabajo), el calor (la llama, «las tierras de fiebre»), la dureza (el latón); y el *yin* gran sombra (noche), principio pasivo, frío (la muerte), lo blando. Ambos actuando para conservar el equilibrio en tensión de la estructura del poema y las fuerzas vitales del Gaviero.

El poema 7 de *Caravansary*, de principio a fin da una permanente sensación de ritmo de balanceo. Todas las imágenes inducen a un movimiento de estar pendiendo, de desplazarse en la cuerda floja a modo de un trapecista: «Cruzaba los precipicios de la cordillera gracias a un ingenioso juego de poleas y cuerdas...» luego dice: «Un día, las aves lo convirtieron en un pingajo sanguinolento que se balanceaba al impulso del viento helado de los páramos». La persona poética está siempre moviéndose en el abismo, en busca de la otra orilla, tratando de encontrar un asidero que nunca alcanza, pues, al final muerto ya, «tremolaba como una bandera de escarnio sobre el silencio de los precipicios» (C, 19).

Así, en última instancia, el ritmo es imagen; no puede estar desligado del contenido, es imagen de un péndulo que no se detiene o de una puerta que rítmicamente bate de un extremo a otro para dar paso al significado.

Este tipo de análisis se podría extender a muchos otros poemas en prosa que obedecen a la misma modalidad rítmica. Es un ritmo paralelo a ritmos naturales como el día y la noche, lo frío y lo caliente, las polaridades masculina y femenina, las fases de la luna, la puesta y salida del sol, las estaciones, las mareas, etc. No es el tun tun que repite las vocales o todos los sonidos después de una vocal acentuada al final de un determinado número de sílabas. Ni el tan tan de un tambor (ritmo más primitivo). Percibimos ritmos binarios más amplios, más complejos y de períodos más largos, con rupturas y discontinuidades incrustadas, y lo importante es que estos poemas dan esta imagen. En ellos la binariedad no logra y tampoco busca resolución de contrarios, sino alternancia, pulsación, enfrentamiento de distancia, de diferencia y jerarquía de tales díadas bajo el reino del ser/no ser, en forma de antítesis o por lo menos de paradoja permanente.

Ritmos ternarios

Los ritmos ternarios que se ven en esta poesía se manifiestan de distintas formas: procreación, conservación y destrucción. Metáfora en cierta forma del ciclo inspiración, retención y espiración. El poema es como un sistema respiratorio. Algunos de los poemas en su ritmo ternario totalizan tres movimientos: vertical ascendente; horizontal de inclinación; descendente inverso al primero. El poema reproduce así los movimientos del universo criatural y se convierte en una recurrencia de la creación. Si el mundo vibra a determinadas pulsaciones, lo que el poeta intenta es hallar la misma pulsación del ritmo si no la idéntica cadencia, búsqueda de aproximación al poema universal.

Vigilia / sueño / despertar, es el ritmo ternario que se cumple en «El sueño del Príncipe-Elector» (C, 47). Un hablante lírico testigo anuncia que va a contar el sueño. La primera secuencia del sueño muestra sus visiones del río, desde que empieza a nacer en las laderas en cuyas orillas crece «el pasto de furioso verdor» y, por medio del lenguaje, van connotando también el ritmo de la historia implícita en el poema. Sigue el proceso de crecimiento del río (en Mutis es un símbolo de lo erótico y de las capacidades creativas): «arroyo», «acequia en creciente», catarata que prefigura lo catastrófico. Las palabras cambian el compás de las frases («Cataratas», «precipitaban», «amenazando», «empuje vigoroso y sin freno», «pánico», «estrépito», «despeñaban») hasta recrear en el texto la experiencia anímica del Príncipe en su sueño. En el sueño ve el peligro que amenaza el caballo (su propio cuerpo) en que viaja; será «cuestión de segundos para quedar sepultado en un devastador tumulto sin límites».

En la segunda secuencia, las aguas se tornan rojizas (pasión) y «un calor intenso, húmedo, un extendido aroma de vegetales quemados por el sol y desconocidos frutos en descomposición» forman el ambiente que rodea al Príncipe. En la tercera secuencia el Príncipe se desviste y penetra en uno de los remansos, ingresando simultáneamente a la experiencia sexual con una nativa del lugar. En la cuarta secuencia, un extraño personaje le vaticina que trate de olvidar lo que acaba de vivir porque los recuerdos minan los sueños y este tipo de recuerdo puede transformarlo en víctima de su sueño. Finalmente, en el tercer momento, el Príncipe despierta con una nueva conciencia de su destino, que nunca antes había percibido. Pero ahora el lenguaje poético, como dice Pierre Emmanuel, «expresa el espesor del inconsciente (...) Un caos que es esencialmente espesor, que es esencialmente pesadez, masificación, pegajosidad... lo impenetrable» (24). El sueño se vuelve comparable a la experiencia del lenguaje poético, pues en el proceso de creación no todo contenido pasa por el consciente.

Pero volvamos a los poemas de ritmo ternario. La segunda parte del poema «Apuntes para un poema de lástimas a la memoria de Su Majestad el Rey Felipe II» prefigura tres momentos: la actividad, representada por las batallas («Cobalto»), la paz, representada por los colores «oliva y blanco», y la exacerbación o decadencia de la actividad manifiesta en la guerra y la violencia («púrpura»): «Batallas a medianoche en caminos anegados entre carros atascados en el barro milenario».

Desde Baudelaire, no es posible pensar en la métrica y en las diferentes formas de versificación como un elemento de estilo que diferencia la obra poética de la narrativa o la prosa. Los principios de la métrica y del verso rimado que no son más que principios de correspondencias pueden ser aplicados por extensión a otras formas de arte, a la música en general y a todas las producciones en las cuales la forma cuenta tanto o más aún que la materia.

Un ejemplo de ritmo polifónico ternario es «El viaje» (SMG, 16-18). Emplea varias voces de la expresión poética —ritmo, aliteración, asonancia, consonancia— para llegar a la prosa polifónica que no es más que una clase de verso libre, pero más elástica porque hace uso total de todas las voces. La primera secuencia del poema privilegia la descripción. Presenta tres variedades climáticas de las tierras surcadas por los Andes. El paisaje se presenta en orden de descendimiento del páramo a la tierra caliente. Al inicio el clima frío de los páramos rima con las brumosas montañas perfumadas de eucaliptus. Una «locomotora de color rosado» las atraviesa. En contraste rítmico está la tierra templada en la medida en que se desciende de las montañas, y la temperatura sube. Los cafetos y platanales, los potreros de yaraguá donde pacen las reses (lo frondoso, lo verde, lo visual) conforman este paisaje. Luego describe las tierras de clima caliente: «La música del cuarto vagón se confunde en mi recuerdo con el ardiente clima de una tierra sembrada de jugosas guanábanas, en donde hermosas mujeres de mirada fija y lento paso escanciaban el guarapo de la fiesta» (el calor, lo dulce, lo jugoso, la euforia de la fiesta).

Esta triple contrastación de climas y paisajes es aplicada al describir el tipo de ocupantes de cada uno de los vagones del tren. Los cuatro vagones que muestran otro ritmo, el de las manifestaciones de la vida, aludida por el color de los vagones: todos son de color «amarillo canario» (vida, sol); y como la vida no es jerarquizable sino en sus manifestaciones, no había diferencia de clases en los vagones, pero los viajeros se agrupaban de acuerdo a la nota que distinguía su vida. En el primero sólo viajaban «ancianos y ciegos» (gente donde la vida estaba en deterioro o cumpliendo sus ritos de una manera incompleta). Lo saturnino, lo usado, lo restringido están presentes.

En el segundo vagón el ritmo era diferente. Allí viajaban gitanos, jóvenes de dudosas costumbres y alguna viuda de postrera adolescencia, gente cuya nota común era la vitalidad y la transgresión de las reglas morales unitarias, comúnmente establecidas para amordazar las conciencias. Un mundo dionisíaco y de exceso.

El ritmo del tercer coche se lo daban los viajeros que se acogían a las normas de conformismo social, castas de sacerdotes, comerciantes, burgueses. El compás que siguen los representantes del orden y de la dignidad (al menos en apariencia).

El cuarto vagón es una síntesis de los tres anteriores que confirma el ritmo ternario de este poema; es el vagón del amor, el mundo venusino con las parejas de enamorados. Este es el vagón donde todo confluye para dar una imagen al poeta, de música, tierra caliente, vegetación (jugosas guanábanas), hermosas mujeres, guarapo dulce, noches de fiesta. Aquí, climas, hombres y vagones se conjugan como en una sinfonía, después de haber ido entrando uno por uno a tocar su instrumento, hasta arribar a interpretar una melodía de aglutinación y, consecuentemente, de unidad.

Siguiendo la alta intensidad que alcanza la descripción, hay otras secuencias rítmicas de tono más narrativo que descriptivo: cuenta lo que ocurre en el viaje. El sepulturero actuaba ante la muerte que provenía a veces de la violencia o como natural efecto de la edad en el segundo y primer vagón. La muerte provocaba reacciones devocionales que llevaban a los viajeros a orar ante la imagen del Santo Patrono del Tren: Cristóbal Colón. Violencia y muerte desatan el ejercicio de la mística.

El conductor también tenía que actuar «cuando estallaba un violento drama de celos entre los viajeros del segundo coche o entre los enamorados del cuarto», para poner orden. La alternancia orden/desorden se juega aquí de la manera más intensa. Cuando los dramas estallan y el conductor pone orden, paralelamente surgen los reproches de los viajeros burgueses que, haciendo su propio desorden, protestan por la ruptura del orden en los otros vagones, pero sobre todo porque les ha creado un desorden interno al revolverles recuerdos «como en un espejo de dos caras» donde vieron «tragedias que en (ellos) transcurrieron soterradas y silenciosas». Esta secuencia se cierra con intensidad dada por el reproche de todos los demás viajeros que se unen así a los que crean los problemas y se vuelve una voz plural. La tercera y última parte del poema también es ternaria. Presenta una síntesis de los tres momentos que componen el viaje. Antes del viaje: los viajes no eran anunciados y quienes sabían de la existencia del tren se pasaban a vivir uno o dos meses antes al tren. En el viaje: cuenta los accidentes que sufrían y la manera como los compensaban con los baños en las cascadas. Después del viaje: el conductor encuentra su complementario, al enamorarse «perdidamente de una hermosa muchacha», se fuga con ella y se establece en el gran río, mientras el tren abandonado sirve a los fines eróticos de los veraneantes, fines aglutinantes del amor y la atracción. El poema concluye de este modo, en la unificación. El ritmo variable de todo el poema da la imagen del devenir, la transitoriedad. Desplazándose hasta los meses que preceden al viaje muestra que el ritmo se va creando también por los desgajamientos asociativos de la memoria. Todo el proceso es recordado por ser la imagen de otro más universal: obstáculos, pruebas o accidentes, superación y compensación de los mismos (baños en las cascadas de agua fresca) y el equilibrio. Alude así a ciclos propios de la vida y de la naturaleza.

«El viaje» que es uno de los poemas narrativos más complejos, conlleva también una historia con dos protagonistas principales: el tren y el conductor. Y personajes secundarios: el sepulturero, la viuda, los amantes, y una atmósfera y un clima. Tiene además principio y fin determinados, aspectos que están definidos desde el mismo título. Por otra parte, cumple las características del ritmo de un viaje que, en general, tienen el sentido arquetípico del paso de un estado a otro, pero aquí no hay regreso para completar el ciclo del viaje iniciático considerado por Joseph Campbell en su obra *El héroe de las mil caras*. Cada uno de los habitantes de los vagones representa un estado de conciencia colectiva.

Este viaje constituye como una calistenia, es decir, de movimientos acompasados de la conciencia que se va desarrollando gradualmente, mediante las distintas experiencias que se viven en cada uno de los vagones y en el espacio que se recorre. En él, como en los fenómenos de la vida, se observa un ritmo, una secuencia periódica y en ningún momento, la inmovilidad.

«Hastío de los peces» (SMG, 35), es otro poema donde el viaje continúa. Hay conciencia de que se trata de un viaje interminable. Prosa y poesía se mezclan en él irremediablemente; sin embargo, priman los elementos que hacen de esta rara composición formal una suerte de construcción poética. «Hastío de los peces», no sólo se refiere al cumplimiento de un oficio, sino que describe una vida, un episodio de un viaje por la vida. En el inicio se manifiesta el poder creador, mediante el esfuerzo del yo poético por relatar su historia. Posteriormente cumple su función de preservador: «Los buques han necesitado de un celador (...) necesitan de una persona que permanezca en ellos y cuide de que el agua dulce no se enturbie ni el alcohol de los termómetros se evapore en la sal de la tarde». Este sentido significativo es recurrente en los párrafos tercero, cuarto, séptimo, octavo y noveno. En su trabajo de preservador enfrenta la fuerza destructora o transformadora que, con persistente continuidad, pone fin a todo cuanto existe. Otras formas de ritmo se observan en la alternancia entre la actividad, la desesperanza y el reposo. También enuncia una supuesta transgresión (descuidar su labor de celador de barcos), la huida y el castigo, hechos que no se poetizan, apenas se sugieren cuando dice: «Esto lo digo para mi descargo, pues hubo quienes pretendieron acusarme de incumplimiento» (SMG, 37).

Como los sístoles y los diástoles del corazón, producidos por la fuerza de la vida, así se cumplen las cadencias de estos poemas. El ritmo se va creando como si se tratara de una cuestión frenológica, es decir, que una palabra o un significado, por acto reflejo activa una secuencia semántica afín, complementaria, ternaria... como el placer satisfecho arranca un grito, o la felicidad desata el canto, y el dolor despliega un quejido.

La estructura de «Trilogía» es ternaria. Se compone de tres poemas: «De la ciudad» y «Del campo» (escritos en verso) y «De las montañas» (en prosa). «De las montañas» (SMG, 58) presenta un paralelismo interesante de ritmos de vida cósmica con los ritmos de la vida del hombre. La primera parte es la aparición del sol sobre las montañas, su lucha por triunfar sobre la sombra dejada por las nubes que enturbian su paso. Cuando cree que ha triunfado empieza la decadencia de la tarde y la claridad es minada por la sombra y «un pájaro volador trae el mensaje de la desesperanza», de la miseria. Por ello la lucha por sobrevivir, aunque sea sostenida por los desperdicios, es inútil porque «el humo reparte en la tierra un olor a hombre vencido». Pero como dice Deguy:

> No se trata aquí de celebrar la universalidad de lo rítmico ni de recorrer un campo empírico, una «ontología regional», los de la «prosodia», sino de buscar repensar la homogeneidad de lo poético, el cómo del imaginar-regular ritmar, bajo el principio del ser como, y de la formulación paradojal del ser y no ser. (46)

El ritmo de los poemas que hemos analizado se articula en estructuras ternarias diferentes y correspondientes: vigilia / sueño / despertar;

actividad / guerra / paz; acto / efecto / celebración; antes / durante/ después; obstáculos / superación / equilibrio; creador / preservador/ destructor; actividad / desesperanza / reposo; negación / afirmación/ consecuencias; luz / sombra / decadencia; vida / forma / pensamiento; cuerpo/ intelecto / emociones.

Ritmos cuaternarios

Los ritmos cuaternarios se manifiestan como imagen de ciclos temporales: las estaciones; espaciales: los cuatro puntos cardinales; existenciales: los procesos iniciáticos; naturales: los cuatro elementos de la física antigua (fuego, tierra, aire, agua), y las correspondencias de esos cuatro elementos con otras realidades simbólicas como las cartas de los naipes: oros, bastos, copas y espadas, o las cuatro palabras claves: Saber, Querer, Osar y Callar, entre otras.

La estructura de «Batallas» está compuesta de cuatro partes. Cada una de ellas tiene su propio ritmo interno y, a la vez, cuenta la historia del viaje del Húsar por la vida y su pasaje por las diversas experiencias: 1) Su decisión de luchar, condicionada por la presencia de enemigos. 2) Su estadía en regiones decadentes, y sus padecimientos. 3) El encuentro con el mundo erótico, como un intento de unificación. 4) La muerte, privado de todas sus fuerzas. Este es el ritmo de cualquier proceso iniciático, como lo expone Campbell, sólo que la muerte puede ser física o puede también remitir a un renacimiento, a otro estado de conciencia.

«Oración de Maqroll» (SMG, 38) es el primer poema donde el yo lírico se desdobla, para ceder la voz al Gaviero dando origen a su alter ego[5]. Su ritmo es cuaternario y podría resumirse en cuatro palabras claves que cumplen un ciclo en el poema. 1) Saber: la persona poética habla para anunciar que va a dar a conocer lo que sabe: la oración de Maqroll, aunque está incompleta. La oración, además, es un elemento que tiene que ver con el aire porque sin aire no habría sonidos ni palabras, y sin palabras no habría oración. Su efecto depende de la voz que la pronuncia. 2) Querer: toda la primera parte de la oración del Gaviero manifiesta súplicas que desea que se cumplan: «Desarticula las

---

5   Este desdoblamiento persiste en gran medida hasta *Los emisarios*. Luego, en las novelas, el narrador introduce las historias de Maqroll el Gaviero, quien con su propia voz contará lo que ha vivido, pero siempre mediatizado por lo que el narrador ha logrado sacar en claro de cartas, documentos, libretas, o lo que amigos comunes le cuentan de él.

muñecas. / Ilumina el dormitorio del payaso, ¡oh Señor!» Esta segunda
parte alude al elemento tierra porque se refiere a pozos secos, los patios
de los cuarteles, la selva que no entra en los parques, ni devora caminos
de arena. 3) Osar: Maqroll llega hasta la temeridad de implorar su propia
muerte. Es el elemento fuego el que da el sentido de arrojo para pedir
su fin y la purificación concedida también a través del fuego. 4) Callar:
«Amén», que lleva a pensar en un estado de quietud y en el silencio.

El poema número 1 de *Caravansary* (C, 15) es espiral. La palabra
es elegida a propósito, en lugar de circular, porque da mejor la idea de
que el final no es exactamente igual al principio[6]. Espiral implica las
modificaciones que se van dando en cada momento de comunicación,
donde los ciclos no se cierran hasta tocarse en sus extremos, sino que
se abren en espiral hacia otro plano de comunicación. Se desarrolla en
cuatro secuencias, cada una con una variación que lo completa.
1) Empieza con este verso: «Están mascando hojas de betel y escupen
en el suelo con la monótona regularidad de una función orgánica». Pero
no sabemos quiénes son esas personas aludidas en inicio hasta la última
frase rítmica del mismo poema: «Navegantes, comerciantes a sus horas,
sanguinarios, soñadores y tranquilos». 2) La segunda secuencia describe los escupitajos: «Manchas de un líquido ocre»; esta segunda secuencia de manera simétrica con la anterior se completa en la penúltima
oración antes del penúltimo punto aparte: «Las manchas de betel en el
piso de tierra lustrosa (...) van desapareciendo en la anónima huella de
los hombres». 3) La tercera secuencia habla de las estrellas y la antepe-
núltima secuencia también se refiere a «las estrellas incontables» y finalmente 4) La cuarta secuencia es el momento de clímax, el tema que es
lo que comunica a estos viajeros: navegaciones, cargamentos, hambru-
nas. «Lo de siempre»... los modestos negocios, «un sórdido rosario de
astucias, mezquinas ambiciones, cansada lujuria, miedos milenarios».
«Lo de siempre». Luego, el poema desciende por el mismo camino que
llegó hasta el punto culminante y que ya quedó mostrado arriba. Este
poema narrativo sigue unas leyes muy cercanas a las de la rima pero no
le interesa una rima asonante o consonante, sino un ritmo semántico
que se acerque a la manera como fluyen la conciencia y ciertas tonalidades musicales. Como si el poema terminara en el centro y luego volviera
a desenvolverse hasta llegar a otro comienzo.

---

6 Espiral es la palabra que usaron Darwin y Haeckel para describir la evolución
   filogenética. Más tarde Barlund llamó «espiral» su modelo de teoría de la comunicación.

Como se ve en el poema analizado arriba, en la poesía de Mutis, aun cuando se trata de poemas narrativos, la asociación música-texto es muy estrecha y natural. Henri Pousseur dice que la base de la lengua es la misma que la de la música, «el sonido con todas sus variables, la variable del tiempo (la articulación en el tiempo, el ritmo), la variable de altura, la variable de timbre, de dinámica, de intensidad» (147). Pero la notación del lenguaje articulado se basa en el timbre (vocales / consonantes, sonidos / ruidos), a diferencia de la música que centra su notación en la variable de duración y altura.

Entre lenguaje y música ha existido siempre una influencia recíproca; no una subordinación, son fenómenos paralelos que se interrelacionan. «El lenguaje hablado, así como la música, expresa una aproximación a la realidad que se ha desarrollado a lo largo de nuestra historia, y todo un aspecto de esta formación proviene sin ninguna duda de la experiencia musical», pero igualmente se puede decir que otros provienen de la experiencia del lenguaje articulado (Pousseur, 152). Para ilustrar esta interdependencia, y la contribución que las formas musicales han podido hacer al lenguaje conceptual, indica Pousseur el cambio de la noción de melancolía después de la sonata *Claro de luna* de Beethoven.

Finalmente otro ejemplo interesante de ritmo cuaternario, por el nivel de paralelismos, es el poema 6 (C, 19). Los cuatro palos de los naipes, oros, espadas, copas y bastos, que a su vez se corresponden con los cuatro elementos, se barajan para determinar las acciones que deben seguirse. «Cada vez que sale el rey de copas», hay que poner bagazo para mantener el calor del líquido de las pailas. Al as de copas, agua; cuando ésta se anuncia hay que aumentar su opuesto complementario, el fuego. «Cada vez que sale el as de oros» la miel es rica en olores de dulzura. En este caso no sigue la ley de contraste sino de lo semejante. El as de oros corresponde al fuego, al sol y a la riqueza. El as de espadas anuncia que «¡La miel está lista!», el aire, que a su vez hace pensar en el elemento que produce y vehiculiza la voz que transmite los sonidos del mensaje. «Pero si sale el as de bastos, entonces uno de los paileros ha de morir cubierto por la miel...» y la tierra queda aludida por el cuerpo del pailero y por el elemento que lo absorberá después de muerto.

La manera como influye la música en la creación poética mutisiana, se observa en el ritmo interior del contenido de la palabra. Su influencia es de orden muy distinto al que usualmente se espera en estos casos. No es una influencia ideológica o de evocación, de sentimientos, sino una influencia que se infiltra en la técnica como se observa en muchos poemas, especialmente en el «1» de *Caravansary* o en las sonatas y los nocturnos.

Otras familias rítmicas

En las familias rítmicas como en los anteriores casos ilustrados suficientemente, se presentan en grados diversos los mismos principios de repetición o de paralelismo. Estos dos principios son fundamentales en el lenguaje poético; la rima no es más que un caso particular del ritmo, como lo afirman quienes se han dedicado a estudiar este aspecto del poema.

El poema imanta, atrae, seduce, concentra las fuerzas radiantes, magnéticas de las palabras, con el fin de crear una poesía; revela, aumenta las fuerzas internas, desarrolla las fuerzas externas, capta y canaliza, mediante la ley de las afinidades y las simpatías, correspondencias o analogías.

El acompasamiento rítmico de tiempo es común en algunos poemas de Mutis, como «La creciente» (SMG, 21). En él la cadencia de tiempos se despliega alternativamente en secuencias muy cortas. 1) Presente, que nos ubica en el momento del amanecer después de una noche de intensos aguaceros, cuando el río crece y adquiere un volumen de agua que, a veces, supera su cauce y por eso puede arrasar sembradíos, animales y lo que encuentre a su paso (es lo que en Colombia se llama «la creciente»). 2) Pretérito en presente: suscitado por el fluir del río, el pretérito llega en la medida que la mente se va con el río, ocupando un espacio mental que concomita con el presente exterior, pero que se ignoran mutuamente porque el poeta visita los lugares que conociera y las experiencias que viviera antaño. El tiempo se vuelve reversible, lo cual es una idea ya bastante revolucionaria. 3) Presente: el lector es guiado a sentir las angustias de los que ven los escombros, los despojos que el río lleva y la destrucción que ha causado la creciente. 4) Pretérito: la mente del poeta se escapa con el rumor del agua y regresa al tiempo de su niñez. 5) Futuro: anuncia la tarde con la figura del viento. Luego la noche y con ella el sueño. A pesar de este juego de tiempos psicológicos, todo el poema está escrito en presente gramatical, es decir, que los tiempos no están indicados por la sintaxis, sino por los movimientos rítmicos del poema, el ritmo se vuelve contenido, elemento significativo y significado en el poema.

Poemas como éste o como el «1» de *Caravansary* implican una noción de tiempo del poeta que condiciona su visión del mundo. Aunque no niega la concepción cíclica (propia del pensamiento griego, de los hindúes y del «eterno retorno» de Nietzsche), ni es el tiempo lineal de los judeo-cristianos y del marxismo, es más bien un tiempo vertical, un tiempo que se hace de instantes, de momentos, en los cuales se puede percibir la discontinuidad.

«Los elementos del desastre» (SMG, 40-43), tiene un ritmo menos evidente porque se da por otro sistema de correspondencias, cuyos períodos son más largos. En doce poemas que son como doce frescos, remite a una correspondencia con los doce signos del zodíaco. Cada uno de ellos afirma y niega simultáneamente. La antítesis es la imagen de su ritmo interno. 1) La pieza de hotel, extensión del cuerpo de la personalidad, albergue de los más insólitos ocupantes y escondiendo «su cosecha siempre renovada tras el pálido orín de las ventanas» (Aries, signo del Yo, de la personalidad). 2) La música, el recuerdo, el río, tres elementos que particularmente en Mutis están en la génesis del poema y que sirven de cauce a la expresión del sentimiento lírico (Tauro, signo del arte, regente de la música, de lo sonoro). 3) La mujer negra: este poema es como una fotografía. Una mujer, una posibilidad de unión, de comunicación que nada ofrece porque no es más que un rostro advertido desde muy lejos al paso del tren (Géminis, signo de la comunicación y de la dualidad). 4) Este poema de ritmo y lenguaje coloquial, en un tono de familiaridad, alude a una familia o a un pueblo que muere, cuya contraseña es la destrucción. En él un yo, le habla a un tú al que trata de «hermano» (subrayando una relación de parentesco), para advertir la presencia de la muerte (Cáncer, signo del hogar, la familia, la tierra y de la última parte de la vida). 5) Está en sintonía con una cierta forma de realizar la capacidad creativa y estética a través del comercio y de la evocación de mujeres que poseyera antaño (Leo, signo de la vitalidad y del amor como fuerza creativa). 6) «La hiel de los terneros que macula tendones palpitantes del alba». Remite a la presencia de lo oscuro en lo claro, imagen de la enfermedad en medio de la salud y de lo amargo en medio de lo dulce. (Virgo, signo de la salud y de la discriminación y la crítica). 7) El poeta observa el hidroavión, va tranquilo, en paz, «sin miedo a morir», en medio de un silencio, cualidades complementarias que el poeta anhela (Libra, signo de la armonía que reside en la paz y de lo complementario). 8) Su tema, «los ataúdes», hace pensar en la muerte y las transformaciones más definitivas relacionadas con el dios de los infiernos de la mitología griega, Plutón (Escorpión, regente de la transmutación y la muerte). 9) «El grillo que lanza su chillido desde los pozuelos de agrio guarapo espumoso», es una metaforización del

canto del poeta entre dos extremos, la miel de los fondos y la pesadilla
de la siesta «herida por extraños y urgentes deseos» (Sagitario, signo del
idealismo, cuya representación mitológica es el centauro mitad animal
y mitad hombre). 10) Este poema alude al tiempo, mediante esa extraña
ave de «pico cerrado y firme que cuenta los años que vienen como una
gris marea pegajosa y violenta» (Capricornio, regido por Saturno, dios
del sufrimiento y la destrucción; Cronos, señor del tiempo, en la mitología griega). 11) Es otro poema que metaforiza la función del poeta que
alcanza la libertad: «bestias libres» en cuyas «gargantas reposa el grito
definitivo y certero» (Acuario, signo de la libertad por la trascendencia
personal). 12) Río, agua, «cenagosas extensiones de la selva, en donde
se crían los peces más voraces y las más blandas serpientes», es sin duda
una imagen del inconsciente que el hablante lírico propone «sorprender» para encontrar la verdad que allí reside (Piscis, signo de lo inconsciente, y de la intuición). Cada poema, en sí mismo, es una unidad con
ritmo interno audible y visible, pero si se tiene noción de las doce cons-
telaciones y sus correspondencias, se hace también evidente un ritmo
semántico, ya que el cuerpo completo está formado por doce partes.

Si en verdad cada planeta está en relación estrecha con un metal, con
una vibración cromática, con una parte del cuerpo y con un plexo o una
glándula, si todo en el universo tiene un paralelo en sus diversos reinos
o manifestaciones, entonces se comprenderá por qué, aún sin saberlo,
el poeta puede captar esos ritmos paralelos en momentos de inspiración.

Por otra parte, el ritmo del poema 4, de los arriba citados «los guerreros hermanos que te dije...» es debido a su ser marchando en el poema, asociado a las emociones marciales. Es como una especie de reci-
tativo que «es la forma de transformación menos desarrollada (en música),
aquella en la que la estructura prosódica del lenguaje es la más respe-
tada, la más preservada» (Pousseur, 150).

Contrariando el sentido del título, «Fragmento» (SMG, 113) es un
texto sin principio ni fin, empieza y termina con puntos suspensivos,
proponiéndose como una metáfora de la eternidad y a la vez de las
múltiples posibilidades que pueden seguir o iniciar una historia y de
allí que borre la continuidad y a la vez la afirme dejando las posibilidades abiertas. El poema empieza así: «...de donde salían al amanecer
las vagonetas cargadas de enfermos con dirección al hospital de Salinas» y termina diciendo: «El humo subía hasta oscurecer una parte del
cielo y...» Además, los coches, las vagonetas, los trenes casi llegan a
adquirir la categoría de personajes. La puntuación es definitiva. Es una

forma de notación del ritmo que el poema quiere tener. Claro que los signos de puntuación tienen otros valores, pero uno de sus valores particulares es el musical, no solamente de silencio, sino también notaciones, entonaciones, valores melódicos de un tipo especial, «todo el sistema de puntuación es un sistema musical en el interior de una lengua» (Butor, 161). El poema es un despliegue rítmico de fuerzas centrípetas que están en el poema y fuerzas centrífugas que lanzan al lector a la aventura de la creación. El ritmo, como lo dice Paz,

> no es medida, ni algo que está fuera de nosotros, sino que somos nosotros mismos los que nos vertemos en el ritmo y nos disparamos hacia «algo». Así su contenido verbal o ideológico no es separable. Aquello que dicen las palabras del poeta ya está diciéndolo el ritmo en que se apoyan esas palabras. (*El arco*, 58)

En «La visita del Gaviero» (E, 34-37), uno de los poemas narrativos más largos, el ritmo se puede sintetizar en estos momentos: espera (sentado en la mecedora), pretérito, presente. Luego se repite espera (mecedora), pretérito, presente, para concluir con un futuro incierto. Todo el poema se desarrolla en un juego de estos tres tiempos acompañados de una actitud de balance, de tranquilidad interna como quien pesa sus asuntos después de haber concluido una etapa del viaje por la vida. En los párrafos siguientes medita retrospectivamente en su pasado. Se mueve de una situación de desorden a otra en la que busca un orden, pero sólo encuentra situaciones anárquicas en las que queda prisionero.

Se da cuenta, luego, de que en el pasado no reside «la verdadera substancia de (su) vida»; por lo tanto carece de realidad, de permanencia, pero hay otras preocupaciones que sí son ciertas y «que tejen la trama última, el destino evidente de (su) andar por el mundo»: las obsesiones de su presente. Y luego de un silencio, se vuelve a repetir el ciclo descrito arriba: espera, pretérito, presente, para finalizar con su retiro.

Regresa al presente y al despedirse anuncia el viaje que emprenderá en el futuro. La retirada del Gaviero es contada por el narrador testigo con gran sentido del ritmo: en primer lugar, el Gaviero se va perdiendo en la lejanía visual y auditivamente porque se aleja silbando una canción, mientras el narrador baraja los papeles y encuentra las huellas de la vida del Gaviero. Luego las pisadas retumban sobre el puente y el eco de sus pisadas llega hasta el techo de zinc[7]. Es una secuencia muy bella

---

7   Es también en este poema donde el narrador tiene la certeza de que el Gaviero
     se aleja para siempre: «Sentí su ausencia y empecé a recordar su voz y sus gestos

que se orienta especialmente hacia lo sonoro; uno se siente transformado en ciego al escucharla, porque hay un predominio total de lo auditivo sobre lo visual. Este poema y el «Cañón de Aracuriare» son los únicos que no están escritos en verso en *Los emisarios*.

Se podría preguntar, y con razón, si este tipo de ritmo no lo tiene también un cuento, por ejemplo. En efecto es así. La diferencia estriba en la frecuencia más corta que tiene en el poema, en la existencia de períodos más breves que en las obras narrativas, posibilitada por el lenguaje poético gracias a la densidad que tienen las imágenes, lo cual les permite conservar la naturaleza plurívoca de las palabras. Ya decía Mallarmé que el ritmo está en todo, menos en la cuarta página de los diccionarios y en los afiches y agregaba que la prosa tiene a veces versos admirables. Más recientemente Paz dice:

> En el fondo de toda prosa circula, más o menos adelgazada por las exigencias del discurso, la invisble corriente rítmica. Y el pensamiento en la medida en que es lenguaje sufre la misma fascinación. (*El arco*, 68)

En lugar de analizar una dualidad de emociones, hemos visto en estas familias rítmicas que el ritmo (como la imagen), más que mostrar semejanzas, provoca la unidad de objetos, de tiempos y situaciones que parecían irreductibles; por ejemplo, a partir de una situación patológica moral, como en el caso de la visita del Gaviero, la avanzada puede ser la piedad y la retracción puede ser el terror. Si se trata de una patología física la avanzada puede ser la muerte, y el repliegue la salud. El ritmo revela conjunciones, simultaneidades, coincidencias, en oposición a discriminación o disyunción.

Presencia del ritmo en la narrativa

Mutis narrador queda delatado como poeta frecuentemente por su inseparable conciencia de lo rítmico musical. El es ante todo un poeta y sus obras narrativas lo transparecen. Aun cuando narra o escribe novelas, música y poesía las cruzan y el poeta salta en cada página. De allí la dificultad para clasificar sus obras, aunque sólo en el poema el ritmo se manifiesta plenamente.

Entre la música y la poesía es posible establecer límites, a pesar de

---

cuyo cambio tan evidente había percibido y que ahora me volvían como el aviso aciago de que jamás lo vería de nuevo» (E, 37), otra razón para sustentar el cambio que se da desde *Los emisarios*.

sus intersecciones, pero cuando se trata de delimitar poesía y poesía en prosa, uno se da cuenta de que los límites son demasiado sutiles, más de lo que se perciben idealmente y que la práctica pocas veces atiende[8].

Las obras narrativas de Mutis, que no son novelas en el sentido que tenía el género durante el siglo XIX, presentan reiterativamente lo rítmico haciendo más difícil el deslinde de ciertos elementos poéticos. En algunos casos se ve el más elemental concepto de ritmo: tiempo dividido en porciones. Tal es la situación en los contactos que tiene Larissa con las apariciones de Laurent y Zagni, los visitantes nocturnos de ultratumba y de épocas lejanas en *Ilona llega con la lluvia*: «Laurent, el día anterior al de nuestro arribo a cada puerto, durante la permanencia en éste y la noche siguiente a la partida. Zagni, durante todo el tiempo, que navegábamos en alta mar» (I, 94). Y como los viajes son permanentes estos encuentros se vuelven rítmicos, cíclicos.

En «Antes de que cante el gallo» existen varias partes que muestran la conciencia del ritmo; basta citar sólo un ejemplo, que además es una bella imagen: «Un gallo lanzó hasta el cielo las cuatro notas de su canto, como volatinero que inicia el espectáculo tirando a lo alto las espadas que después irá a tragarse» (MA, 80). Esta imagen sugiere una voz poética que se ha puesto a seguir con detenimiento las tonalidades musicales que producen los animales. Afirmaba Mutis en una de las entrevistas «para mí la música es una segunda sangre» y es ésta la que circula vitalizando su narrativa, al poner al servicio del lenguaje las evidencias del ritmo descubierto en los animales, en los objetos, en la naturaleza, en sí mismo. Ritmos que en ocasiones se encabalgan para dar origen a una especie de polifonía interpretando diferentes tonalidades que corren paralelas.

El ritmo es percibido también en los movimientos periódicos de los objetos mecánicos. En *Ilona llega con la lluvia*, «El motor de la lancha ronroneaba con inesperadas alteraciones en el ritmo» (I, 15). No sólo la cadencia desacostumbrada puede producir desórdenes, sino la concentración en puntos sutiles que expone al poeta y al lector a descolocaciones mentales.

Otras veces el ritmo es conciencia de los ciclos naturales. En el relato «Sharaya», las visualizaciones descritas por el renunciante *sanyasin*, hay también una conciencia profunda de los ritmos de la naturaleza:

---

8 El estudio de las combinaciones sonoras en la poesía oscila entre la fonética y fonología, mientras que en la música es más fonético.

Golpea la lluvia como un aviso, como una señal preparada en otro mundo (...) Se ha formado un gran charco, con el agua que escurre por la blanda cúpula que cree protegerme. Muy pronto se secará porque se acerca una jornada de calor. Comienza el vaho a subir de la tierra y las serpientes a esconderse en sus nidos anegados. (MA, 108)

El ritmo se transmite como una conciencia del ciclo del agua, y del sucederse de las estaciones. El ritmo hace posible la recurrencia del tiempo. En este ejemplo particular, como en los dísticos árabes, el orden puede cambiarse, incluso invertirse sin que se altere el decir y la tonalidad del poema, porque están hechos de funciones del tiempo. Las fases del año, las horas del día, los movimientos del sol o de la luna (como en los «Siete nocturnos»), son muchas veces la base rítmica de esta obra.

Después en *La Nieve del Almirante* (uno de los libros narrativos escritos en forma de diario donde el límite entre poesía y narrativa es más borroso) el ritmo es recurrente hasta en las formas coloquiales. Mientras Maqroll viajaba en el planchón que lo llevaría a los aserraderos, descubría el ritmo de «letanía» en las órdenes que daba el capitán para mantener alerta la tripulación: «¡Arriba el ánimo! ¡Ojo con la brisa! ¡Recia la lucha, fuera las sombras! ¡El agua es nuestra! ¡Quemen la sonda!» (NA, 17). En sus propias expresiones, el Gaviero observa que está paralelizando otros ritmos: «Los aserraderos, los aserraderos, repito para mí a ritmo con el golpeteo del agua en la proa de la lancha» (NA, 53). Estos ejemplos evidencian también que el timbre es, como dice Pousseur, lo que distingue a un gran novelista de un novelista mediocre; aquél es capaz de hacernos oír personajes a los que les otorga un timbre inconfundible. Esto es lo que hace Mutis con las diferentes voces de los personajes. Lo que dice Maqroll, las cartas que escribe, como lo que dice Abdul Bashur en *Abdul Bashur soñador de navíos*, Dora Estella en *Amirbar*, Don Aníbal en *Un bel morir*, o el portero en Hotel Astor en *Ilona*, sólo puede ser dicho por ellos y no es posible confundirlos, lo que se debe al oído finísimo del autor para escuchar sus timbres particulares y luego plasmarlos en el texto. El problema del timbre, dice Pousseur, puede por consiguiente estudiar la forma particular en la novela, pero también en toda obra poética que tenga aspecto novelesco, cuando hay personajes que hablan (Homero o Tasso son capaces de dar timbres diferentes a sus personajes).

La identificación o paralelización con los ritmos externos no es una constante; los personajes crean voluntaria y conscientemente un ritmo

totalmente divorciado del que se juega en las circunstancias que los
rodean. Esto se ve bien en la novela *Abdul Bashur soñador de navíos*.
En cuanto al Gaviero, hay partes donde se nota la dignidad frente a la
catástrofe, oponiendo un ritmo interno que contrasta con el externo:

> Nunca he creído en eso que las gentes llaman mala suerte, vista como una
> condición establecida por los hados sin que podamos tener injerencia en
> su mudanza u orientación. Pienso que se trata de un cierto orden, exterior,
> ajeno a nosotros, que imprime un ritmo adverso a nuestras decisiones y
> a nuestros actos, pero que en nada debe afectar nuestra relación con el
> mundo y sus criaturas. (I, 27)

El ritmo exterior puede complementar el ritmo interior: «El asmático
jadear de las máquinas y el golpeteo apagado de las bielas, parecían
subrayar nuestro desaliento» (I, 29). La naturaleza armoniza con el compás humano: «A lo impredecible del negocio se sumaba, entonces, la
persistencia de los torrenciales aguaceros» (I, 40). Los ritmos ambien-
tales pueden también rimar con el ánimo personal, como le pasa al
Gaviero al oír la música afroantillana en Panamá: «Yo estaba acostumbrado a ese bullicio monótono y tristón, que lo tenía ya confundido con
el ánimo de final de viaje que solía traerme siempre una ligera ansiedad, un vago pánico a lo desconocido que pudiera depararme el bajar
a tierra» (I, 30). Son ritmos que surgen de las relaciones directas entre
colores, sonidos, estados anímicos, geografías y formas. Como si el universo entero vibrara de un plano a otro, reuniéndolos en imágenes
rítmicas. Toda cosa forma entonces parte de otra, en un dominio diferente pero con una similitud precisa de un estado a otro.

En *La última escala del tramp steamer* las zonas geográfico-culturales
también riman con estados de ánimo:

> Todo el Caribe me ha sido un ámbito incomparable, en donde las cosas
> suceden exactamente en el ritmo y con el aura que se ajustan con mayor
> fidelidad y provecho a los jamás realizados proyectos de mi existencia. Allí
> todos mis demonios suelen aplacarse y mis facultades se aguzan de tal
> forma que llego a sentirme otro muy diferente del que rueda por ciudades
> distantes del mar y por países de una hostil respetabilidad conformista.
> (UE, 25)

El ritmo no llega a ser adventicio o inmotivado; en ese sentido está
más cerca del símbolo. Libertad / posibilidad, quietud / desazón, placer / pena es un efecto de reflexión y de resolución estética y de la
asimilación de un ambiente externo que propone proyectos nuevos a
los cuales el poeta se hace receptivo.

A veces el ritmo es imagen y se da por lo que en términos fónicos podríamos llamar rima consonante, porque hay una resonancia entre distintos hechos de diferentes planos como en este caso donde los rayos, la lluvia y el pánico de las bestias, tres hechos violentos que riman uno con otro y que se relacionan por un encadenamiento de causalidad. En *Un bel morir*, «una lluvia torrencial y helada se desató en medio de rayos cuyo chasquido se oía cada momento más cerca. Las mulas temblaban y los relámpagos iluminaban sus ojos desorbitados por el pánico» (BM, 66). De este modo se realiza en el poema la unidad de varios planos en un mundo que gira en diversas tonalidades.

Nuestro análisis del ritmo ha examinado fundamentalmente el nivel semántico y muy poco el fónico. Pues, como dice Cohen, aquél «es el nivel más operante desde el punto de vista poético». Quizás este tipo de estudio aporte algo para entrar en otro ámbito de la concepción del ritmo. La palabra es, sin duda, un fenómeno sonoro; al hablar se puede articular algún sonido, desde un monosílabo hasta secuencias de mayor número de sílabas gramaticales. Estas sílabas se podrían analizar fónicamente y por consiguiente estudiar las cantidades: frecuencia, altura, intensidad, duración, timbre, etc. Pero trabajando con estos equivalentes numéricos, no aclaramos nada, sólo mostraríamos que el sistema métrico sería el elemento general presente o ausente y en ese sentido quizás comparar la poesía de Mutis con otros puntos de referencia.

Sin embargo, no hemos obviado completamente el aspecto fónico y sintáctico. Hemos mostrado cómo la cohesión interna a través del hilo semántico y la repetición sintáctica, las enumeraciones y el paralelismo gramatical sirven de mecanismos para encantar al oyente que capta el mensaje. Los recursos semánticos del ritmo estructurados sintácticamente son capaces de sustituir el metro y establecer una nueva norma prosódica. El paralelismo es, pues, otra manera de ritmo y puede ser lexical o estructural y aun mixto.

Por otra parte, hemos visto, a través de este análisis del ritmo, que el poema es imagen de vida en la naturaleza, como considera la filosofía china, por un condicionamiento mutuo de los contrarios: el trueno produce el movimiento, el viento produce la desorganización, la lluvia produce la fecundación, el sol produce el calor, las montañas son la quietud y el reposo; la serenidad corresponde al lago que produce la alegría y el principio receptivo surge de la tierra que produce la salvación. Gracias al ritmo percibimos esta universal correspondencia que no es sino manifestación de un orden que no arbitramos.

Lo importante de esta visión de ritmo del poeta narrador, es que de tanto observar los ciclos de la naturaleza ha desarrollado una capacidad premonitoria de los hechos que a continuación afectarán su vida interna y externamente. De esta manera puede presentir la muerte de Ilona por la presencia de Larissa y por la primera tormenta de la temporada (I, 106). Y Jon, en *La última escala del tramp steamer*, puede vaticinar el fin de su relación amorosa con Warda cuando «dos fenómenos se fueron haciendo presentes en forma soterrada» (UE, 101): el Alción comienza a fallar y Warda a sentir nostalgia de su país y de su gente.

Es importante destacar que Maqroll, al percibir las correlaciones de la multiplicidad de ritmos visuales a través de la alternancia de imágenes cromáticas que observa en la naturaleza, manifiesta su duda de que el ritmo lo construya el hombre o el poeta y conjetura si no vendrá (como el poema) de otras regiones y no hay hombres para esta tarea.

> una tierra rojiza que semeja, en ciertos trechos, la sangre seca y, en otros, alcanza un rubor rosáceo. Los árboles dejan al descubierto sus raíces en los barrancos, como huesos recién pulidos, y en sus copas hay una floración en donde el lila claro y el naranja intenso se alternan con un ritmo que pudiera parecer intencional. (NA, 75)

Más interesante todavía resulta constatar que en el acto de creación hay una suerte de desdoblamiento, donde el autor biográfico queda un poco al margen de lo que el narrador o poeta crea, de allí la autonomía de la obra. El propio autor no controla todo conscientemente. Aun en el caso de poemas tan rigurosamente rítmicos como el 1 de *Caravansary*, Alvaro Mutis aseguraba no haber planeado el ritmo plasmado allí. Todo se sitúa con relación al absoluto y a una trascendencia. La lengua es también función de una cierta noción de tiempo.

Quedaría todavía por estudiar la manera como el narrador o poeta interviene en el ritmo del poema, haciendo una labor de autocrítica sobre su propio texto, operando de múltiples maneras y tomándose el derecho de repetir determinado número de partes del texto, a veces una después de otra y otras veces unas sobre las otras, dándole al texto una riqueza y una complejidad creciente.

En fin, ritmo es movimiento periódico, pero el que he descrito no es el verdadero ritmo. Nada puede sustituir la experiencia que produce el contacto directo con el poema. La lectura es el único camino para realmente sentir y participar de esa cadencia armoniosa que no sé con cuánta eficacia he intentado presentar aquí.

4. EL LENGUAJE Y LA IMAGEN

Comme de longs échos qui de loin se confondent
Dans une ténébreuse et profonde unité,
Vaste comme la nuit et comme la clarté,
Les parfums, les couleurs et les sons se répondent.

(Baudelaire, 41)

Ritmo y lenguaje poético, permeado de una constante producción de imágenes, deben actuar concomitantemente, en una verdadera unidad, para que haya poema. ¿Existe la especificidad de la palabra del poema? Paul Valéry respondía a esta pregunta, diciendo que se trata de un lenguaje dentro de otro lenguaje. El lenguaje poético, a diferencia del de la prosa, posee una espesura verbal, plurivocidad en los términos y respeta el poder de sugerencia y la ambigüedad de la palabra; de allí que el poema resida en el texto.

Los poemas en prosa de Alvaro Mutis tienen un lenguaje poético cuyas características son más evidentes para el lector que el ritmo. Por esta razón, sólo analizaremos los recursos retóricos que emplea para connotar las palabras y trataremos de mostrar la manera como funcionan dentro de una obra que expresa la estética del deterioro.

La diferencia que Paz establece entre poesía y prosa sirve de pauta para definir la particularidad del lenguaje de Mutis en su obra. También nos sirve de apoyo la *Poética* de Todorov. A continuación resumimos algunos de los planteamientos de Paz en *El arco y la lira* acerca de estos dos lenguajes: la prosa implica reflexión y análisis, es una lucha contra la naturaleza de la palabra, ya que ésta se niega a ser mero concepto debido a su multivocidad o pluralidad de sentidos. La poesía, en cambio, no atenta contra la ambigüedad de la palabra, el lenguaje es menos reflexivo y no está sometido a la reducción que se hace necesaria en la prosa. «El poeta —dice Paz— no se sirve de la palabra como el prosista, sino que sirve a la palabra» (*El arco*, p. 47).

Toda la obra poética mutisiana, incluidos los poemas más narrativos, está escrita en un lenguaje pleno de imágenes y de fascinación para describir mundos en derrota; logra, también, sintetizar múltiples elementos en textos muy cortos (como se vio en el capítulo sobre el ritmo). No presenta análisis incontestables, ni exposiciones planas donde la palabra intente constituir un significado unívoco como en el discurso ensayístico o analítico; por el contrario, el lenguaje es de naturaleza am-

142 ALVARO MUTIS: UNA ESTETICA DEL DETERIORO

bigua, cuya función predominante es la función poética, muy diferente a la función referencial o denotativa, básica en la prosa analítica.

Las imágenes

En este análisis se entiende por imagen, de acuerdo con Paz, «toda forma verbal, frase o conjunto de frases, que el poeta dice y que unidas componen un poema» (*El arco*, 98). Estudiaremos ¿cómo el texto significa?, es decir, eso que Todorov define como «El estudio de los sentidos otros, que no son el sentido propio»[9]. Y que en la retórica tradicional hacía parte de la tropología, pero que hoy se distingue como «proceso de *significación*» (un significante evoca un significado), diferente del «proceso de *simbolización*», donde un primer significado simboliza un segundo[10].

La retórica tradicional había hecho su bien conocida clasificación de figuras que no hace falta mencionar aquí. La retórica moderna, según el propio Todorov, prefiere interpretar estas relaciones abstractas que se establecen entre dos sentidos en términos lógicos de «inclusión» y «exclusión». Jean Cohen en «Théorie de la figure» agrega que la tropología es la parte propiamente semántica de la teoría de las figuras, que no es otra cosa que el estudio de los fenómenos de la polisemia, de los tipos de relaciones que existen entre los significados diversos de un mismo significante y se refiere a una lista que excluye las figuras sintácticas y las que básicamente contribuyen al ritmo fónico del poema más que a su significación. Todorov distingue entre el «grado de figuración del discurso» por la presencia de figuras retóricas (relaciones «inpræsentia») o de los tropos (relaciones «in absentia») (*Poétique*, 41), que pueden remitir a relaciones paradigmáticas y semánticas del texto con otros ausentes.

Todas las imágenes de Mutis funcionan por inclusión y fusión de mundos opuestos; pero hay como referencia otro, el que quedó excluido para siempre, aquel que en la mayoría de las veces ni se nombra; apenas si se tiene algún destello ocasional de que era un mundo de trascendencia.

---

9 Todorov propone dirigirse más a una semántica de la lingüística, ya que ésta por sí sola se ha revelado insuficiente para asir todos los problemas de connotación (*Poétique*, 32-33).
10 Todorov define la retórica en el sentido más amplio, como la ciencia general del discurso (*Poétique*, 26).

Aunque nuestra hipótesis de trabajo sustenta que la obra de Mutis se funda en una antítesis (la estética del deterioro), este análisis parte del estudio del símil o comparación y su funcionamiento en dicha obra por dos razones: primera, es una de las más frecuentes en su poesía; la segunda y más importante, es que nos parece que en la base de la formación de la imagen reside siempre una comparación, ya sea de manera explícita o tácita, desentrañable o confusa[11]. Luego vendrán otras gradaciones en el proceso hasta llegar a fundir en una unidad dos términos opuestos (antítesis). Todorov no estaría de acuerdo con este planteamiento; en su obra *Sémantique de la poésie* (1979) considera la sinécdoque como la madre de las figuras retóricas y se esfuerza en demostrar como la metáfora y la metonimia, que para Fouquelin y Cassirer son las figuras fundamentales, son simplemente órdenes distintos, más complejos de la sinécdoque. Más cerca estaría Cohen quien en su trabajo «Théorie de la figure» parte de interpretar la figura como una transgresión del principio fundamental de la lógica, puesto que en la figura retórica «lo falso implica lo verdadero». Sugiere todavía Cohen que la diferencia entre las distintas figuras, independientemente de sus formas sintácticas, no se da más que por la fuerza o grado de esa violación. Por eso, aquí, en lugar de asumir la sinécdoque (nombra el todo por sus partes), pensamos que, a la luz de Mutis, la comparación es la plataforma. La comparación igualmente está en la base del conocimiento, es la que sirve de fundamento al proceso que va de la percepción de una cosa a la imagen sensorial, antes de la formación de un concepto. Como si la imagen fuera, en cada una de sus construcciones, una selección paradigmática donde sus términos no siempre están expresos.

Símiles

Mutis al referirse a su poética ha dicho con palabras de Neruda: «mis criaturas nacen de un largo rechazo»; sugiere así otro punto de referencia que es el mundo de lo aceptado, o la nostalgia de algo que era diferente y que por la imposibilidad de materializarlo, no le queda otro remedio que cantar al mundo que rechaza, el único con el que cuenta. Y también está insinuando que su obra nace de lo único salvable

---

11 Anterior a cualquier conceptualización *«par les relations pratiques que l'homme établit avec son milieu, il arrive à connaître peu à peu les propriétés des objets, des habitudes, etc., et aussi à les utiliser pour sa survie. Par comparaison et classification (non conceptualisée encore), il reconnaît des propriétés communes; il tend ainsi à s'élever du singulier au spécifique et au général»* (Bitsakis, 325).

dentro de ese mundo de reproches. Es aquí donde encuentra asidero el nacimiento del dispositivo del comparativo como imagen, hasta llegar a la figura retórica que hace posible, en el poema, la convivencia sin conflictos de dos mundos opuestos (la antítesis). El símil articulado en su obra poética y narrativa es un operador retórico del comparar en tanto que modo de vida estética y espiritual del poeta. Algunas veces en el mundo de la degradación (el mundo que él rechaza), lo sugerido es positivo, el sugerente negativo (y a la inversa); por eso la belleza no está en el significado de los comparantes sino en la imagen que resulta de la alianza entre los opuestos.

En esta obra los símiles pueden funcionar de tres maneras: comparando la imagen sugerente consigo misma. Comparando la imagen sugerente con otras sugeridas con las cuales comparte, por su naturaleza, una relación común de semejanza; puede indicar aquí que la imagen sugerente contiene la cualidad que la acerca a las de su especie en grado sumo, insuperado. Incluso puede subrayar su imposibilidad de compararla y, en tercer lugar, compara la imagen sugerente con las sugeridas a través del dispositivo «como», que es el tipo de símil más frecuente. Así hace visibles cualidades invisibles y antes innombradas de la imagen sugerente. Por otra parte, la comparación no es siempre de semejanza; puede ser de diferentes grados, incluso de oposición. Veamos (el verbo se elige a propósito) este tercer tipo en los textos «Sonata» cuyo ritmo tanto como su título subrayan la estrecha relación del poeta con la música:

El tiempo, muchacha, que trabaja
como loba que entierra a sus cachorros
como óxido en las armas de caza,
como alga en la quilla del navío,
como lengua que lame la sal de los dormidos,
como el aire que sube de las minas
como el tren en la noche de los páramos. (SMG, 89)

Se trata de comparativos múltiples. El tiempo equivale en múltiples expresiones. Lo bello en estas comparaciones sólo aparece a nivel de lenguaje. No despierta un deseo de habitar esas relaciones de parecido pareciente. Se trata de comparar el tiempo con lo fugaz de la vida, con el acabamiento y con la muerte, reencontrando el terror en la felicidad. Lo fundamental es que existe entre los dos significados, tiempo e imágenes sugeridas, una oposición jerárquica y a la vez una semejanza que tradicionalmente se entiende como «sentido propio» y «sentido figurado» ...el tiempo que trabaja no para construir, que sería el significado propio de trabajo, sino para destruir taimada y silenciosamente. En «El hospital de Bahía» agrega:

> El techo de zinc reventaba al sol sus blancas costras de óxido, como el pulso de una fiebre secreta. Los olores se demoraban en la vasta y única sala, como si fueran húmedas bestias sacudiéndose en la sombra.
> (SMG, 103)

Cuando Mutis busca el parecido, no se trata de la exactitud mimética, de la fidelidad realista sino de la «imagen». Si muestra el techo reventando bajo el calor del sol, con el mismo ritmo de las venas provocado por los sístoles y diástoles del corazón durante la fiebre, o si los olores se estancan como «húmedas bestias sacudiéndose en la sombra», no es por el placer de reconocer en ellas exactamente al techo de zinc o a un olor específico que simultáneamente está percibiendo (imagen sugerente); es para que el aspecto del techo y de los olores se parezcan. Es así como el techo y los olores dejan de ser lo que llamaríamos «reales» (el techo que protege de la lluvia y del sol, o los olores que captamos con el olfato): la imagen los ha mimetizado en general. No conocemos el «modelo original» de ese techo específico o de esos olores, pero sí sabemos de la relación de copia al modelo.

En «Moirologhia» («lamento o treno que cantan las mujeres del Peloponeso alrededor del féretro o la tumba del difunto») el uso de este dispositivo es abundante:

> ...eres como una barca varada en la copa de un árbol,
> como la piel de una serpiente olvidada por su dueña en
> [apartadas regiones,
> como joya que guarda la ramera bajo un colchón astroso,
> como ventana tapiada por la furia de las aves,
> como música que clausura una fiera de aldea,
> como la incómoda sal en los dedos del oficiante,
> como el ciego ojo de mármol que se enmohece y cubre de
> [inmundicia,
> como la piedra que da tumbos para siempre en el fondo de las
> [aguas,
> como trapos en una ventana a la salida de la ciudad,
> como el piso de una triste jaula de aves enfermas,
> como el ruido del agua en los lavatorios públicos,
> como el golpe a un caballo ciego,

como el éter fétido que se demora sobre los techos,
como el lejano gemido de un zorro
cuyas carnes desgarra una trampa escondida a la orilla del
                                                    [estanque,
como tanto tallo quebrado por los amantes en las tardes de
                                                    [verano,
como centinela sin órdenes ni armas,
como muerta medusa que muda su arco iris por la opaca leche
                                                    [de los muertos,
como abandonado animal de caravana,
como huella de mendigos que se hunden al vadear una charca
                                                    [que protege su refugio,
como todo eso ¡oh varado entre los sabios cirios!
¡Oh surto en las losas del ábside! (SMG, 125)

En este poema la imagen sugerente es el ser muerto (que puede ser Maqroll) originalmente uno, rígido, inmóvil y visible. Pero se va imponiendo a manera de una ola. Su ritmo y su significado flotan, hasta reventar en terrenos de lo invisible (las imágenes sugeridas). Así se libera de sus limitaciones y lo extiende por senderos insospechados: «barca varada en la copa de un árbol», «piel de una serpiente olvidada por su dueña», «joya que guarda la ramera bajo un colchón astroso», «ventana tapiada por la furia de las aves», «música que clausura una fiera de aldea», ...o «como huella de mendigos que se hunden». En esta alternancia de continua contracción y expansión, oscila del menos al más, del adelanto a la recrudescencia; de la imagen de sí mismo como tal muerto y constreñido al espacio de su cuerpo se desplaza a la explosión de sí mismo en múltiples imágenes sugeridas.

Entonces el símil como imagen hace visible lo invisible y funda una nueva realidad mucho más rica. Maqroll o la imagen de un cadáver puede ser vista ahora con una polióptica. Es la operación de compuerta para pasar de un plano a otro, sin tener que transponerse o trasladarse como se pasa de un mapa a la ruta o al terreno. En otra comparación: los zorros «miran por última vez a sus verdugos como quien se encuentra con los dioses al doblar una esquina» (C, 18). La imagen sugerida (la manera como miran los zorros antes de morir) es como una puerta rodante que aparece y, en el momento que se cierra, manifiesta otra realidad, otra cara (como quien se encuentra con los dioses al doblar una esquina). La imagen, el símil es el lenguaje, mediante el cual la palabra «mirada» ha querido revelarse.

Sin embargo, ni la imagen de Maqroll muerto, ni la de los zorros ante sus verdugos, ni tampoco la que veremos a continuación, que presenta la agonía de Pushkin, provocan o invitan a demorarse en ellas. Son fascinantes, pero de una manera contradictoria: porque en la medida en que la comparación es más exacta como que nos merma en algo y en la medida de esa merma el poder del lenguaje aumenta. El zorro al morir mira «como quien se encuentra con los dioses» (pero en realidad no es, es como). Y Pushkin (en el poema «La muerte de Alexandr Serguei-evitch»): «Allí estaba cabeceando contra las tinieblas como un becerro herido, olvidando, entendiendo: a tumbos buscando con su corazón en desorden» (C, 35). Mientras más aumenta la intensidad del símil menos esperanza nos queda de la salvación de Pushkin.

Tanto en «Moirologhia», como en el poema de *Caravansary*, sobre los zorros, y en «La muerte de Alexandr Sergueievitch» lo comparado y los comparantes son negativos y lo que los acerca, la semejanza, es la desgracia que enfrentan.

En «Programa» dice Mutis: «Como farones, es preciso tener las más bellas palabras listas en la boca, para que nos acompañen en el viaje por el mundo de las tinieblas» (SMG, 20). El grado de comparación aquí es más débil porque la cúpula no es el verbo «ser», recae sobre el verbo «tener», como en los zorros recae en «mirar» y en el poema a Pushkin en «cabecear». Mediante el verbo ser, como dice Cohen, «el atributo es designado como predicado del sujeto en su integridad» (*Sémantique*, 101): «eres como centinela sin órdenes ni armas». La cúpula «es» no parcializa, los atributos que con ella se expresan abarcan todo el sujeto. Pero los otros verbos e incluso el verbo «tener», que puede portar tanta fuerza como «ser», se aplican a partes del sujeto. Pero en toda la comparación hay como una lengua de la desesperación, que aprisiona el deseo de mostrar cabalmente y de allí que toda comparación sea siempre una «catacresis», es decir, un empleo de las palabras en sentido traslaticio[12].

Después de *Caravansary*, continúa Mutis recurriendo al símil. Sólo que la naturaleza significativa de los mismos va a ser otra. Veamos «Una calle de Córdoba»:

> *esta certeza que ahora me invade como una repentina*
> *temperatura, como un sordo golpe en la garganta,*
> *...mientras saboreo el jerez*

12 Empleo de un vocablo para que signifique o denote algo distinto de su acepción más propia y de uso corriente.

> *que como un ser vivo expande en mi pecho su calor*
> *generoso...*
> *en esta calle de Córdoba, donde el milagro ocurre,*
> *así, de pronto, como cosa de todos los días,*
> *como un trueque del azar que le pago gozoso con las*
> *más negras horas de miedo y mentira... (E, 42-43)*

A pesar de la utilización de la misma figura, se observa que el contenido expuesto es diferente a lo expresado en las figuras analizadas más arriba. Basta tomar los elementos sugerentes y los sugeridos para ver que la semejanza es un término más afirmativo: certeza que invade / repentina temperatura, sordo golpe en la garganta; vino / ser vivo, milagro / cosa de todos los días, trueque del azar que le pago gozoso. Esta es una sutileza que nos va dejando claves para abordar más adelante nuestra hipótesis, porque, como quiera que sea, las técnicas no son las que individualizan a un autor, ya que pueden ser compartidas con otros. Interesa sí cómo utiliza esas técnicas.

En esa calle de Córdoba de *Los emisarios* sí incita al deseo de proximidad; deseo de descansar junto a esas realidades poéticas; porque los significados que convergen en las imágenes son más soportables, pero por lo mismo no tienen la misma fuerza que los despiadados símiles que vimos antes. Si éstos nos aumentan en algo, también restan en el lenguaje. No siempre tiene que ser así pero aquí se cumple.

En *Un homenaje y siete nocturnos*, también posterior a *Los emisarios*, donde hay una ruptura con la primera poesía, las comparaciones subrayan más cualidades positivas. Refiriéndose a la música en «Homenaje» dice: «instante / otorgado por los dioses / como una prueba de nuestra obediencia a un orden» (HSN, 3). En el Nocturno 1, la luz de la lámpara triunfa sobre la noche y es «como pálido aviso del mundo de los vivos» (HSN, 8-9). Hasta la visión de la poesía queda presentada por el contenido de los símiles como algo salvado del deterioro, un algo más radiante que toma posesión del hablante poético o narrador. El deterioro de allí en adelante lo sufrirán sus personajes novelescos.

Esta visión más afirmativa del hablante lírico se mantiene hasta los «Poemas dispersos», donde «las espadas en desorden» sugieren la manera en que «la luz recorre los campos»[13]. ¿No da esta imagen la visión luminosa de una posibilidad de resolver el desorden en algo más afir-

---

13 Son los últimos poemas publicados en la nueva edición de *Summa de Maqroll el Gaviero* que incluye toda su obra poética. FCE, 1988. 229-238.

mativo? Aunque se trate de armas tan certeras, la amenaza de heridas que acechan en desorden, se resemantiza en una luz que recorre los campos. El sentido que queda con más fuerza de esta imagen es la visión de la luz sobre los campos. Los términos que hacen esta imagen están ausentes en la mayoría de sus poemarios anteriores.

Quedan aún dos formas de símiles o comparaciones mutisianas, en las cuales no nos detendremos demasiado.

Con relación a lo que la rodea, la imagen sugerente se compara en los parecidos, con otras de su misma naturaleza. Ella se destaca entre los de su linaje; ella comparece con los suyos. Sus comparantes aparecen para dar a las palabras materia de alabanza, o de degradación máxima. Así ponen de manifiesto sus excesos y por lo mismo su incomparatividad. El «como» no aparece. Los comparativos están en la obra y el hecho de ser comparada con los otros no la cambia en cualquier otro. Hay una gracia, o una desgracia mayor, una cualidad incomparable en lo comparable. Así, cuando el Gaviero describe entre sus oficios el de celador de barcos y dice que buscaba los lugares donde pudiera haber presagios del hambre y la pelagra o la mariposa propiciadora de «la más vasta miseria», no está haciendo otra cosa que comparar otras miserias de menor alcance con una miseria específica que, por su vastedad, resulta incomparable (SMG, 35). Igualmente en esta otra imagen: «El grito de una sirena que anuncia a los barcos un cardumen de peces escarlata, así el lamento de la que más lo amara» (SMG, 52), concluye con una comparación implícita entre el grado de sentimiento de amor que distintas mujeres han tenido por él, y entre todas ellas destaca, saca a relucir «la que más lo amara». Aquí no cabe el «como» ni el «tanto que» debido a la realidad superlativa que expresa el sugerente. Las imágenes de este tipo son más motivadas pero esto no significa que existan dos poéticas que se puedan separar: una de la comparación y una de lo incomparable.

Quedaría por mencionar aún un tercer tipo de realización comparativa en esta obra, que depende también del modo en que compara, en «quien más es» según que la imagen sugerente es más o menos «ella misma», pero, por alguna razón, en un momento dado sus cualidades revelan en un grado mayor al acostumbrado con respecto a sí misma. Es el caso del Nocturno IV, dedicado al rey San Luis «de ese cuerpo... sin armas, con las ropas desgarradas, sucias de lodo y sangre, / es más sobrecogedora aún y más patente / la augusta majestad de su presencia» (HSN, 45). Lo que indica que la figura de San Luis siempre fue sobrecogedora, majestuosa y patente, pero en este momento particular lo es más que de costumbre.

No está aquí completo todo lo que se podría decir de esta figura retórica porque sólo nos hemos referido al modo en que se construyen. Faltaría aún hablar sobre la intensidad y extensión: la manera como afectan al sujeto y las comparaciones triples y múltiples (de estas últimas son ejemplos «Sonata» y «Moirologhia»), pero nos alejaríamos del tema central, cuyo objeto no es mostrar cómo usa Mutis este dispositivo retórico, sino la selección de significados que fusiona para ir constituyendo un cuerpo que, finalmente, lo que nos da es la imagen del deterioro, de lo que se agota, de la belleza que se gasta, de la memoria que se transforma en olvido... Cuanto más intenso el lenguaje, menos posibilidad de salvación o reposo encontramos en los significados.

Otras imágenes sin nexo comparativo

Combinar el empleo del símil con otras imágenes donde el comparativo está ausente es cuestión de suprimir los nexos comparativos, de no decir «esto es como aquello» o «esto es más que aquello» sino «esto es aquello». Como dije antes, la comparación siempre está flotando en el aire de cualquier figura, máxime si no perdemos de vista que toda la obra de Mutis surge de «un largo rechazo» o de la conciencia del desgaste producido por el tiempo. Esto implica un referente que la mayoría de las veces no queda más que insinuado, pero indudablemente forma parte de su psicología espiritual.

En las imágenes sin nexo hay una interpenetración semejante al color que penetra en un objeto coloreado, de manera que el accidente se confunde con la sustancia. No es algo que se tienda y momentáneamente ocupe un espacio. Presentar, por ejemplo, cualquiera de estas imágenes, alusivas a la soledad: «cuanta mugrienta soledad cobija sus rezos interminables» (SMG, 13), o referirse al húsar bajo estos epítetos: «arcángel de los trenes. / Sostenedor de escaños en los parques, / furia de los sauces» (SMG, 48), es fundir dos realidades en una, donde no subsistirá la posibilidad de separarlas. Seres y apariciones, formas y nombres se entrelazan los unos a los otros, se nutren recíprocamente los unos de los otros, sin que haya necesidad de la encarnación verbal del «como». La soledad de Felipe II no será la misma si se le quita una parte de su naturaleza actual «mugrienta», y del húsar no sabremos nada si excluimos la «furia de los sauces», el «arcángel de los trenes», o el «sostenedor de los escaños en los parques». Ellos son epítetos que despliegan su naturaleza. El poeta, aquí, ya no compara sino que identifica, vuelve uno los dos elementos. La unión establecida es simpática, diferente de la unión hipostática donde sólo se trata de formar una palabra con dos o más. Es el agua que se mezcla con un colorante y sus naturalezas se combinan como en «mugrienta soledad», «Húsar, furia de los sauces».

Por eso quizás es que Tzvetan Todorov, en *Sémantique de la poésie*, está en desacuerdo con las teorías sustitutivas de la figura (que parten de Cicerón), y más bien está de lado de Breton, quien decía que el poeta no ha querido decir, a través de las imágenes, otra cosa distinta de la que ha dicho; pero las palabras dicen en las metáforas cosas que ellas no significan normalmente.[14]

Con el poema 1 de «Cinco Imágenes», que recuerda el «Canto de otoño» de Baudelaire (156), nos vamos acercando a la especificidad en las elecciones mutisianas. La imagen de las hojas taladradas por los gusanos, «mensajeros del invierno y el olvido» (C, 25-26), tiene la capacidad de sugerir la degradación de la realidad, una estética de la negación que actúa también en la naturaleza vegetal y presagia la negación de la memoria. Entre los dos términos de las metáforas «cobrizo manto de las hojas», «oro que comienzan a taladrar los invisibles gusanos mensajeros del invierno y el olvido», se establece un nexo que parece ser una afirmación sintáctica de identidad, una puesta en equivalencia; pero, en realidad, lo que hay en ella es una negación lexical porque «taladrar», «olvido», «invierno», no son términos afirmativos y aun los significados aludidos por el «manto» (que favorece, ampara y protege) y el «oro» (significante de riqueza, abundancia, poder) quedan negados por los términos antitéticos que los rodean.

Extrayendo, casi al azar, otras imágenes de sus poemas encontramos algunas de gran ambigüedad o de aproximación de realidades muy distantes: «En sus rosadas gargantas reposa el grito definitivo y certero». La cito por su plurivocidad; puede aludir al grito del poema, el grito silencioso de la iluminación, el grito del placer satisfecho, puede ser también el grito de la muerte puesto que, a la vez que certero, es un grito definitivo. Y más adelante agrega: «Allí se desnuda un pueblo de altas hembras de espalda sedosa y dientes separados y firmes con los cuales muerden la dura roca del día» (SMG, 43). Además de ser una imagen en el sentido concebido por Pierre Reverdy, se trata de la unión de dos realidades opuestas que se niegan mutuamente y que a la vez conviven

---

14 Para Breton la metáfora más fuerte y válida es aquella que contiene «el más alto grado de arbitrariedad». *Manifiestos surrealistas*. (Primer manifiesto).

en la imagen creada.[15] «Roca del día»: transparencia luminosa junto con solidez pesada y dura forman una unidad no dicha antes, que es mordida por las «altas hembras».

La elección de estas singulares imágenes va en ascenso hasta en los personajes más prototípicos y regionales de sus novelas, como Dora Estella en *Amirbar* o Don Aníbal en *Un bel morir* quien, ante la inminencia de la violencia le dice al Gaviero: «¿A usted nadie le advirtió, cuando llegó a La Plata, que esto era un polvorín listo a explotar en cualquier momento?» (BM, 73). Y esta sola imagen (aunque sea imagen de uso) dice lo que en sí misma expresa y también dice, ¡peligro!

Las anteriores imágenes van a concomitar con otras correlacionadas como las del dolor cuando Maqroll atravesaba el mayor riesgo en el ascenso al páramo, se recostó a descansar y sintió que «el corazón le latía desbocado y una corona de dolor le ceñía las sienes con intensidad que iba en aumento» (BM, 100), o con las metáforas del miedo en el poema del mismo título en *Summa de Maqroll el Gaviero*: «Bandera de ahorcados, contraseña de barriles, capitana del desespero, bedel de sodomía, oscura sandalia que al caer la tarde llega hasta mi hamaca» (SMG, 46). Mas es cierto también que cuando Mutis escribe «bandera de ahorcados» o «contraseña de barriles...» y emplea las palabras en el sentido metafórico, no por ello podemos afirmar que quiso decir sólo miedo; él nombra o quiso nombrar también un sentido de la palabra que no podía ser nombrado con esa misma exactitud por ningún otro significante. Así las palabras «corona que ceñía las sienes», «bedel de sodomía», «capitana del desespero» expresan también lo que ellas significan en sí mismas. Si no conservaran también su significado propio no podrían evocar y ser significantes del miedo o el dolor en el primer caso.

La metáfora, «la gran flauta de piedra» (una de las formas más difíciles de la metáfora porque el referente está ausente), evoca los cañones de la guerra en «el lugar de los sacrificios. / Entre dos mares tranquilos» (SMG, 10) que, por otra parte, alude a Guatemala, la patria de Luis Cardoza y Aragón, a quien está dedicado el poema. «Todo el lenguaje es metafórico» afirma Nietzsche, y agrega Todorov que la palabra (como imagen conceptual), sólo designa un hecho o un fénomeno como idea de la abstracción «omitiendo varios de sus detalles» (*Sémantique*, 120). Por eso, si por una parte, la «flauta de piedra» evoca el cañón, por otra, dicha flauta no es, nunca será igual a un cañón.

---

15 Para Reverdy «la imagen es una creación pura del espíritu» y «mientras más lejanas y justas sean las dos realidades aproximadas, la imagen será más fuerte: tendrá mayor potencia emotiva y mayor realidad poética» (35).

Las metáforas también se construyen a base del mundo de las enfermedades, otra manera de Mutis para singularizar los recursos retóricos empleados. Ya lo había indicado Paz: «La familiaridad con las imágenes desordenadas de la fiebre, y también con las repeticiones del tedio y del aburrimiento» (SMG, 1988: 11).

En el primer «Nocturno» de Mutis, las imágenes están relacionadas con la fiebre: «la fiebre atrae el canto de un pájaro andrógino / y abre caminos a un placer insaciable / que ramifica y cruza el cuerpo de la tierra» (SMG, 55).[16] La enfermedad atrae un hecho de signo muy diferente: el «canto»; la fiebre que abre paso al placer, no obstante es un placer insaciable. La creación de imágenes por analogía también está en estos textos donde la enfermedad suscita situaciones paralelas: «La fiebre atrae el canto de los resumideros donde el agua atropella los desperdicios» (SMG, 55); y en «La muerte de Alexandr Sergueievitch» (C, 35), la fiebre se vuelve «rebaño de bestias» que toman cuenta de los más personales sueños y secretos del poeta.

Los objetos que fallan, que funcionan irregularmente, evocan efectos de las enfermedades. «En los esteros», «Un motor diesel empujaba con asmático esfuerzo la embarcación en medio de un estruendo de metales en desbocado desastre» (C, 57); en *La Nieve del Almirante* viajan en un planchón movido por un motor «que lucha con asmática terquedad contra la corriente» (NA, 16), y por último el camión que lo transportó hasta el páramo donde esperaba encontrar la tienda de Flor Estévez, después de haber sobrevivido la travesía por el río Xurandó, «trepaba con asmático esfuerzo la pendiente» (NA, 114).

Interesa retener las palabras, las opciones que toma Mutis, ya sea para construir símiles o figuras de cualquier otro orden. Estas palabras que aquí sólo nos están insinuando cómo construye la poética de su poesía y de su narrativa, nos van a ayudar a descubrir más adelante el «decir», la significación de su obra. Esa consistente selección de ciertas palabras o realidades para construir sus imágenes y la forma como las conjuga nos llevan a pensar en la generalización que puede haber en el símbolo. La persistencia en imágenes que evocan el miedo, el sueño, la muerte, la soledad, el olvido, la violencia y la desesperanza pueden devenir símbolos. La vida interior y exterior se satura de ese mundo de

---

16 Los nocturnos se multiplican. Después de los dos en SMG, escribe en *Crónica Regia* cuatro nocturnos a El Escorial y *Un homenaje y siete nocturnos* que, como dice su título, contiene siete nocturnos.

154 ALVARO MUTIS: UNA ESTETICA DEL DETERIORO

negación y se colocan el uno junto al otro dando origen a un «decir» que estudiaremos en otro capítulo.

Imágenes de la muerte se encuentran en todos los poemas titulados «Cita» (cuatro en total, con excepción del que se encuentra en «Poemas dispersos»). El de *Caravansary*, por ejemplo, evoca el canto, el poema, para engañar a la «vieja urdidora de batallas, nuestra vieja y señora erguida ya delante de nuestra tumba». (C, 16) y en «Cita en Samburán», también «la vieja perra cumple su oficio hecho de rutina y pesadumbre» (C, 53). La muerte como «perra», que copula con todos los seres, como despiadada e inagotable prostituta. O los poemas que sugieren la descomposición y el deshacerse definitivos: el poema 7 de *Caravansary* y en «La visita del Gaviero», al recordar el suicidio del comerciante picado por la araña en el mismo hospital donde estaba el Gaviero, dice: «Volví a mirar a mi vecino: su cabeza deshecha por el balazo temblaba aún con la floja consistencia de un fruto en descomposición» (E, 35).

Emplea igualmente imágenes escatológicas que acentúan en grado sumo la significación de la realidad a la que sirven dichas palabras: «Lo que le cagó el destino al pobre Wito fue la huida de su hija única con un pastor protestante...» (I, 16). Al usar palabras escatólogicas o «coprolalia», el Gaviero se libera de complejos así como a través de la «ecolalia» asimila el ritmo exterior de los objetos o de los lugares con los de su ánimo.

Otra de las maestrías poéticas de Mutis reside en su gran capacidad de observador, de allí su precisión para adjetivar. En este sentido su obra poética es muy rica tanto en cantidad como en la calidad, determinada ésta por la exactitud de los adjetivos empleados, por ejemplo: «Mi amor, mi desordenado, secreto, inmenso, delicioso, ebrio amor», para referirse al amor incestuoso de un capitán de lanceros por su hermana (C, 17). O en *Summa de Maqroll el Gaviero*: «La noche del cuartel fría y señera... En la sala de armas una golondrina vigila insomne las aceitadas bayonetas» (SMG, 9); «remordida vigilia» (SMG, 13); «sabia confusa de la guerra» (SMG, 13); «marejada rencorosa de un océano de aguas frías y violentas». «Los guerreros ... con el rostro ensangrentado y polvoso y rígido ademán que los precipita a la muerte» (SMG, 42). En «La visita del Gaviero» de *Los emisarios*, refiriéndose a la prostituta que pasó la noche con él y que luego descubrió que era hija de una aventura de su padre y por lo tanto era su hermana, dice: «A quien sólo hasta ahora podía ver en todo el desastrado desorden de sus carnes y la bestialidad de sus facciones» (E, 34).

En el poema «El viaje», resalta la economía del lenguaje, gracias al

uso de imágenes. A través de sólo dos páginas el poeta logra, en uso de
un maravilloso poder de la palabra poética, transportarnos por los más
diversos espacios y tiempos y por regiones de la conciencia figurada,
mediante los tipos ocupantes de cada uno de los vagones. Como en la
estética del imaginismo, se trata de presentar, más que de describir. Para
Ezra Pound, el lenguaje poético está lleno de sentido en su más alto
grado, y ésta es también una de las características que permite hablar de
poemas en prosa en la obra de Mutis. En ella, el lenguaje encarna los
objetos y nos lleva a ver un mundo metafórico a través del lenguaje
concentrado, que va cargando al poema de un poder de sugerencia.

No hemos querido decir que Mutis emplee única y exclusivamente
las realidades que se han mostrado en el análisis de estas figuras. Es
demasiado sabido que el discurso isótropo no existe como tampoco
existe el discurso neutro. Pero sí hay en su obra una predominancia de
estas figuras y elementos significativos que no se da en otros poetas
latinoamericanos y eso es lo que lo distingue.

Recursos para creación de imágenes sinestésicas

La creación de imágenes sinestésicas y sensoriales asume un
tono correspondiente con el tono general de la obra. Dicho tono va a
determinar también el significado, el sentido. Aunque no hay ninguna
obra pura, en Mutis la coherencia significativa se presenta reiterativamente y otorgándole un carácter inconfundible. Los olores y sabores
elegidos para crear imágenes no son tampoco los más agradables ni
deliciosos. La mayoría de las veces remiten a sensaciones repugnan-
tes que, al ingresar en la poesía, son salvadas del olvido donde la estética convencional las confina. Como si se tratara de un trabajo alquí-
mico donde el plomo se transmuta en oro, o donde el escorpión que
nada en los lupanares y se arrastra por el piso, pudiera ascender al
rango de águila, o como el loto que, a pesar de crecer en los pantanos,
puede producir la más delicada y perfumada flor. En la poesía de Mutis
se vuelven aceptables y hasta bellos a nivel del poema los olores de «la
manzana podrida del cloroformo», «la ola de granulada de los febrífu-
gos», «la engañosa delicia vegetal de los jarabes», «el aliento de vinagre», «la fétida sentina del hospital» barrida por el enfermero (SMG,
102-103), y se hace posible una «inocencia nauseabunda» (NA, 21).

Para construir su universo, el poeta parte del reconocimiento de lo
estético en lo sensible, y encuentra simpatías que ellas despiertan con
lo invisible. La india que en su curiosidad sexual busca al Gaviero en *La*

Nieve del Almirante, despierta simpatías con el olor de una «serpiente en celo» o con un «aroma entre brutal y felino». Así sorprende al lector con estas asociaciones que en un primer momento eran invisibles. Sólo las imágenes creadas le permitieron despertar estas nuevas relaciones con la imagen visible. En algunos poemas, a la presencia de lo no-visible (olor del mundo saludable) se opone, no en realidad, sino desde un punto de vista estrictamente humano y provisorio, la manifestación visible, es decir, el mundo «objetivo» en que viven los enfermos en los Hospitales de Ultramar:

> *¡Qué ironía el olor saludable y salinoso de las grandes extensiones, moviéndose preso entre la inmundicia de nuestros males y la agridulce mueca de las medicinas!*
> ...
> *Entonces, los olores giraban enloquecidos y siempre extraños al aroma almidonado y dulce de la cópula.* (SMG, 103)

Por analogías sugeridas o expresadas directamente en la obra se dan cualidades ascendentes, expansivas y descendentes que engloban desde la categoría de los alimentos, olores y bestias, hasta los caracteres idealizados de los seres humanos.

Al poema sirven los sabores agridulces, los frutos amargos, pescados con un dulzón sabor a lodo, infusiones de las hojas de algunos naranjos salvajes, el único alimento de los convalecientes hospitalizados. El aroma «brutal y felino» de las hembras (C, 57), el «olor a limo en descomposición, a serpiente en celo» que despide una india en la selva (NA, 21).

Las cualidades de esta poesía, desde el punto de vista sensorial, reposan en gran medida en el tacto y en el gusto que está íntimamente asociado al olfato (lo cual no niega las imágenes visuales, auditivas): los sabores agrio, ácido, amargo, cáustico o astringente. Predomina el estado líquido, la naturaleza fría hasta temperaturas del páramo o de calor sofocante.

En Mutis la creación de las imágenes y aun del ritmo (que es otra imagen) sigue el mismo principio dialéctico, atraer por simpatía lo semejante a aquello que «rechaza». Acto seguido lo convierte en el esplendor y prestigio que destila el poema. La simpatía crea un lazo capaz de encadenar seres humanos, bestias, olores, sabores y colores, que se manifiestan por oposición a un mundo que se niega, que está ausente y que va quedando insinuado por el que pone de manifiesto.

Los colores en ocasiones son emblemáticos. Caso por ejemplo del «oliva blanco cobalto púrpura» (SMG, 13), analizados antes. El color rosado es tal vez el más recurrente a lo largo de su obra poética. Ese color rojo degradado que tampoco alcanza a ser blanco que quizás tiene que ver con motivaciones inconscientes del hablante lírico. Leamos algunos de los versos donde insiste en dicho color: el asesinato del archidiácono durante el cañoneo del puerto de Salónica ocurre en las «rosadas escaleras» (SMG, 11); la pequeña locomotora de «El viaje» es de color rosado, aunque los cuatro coches son amarillos (SMG, 16); en otro poema repara en la «rosada y prometedora ubre de las vacas» (SMG, 28); el grito definitivo y certero reposa en «rosadas gargantas» (SMG, 43).

Otros colores destacados por su insistencia en ellos son el negro, gris, el color azuloso, más que el azul, todos empleados para caracterizar lo que está en transformación, en degradación o en menos esplendor: «El último coágulo, negro ya poblado por los primeros signos de la transformación» (SMG, 102); «el mar mecía su sucia charca gris» (SMG, 103); la pintura deteriorada había tomado ese color gris azulado propio del revés de las hojas del banano (SMG, 110);

...una tierra rojiza que semeja, en ciertos trechos, la sangre seca y, en otros, alcanza un rubor rosáceo. Los árboles dejan al descubierto sus raíces en los barrancos, como huesos recién pulidos, y en sus copas hay una floración en donde el lila claro y el naranja intenso se alternan con un ritmo que pudiera parecer intencional (NA, 75).

En esta última imagen hay un juego mimético. Esta situación de que la tierra se mimetice en la sangre seca, que las raíces de los árboles se mimeticen en huesos recién pulidos y que en la alternancia de colores haya un ritmo que alguien invisible ordena, son todas simulaciones, comparaciones, juegos entre la figuratividad de la tierra y la fábula de la situación humana. Mutis muestra una vez más su deseo de llevar el lenguaje hasta el extremo de sus posibilidades, de acuerdo con las exigencias de la significación que quiere transmitir.

Antítesis

La antítesis, «la más compleja de las figuras, por el refinamiento de análisis que ella exige», considera Cohen que para el lector francés está asociada al verso de Hugo: «*C'est toujours le combat du jour et de la nuit*» (*Sémantique*, 100). La retórica la define como la contraposición de una frase o palabra a otra de significación contraria; se trata, en fin, de la convivencia de dos términos opuestos.

Michel Deguy, en su obra *La poésie n'est pas seule*, dice: «Hay figura si el todo de un poema puede jugarse en esa figura» (83). Aquí nos interesa mostrar que la figura literaria dominante en la obra de Mutis, poesía y narrativa, donde van a confluir los aspectos señalados antes, parte del cómo dicen los poemas, es la antítesis. Sería tedioso seguir un análisis poema por poema. Similar recurso sostiene toda la obra. Se ha tratado de examinar la manera en que es usado, y cómo llega a construir una obra antitética. Sin embargo, repetimos, el discurso isótropo no existe, incluye otras figuras que no tienen la misma predominancia si se ve la obra en su totalidad.

Casi todas las características que tempranamente señaló Octavio Paz, cuando Alvaro Mutis apenas publicaba *Reseña de los hospitales de ultramar*, expresan generalizaciones de tipos de antítesis que continuaron formando parte de esta obra:

«La Alianza entre el esplendor verbal y la descomposición de la materia» (SMG,1988, 10).

> ¡Qué inolvidable visión —dice Mutis— la de las sábanas blancas de los cuerpos lastimados en el hediondo aceite de los males, flotando sobre la fresca lejanía de las aguas como una dicha que se desenrolla sus símbolos! (SMG, 112)

Ya para entonces los contrarios copulaban en el lenguaje de este poeta, en uno de sus primeros poemarios. *La mansión de Araucaíma* («Relato gótico de tierra caliente»), es otro buen ejemplo en este sentido. Su arte muestra las descomposiciones éticas que ocurren en la mansión. Dos elementos pictóricos sintetizan toda su significación a la manera del cuadro «La explosión en la catedral» en *El siglo de las luces* de Carpentier (guardadas todas las distancias). Los dos cuadros que adornan el recinto de Don Graci, dueño de la mansión:

> Uno ilustraba, dentro de cierta ingenua concepción del desastre, el incendio de un cañaveral. Bestias de proporciones exageradas huían despavoridas de las llamas con un brillo infernal en las pupilas. Una mujer y un hombre, desnudos, aterrados, huían en medio de los animales. La otra pintura mostraba una virgen de facciones casi góticas con un niño en las rodillas que la miraba con evidente y maduro rencor, por completo ajeno a la serena expresión de la madre (MA, 42).

¿No hay aquí una antítesis? Dos cuadros que se oponen el uno al otro en sus cualidades; en uno las bestias y la pareja desnuda que huyen, en el segundo una virgen con un niño en las rodillas reposa; en el primero el brillo infernal en las pupilas, en el otro la serena expresión de la virgen; el desastre, el desorden, el incendio, el caos, en el primero, opuesto a un orden gótico y hasta el rencor del niño ha alcanzado su más alta manifestación; se trata del «maduro rencor». Una suerte de criptografía válida para buena parte de la obra mutisiana.

Otra modalidad en que se manifiesta la antítesis es «la creación de lo maravilloso por el brusco descenso de imágenes gratuitas y carentes de significado, aunque dueñas de un inexplicable hechizo, en el centro de una realidad conocida» (SMG,1988, 11). Leamos estos versos del Gaviero «¡Observen el dombo de los altos árboles cuyas oscuras hojas, siempre húmedas, protegidas por un halo de plateada pelusa, dan sombra a las avenidas por donde se pasean los dolientes!» (SMG, 101).

Análogas imágenes se pueden ver en «El hospital de Bahía» (SMG, 103): «los olores (...) se mezclaban y cambiaban de identidad con una larga y destartalada pereza de medio día»; «con su manto sobre los hombros la fiebre recorría los lechos»; «la agridulce mueca de las medicinas»; «nuestro cuerpo se endurecía para siempre como un lustroso coral en la primavera de las profundidades», y al referirse a los nombres que el enfermero daba a las enfermedades las compara con «una letanía de lejanos recuerdos detenidos en el ebrio dintel de la infancia». Vistas de una manera fragmentaria tal vez no respondan todas en su estructura a la antítesis; habría que verlas funcionando en el texto completo. Lo que sí se nota es el mundo maravilloso que sugiere, con hechos y situaciones familiares, donde el significado importa menos que el efecto de encantamiento.

«La descripción de una realidad anodina que desemboca en la revelación, apenas insinuada, de algo repugnante» (SMG,1988, 11) es otra manera para expresar la antítesis.

En «Hastío de los peces» (SMG, 35-36), donde Maqroll cumple el oficio de celador de trasatlánticos, debe cuidar «que el agua dulce no se enturbie ni el alcohol de los termómetros se evapore en la sal de la tarde», «realizaba la limpieza de los ojos del buey turbios de miel y sacrificio»; y estas labores tan insustanciales las considera «ricas en el trato con criaturas superiores de seres singulares atascados en el placer de un viaje interminable».

El lenguaje es una metáfora de la realidad. Por lo tanto su esencia es simbólica, pues consiste en representar una cosa por medio de otra y, por otra parte, la palabra por ser metáfora puede cambiarse, transmutarse a sí misma en otra cosa. Es por ello que los ojos del buey pueden enturbiarse de miel y sacrificio, sin que los ojos dejen de ser ojos, ni la miel o sacrificio pierdan su significado. En las nimias tareas, Maqroll es capaz de ver en el envés de esa experiencia el encuentro con «criaturas superiores». Pero al mismo tiempo desde el momento en que el poeta pronuncia estas palabras hace posible esa nueva realidad a nuestra imaginación.

Otra manera de presentar antítesis se da en «el gusto por las cosas concretas e insignificantes que, a fuerza de realidad, se vuelven misteriosas» (SMG, 1988, 11).

«El arribo de un barco era anunciado al alba con el vuelo de enormes cacatúas que gemían desoladas su estéril concupiscencia» (SMG, 37). La profundidad que se diferencia por lo de afuera con relación al adentro se pone de manifiesto en planos de lo visible/invisible. Un espectáculo ordinario como el visible vuelo de las cacatúas, se desdobla, abre su abismo a la profundidad de la vida para mostrar no sólo que un barco llegará, sino que su concupiscencia es estéril a tal punto que este último hecho se vuelve más connotativo que el primero. Maqroll penetra esa dimensión de invisibilidad mediante un aspecto muy concreto y visible que llega a actuar como presagio de los barcos que arribarán y que todavía permanecen en el plano del adentro, fuera del alcance de su experiencia sensorial.

Antitéticos son también los términos en que logra mostrar la «refutación de la realidad, ya sea por acumulación de realidades que engendran el absurdo o por la desaparición de una parte de la realidad» (SMG, 1988, 10). En «Una palabra», considerar el poema bajo la imagen de «una fértil miseria» (SMG, 45), es ya concebir la obra bajo términos antitéticos. Claro, la contradicción no es tan fuerte porque no atañe a dos predicados sino al sujeto. Fértil y miseria pueden ser declarados contradictorios no por lo que ellos poseen sino por lo que ellos presuponen.

Al lado de la negación de la realidad, se encuentra también la preferencia por el encuentro con objetos cotidianos o animales comunes en espacios extraños, presencias que infunden cierto dolor o cierto pánico. En *Los emisarios*, poema VIII, vemos «Como ebrios anzuelos / giran en la noche / nombres, quintas, / ciertas esquinas y plazas, / alcobas de la infancia / rostros de colegio, / potreros, ríos / y muchachas» (E, 107). Igualmente se puede leer «Noticia del Hades» (E, 73) que es el encuentro con un mensajero del mundo de la muerte.

Esta otra imagen presenta un hombre que fue agredido por una vendedora de tabaco, cuya cabeza quedó «colgando de unas tiras pálidas

(...) bailando sobre el pecho como una calabaza iluminada por resplandores de cumbia» (SMG, 36). Con esta imagen tan esplendorosa y patética borra toda la importancia del crimen para dar cabida a una realidad nunca verbalizada de ese modo. Que lo codificado moralmente como negativo (el crimen) pueda desprender belleza, o que lo falso implique lo verdadero, no sería aceptado por la lógica, pero la estética no tiene este problema; desde siempre ha sido la práctica más revolucionaria, por eso es natural que Platón proscribiera a los poetas de su república ideal.

La «evocación de una lejanía por medio de objetos infinitamente cercanos o, a la inversa, reducción de lo remoto a una proximidad inmediata, de pronto amenazante» (SMG, 1988, 11), la hace también a través de antítesis.

Dos poemas de *Crónica Regia y alabanza del reino*: «A un retrato de su católica majestad Don Felipe II a los cuarenta y tres años de su edad, pintado por Sánchez Coello» y «Regreso a un retrato de la infanta Catalina Micaela, hija del rey Don Felipe», podrían ser los ejemplos más obvios de la unión de dos realidades en un objeto cercano (los retratos). El procedimiento iconográfico del cual procede este último poema, atrae al hablante lírico por llevar en sí una marca como símbolo: «Algo hay en los labios de esa joven señora, / algo en el malicioso asombro de sus ojos». La escenografía revelada por el poema comporta, como en la perspectiva clásica, un primer plano detrás del cual se suscitan y atenúan planos secundarios: el pasado («No esconden bien el fuego de sus ensoñaciones», «tampoco el aire del duelo cortesano») y el futuro en relación con el presente mirado desde un punto de vista de instantes que se van concatenando linealmente. Luego salta hacia un futuro que es un pasado «y me invade como cada vez que vengo a visitarla / a este rincón del prado que la guarda / ...el deseo de invitarla a perdernos en el falaz laberinto de un verano sin término» (CR, 20). Como en *La mansión de Araucaíma*, todos los elementos están presentados en una dimensión propia del presente, perpendiculares al eje de visión del hablante poético. Pero éste no queda inmovilizado sino que, en lugar de quedarse con un punto de vista único, tiene el privilegio del actuar, y desde ese punto fijo, levantar los ojos y elevarse a sí mismo hacia la Infanta y así alcanza dentro del poema a ser parte de la misma escenografía que al empezar el poema nos parecía tan distante. De modo semejante sucede en el proceso de contemplación del mendicante de «Sharaya», cuyo recorrido mental se convierte en una realización interior.

Ejercer el registro de la palabra como un pacto entre lo concreto y lo abstracto, entre lo subjetivo y lo objetivo, entre lo ausente y lo presente, entre lo «monovalente» y lo «polivalente» (términos propuestos por Todorov) no es más que otra manera de decir antítesis. Claro que no todas tienen la misma fuerza ni el mismo modo de realización. Las variaciones del grado de oposición cambian, como diría Cohen de cualitativa/cuantitativa, neutralidad/polaridad. Pero entre esos dos extremos hay una gran diversidad de variaciones en la desviación del lenguaje lógico. Entre el blanco y el negro están el gris y todos los colores, entre anterior y posterior está lo simultáneo, entre lo alto y lo bajo está lo mediano. Estos puntos son los que tratan de asir mejor figuras menos extremas tales como oxímoron, la hipérbole o la paradoja.

Todas las imágenes y recursos indicados antes muestran que, a pesar de tratarse, en su mayoría, de poemas en prosa donde se insinúa lo narrativo, existe evidentemente un lenguaje poético, desviado de los códigos referenciales ordinarios. En él la palabra se revela en todas sus posibilidades, desligándose de sus posiciones habituales y prescindiendo del orden que corresponde a la convención o al discurso en prosa. No obstante, creemos con Cohen que la especificidad del lenguaje poético se nos escapa. No hay todavía una respuesta satisfactoria al porqué de las figuras. Es cierto que responder con la pluralidad de sentido «sólo satisface el principio de economía» (129). Poca cosa en realidad. No estamos hambrientos de palabras. Y de allí que tal vez haya la necesidad de profundizar más en el ritmo y pensarlo unido al lenguaje, para tener una respuesta al encantamiento que nos puede producir un poema. La búsqueda de este orden de relaciones y de transformaciones es lo que someramente hemos intentado hacer o por lo menos insinuar.

«La teoría de las figuras —dice Cohen— viola los principios sagrados de la estética literaria» (*Sémantique*, 129). Es comprensible. Al analizar las figuras las hemos aislado del discurso poético y las convertimos en «universos lingüísticos transponibles de un poema a otro o de un poeta al otro». De esa manera corremos el peligro de negar el carácter individual y único de la obra mutisiana, lo cual hemos querido evitar tratando de analizar simultáneamente con las figuras el contenido de las mismas. Por otra parte, analizando el discurso en forma segmentada, aunque interactuante, nos arriesgamos a negar, tal vez, esta unidad total, sin fisuras, que constituye toda la obra de arte. Por eso concluía Cohen lo imprescindible del genio de la inspiración para poner en obra esas formas (figuras) posibles y llenar de un contenido a la vez original y poéticamente verdadero.

La antítesis viene a ser una figura anfibia en la obra de Mutis que junta, pliega los opuestos, en una suerte de sinapsis como se comunican nuestras células nerviosas intercambiando sus adentros y sus afueras, y una parte con el todo y viceversa. De esta manera el poeta logra que su poética no pueda subsistir desligada del deterioro y, a su vez, el deterioro esté siempre comunicado con posibilidades estéticas.

Tal vez este esfuerzo de análisis nunca logre dar la idea de esa indivisión; al analizar he fragmentado no sólo los poemas sino toda la obra, la he dividido y, al tratar de hacer claridad, la unidad inseparable se ve escindida y recrudecemos contrarios que en realidad no subsisten más al aislarlos del discurso total o al convertirse en imagen. Al hacerlo negamos el trabajo de anfibio que hace el poeta donde la ambivalencia, la plurivocidad y la ambigüedad permean su discurso.

Se habrá notado, sin embargo, a lo largo de todo este itinerario, que no nos interesa tanto delimitar las técnicas que emplea Mutis, como los materiales de lenguaje que trabaja para encarnar esas técnicas. A este punto del trabajo, confiamos que se percibe ya una cierta validez de la realidad que crea. Se ve que hay, por una parte, la necesidad de traspasar la realidad de un mundo impuesto exteriormente, mundo rechazado, repugnante a veces, un mundo que agobia. Por otra parte, sobrellevar la soledad del yo librado a sí mismo que se empieza a ver desde la «Oración de Maqroll» (SMG, 38) o desde «Moirologhia» (SMG, 123), sin rayar en la locura, encontrando un sentido en ese entregarse al destino, de manera dionisíaca.

Por ahora nos hemos limitado a mostrar el «cómo». En otro capítulo se abordará «el decir» de los poemarios y las obras narrativas (insinuado ya de alguna manera). Hemos dicho que su obra puede ser expresada por la antítesis: «Estética del deterioro» de manera que hay en ella una estructura y un ritmo como el de las olas del mar, que tienen momentos de ascenso, cresta y descenso, inseparables del concepto ola. Y, finalmente, la ola revienta, explota contra la tierra o las rocas fusionando elementos opuestos sólido/líquido, tierra/agua, roca/agua.

Del poema narrativo a la novela poética

¿Quién de nosotros no ha soñado (...) con
una prosa poética, musical, sin ritmo ni rima,
suficientemente dúctil y nerviosa como para
saber adaptarse a los movimientos líricos del
alma, a las ondulaciones del ensueño, a los
sobresaltos de la conciencia?

Baudelaire

YA EN 1954, GABRIEL García Márquez, al anunciar la publicación de *Los elementos del desastre* (segundo poemario de Alvaro Mutis), escribió: «No está escrito ni en prosa ni en verso, no se parece, por su originalidad, a ninguno de los libros en prosa o en verso escritos por colombianos» (PP. 537). Y es que Mutis, desde muy temprano, se distinguió por plantear la intercomunicación entre prosa y poesía y eligió un lenguaje cuya función es poética pero alejado de la rima y sin despreciar totalmente la referencialidad de la prosa. La prosa y el relato, en sus comienzos, no eran predominantes, pero el poeta se va abriendo paso hacia ellos a través de los poemas. Aun en poemarios tan recientes como *Crónica Regia y alabanza del reino*, poemas como «A un retrato de su católica majestad Don Felipe II a los cuarenta y tres años de su edad, pintado por Sánchez Coello», puede inscribirse en ese orbe próximo al relato.

Estas relaciones ambivalentes están diseminadas en su obra poética. En esa lucha va proponiendo otro discurso, cuyo resultado se manifiesta en sus últimas obras. Una nueva escritura, que flota entre la poesía y la novela, con predominio de esta última. No obstante, sus novelas siguen conservando alusiones eruditas, coloquialismos, inesperados giros literarios, sentencias, encabalgamientos de imágenes que simultáneamente destacan y esconden ciertas significaciones. Desde el punto de vista semántico no se podría establecer una separación tajante entre novela y poesía. En ambas se cumple una estética del deterioro, una sensación permanente de pérdida de un orden, de un sentido trascendente que nunca se llega a formular pero que subyace como una nostalgia irremediable en el hablante poético, en sus heterónimos y en los personajes novelescos. Como si el vínculo metafísico absoluto, roto en remotas edades, fuera irrecuperable para siempre.

1. TRASLACIÓN DEL POEMA A LA PROSA

La obra propiamente prosística de Alvaro Mutis abarca el *Diario de Lecumberri* (1960) que, además, incluye otros tres relatos: «Antes de que cante el gallo», «Sharaya» y «La muerte del estratega»[1]. *La mansión de Araucaíma* (1973) que incluye (además de los tres relatos anteriores) «El último rostro»; *El flautista de Hammelin* (1982), que es un cuento para niños, de la más absoluta crueldad, como suelen ser los cuentos infantiles de los hermanos Grimm o los de Andersen. La serie de seis novelas, *La Nieve del Almirante* (1986); *Ilona llega con la lluvia* (1988); *Un bel morir* (1989); *La última escala del tramp steamer* (1989); *Amirbar* (1990) y *Abdul Bashur soñador de navíos* (1991), libro más reciente con el que piensa Mutis que concluirá la saga sobre las tribulaciones de Maqroll el Gaviero.

Por las fechas se puede observar ese vaivén de Mutis entre poesía y prosa hasta 1986, cuando se instala con más ahínco en el terreno de la novela. Refiriéndose a la publicación de los relatos que aparecen al final del *Diario de Lecumberri* (1960) ya mencionados arriba, Valencia Goelkel declaró:

> los tres cuentos —o como se les quiera llamar— de este libro, son, a mi entender, la exacta realización de la hipótesis «Mutis prosista» a que nos incitaba la lectura de «Mutis poeta». Y el resultado es casi insignificante; tales relatos —la pasión de Cristo en un escenario tropical y contemporáneo, el monólogo interior de un asceta hindú, un militar en el imperio de Bizancio— corresponden a los esquemas formales de las poesías de Mu-

1 Estos tres relatos, al lado de «El último rostro» fueron posteriormente incluidos junto con la primera edición de *La mansión de Araucaíma* (1978).

tis²; trasladados al campo de la narración resultan enfáticos, verbosos y vagos; no son cuentos; son vivencias poéticas infladas, empobrecidas por la aceptación de una lógica y una coherencia intrusas (PP, 688).

Este comentario de Valencia Goelkel, escrito hace más de treinta años, pone de relieve dos aspectos: la ambigüedad de las formas adoptadas por Alvaro Mutis y, más importante todavía, que sus relatos desde entonces no respondían a los principios de la narrativa clásica. De allí la incomodidad del crítico al situarse frente a textos que no se dejan clasificar en la poesía y tampoco obedecen al esquema del cuento. Pero, en vez de mermar al autor, este comentario subraya su peculiaridad, su adelanto al tiempo en la innovación de los moldes comúnmente usados en la literatura colombiana y latinoamericana³.

Todas sus novelas como sus relatos poéticos, tal vez con excepción del *Diario de Lecumberri*, *La mansión de Araucaíma* y *El flautista de Hammelin*, provienen del desarrollo de poemas. Los textos poéticos anuncian cada una de las novelas poéticas.

Esas novelas —dice Mutis— se venían anunciando desde mucho tiempo antes. Si tú ves la *Reseña de los hospitales de ultramar*, que es un libro mío publicado en los años 60, pero escrito mucho antes, hay ciertas prosas de Maqroll que suponen una historia más larga. Por ejemplo, en «El hospital de los soberbios» se ven trozos que podrían haber pertenecido a una narración más extensa. No era esa mi intención, pero seguí escribiendo esas prosas sobre Maqroll que aparecen en *Los elementos del desastre*, como «El hastío de los peces». Te estoy hablando del año 53. Después, en dos libros publicados en México, *Caravansary* y *Los emisarios*, las prosas que hay allí dedicadas a Maqroll el Gaviero intentaban ser poemas en prosa, pero en verdad eran trozos de narraciones evidentes con un trozo de realidad literaria construida dentro de las normas y de las convenciones con que se escribe un cuento corto o una novela (...) La idea del viaje de Maqroll por el río, buscando algo, era una viejísima idea que había desechado, que había tratado de contar en el poema y estaba allí latente

---

2 Se está refiriendo a los relatos «Antes de que cante el gallo», «Sharaya» y «La muerte del estratega», respectivamente.

3 Y el hecho de que estén contenidos en el *Diario* nos priva de la tentación de separarlos. Esto sería una arbitrariedad. ¿Cómo separar los relatos del diario si todos son parte del mismo libro, del mismo cuerpo literario que surgió durante la experiencia vivida en la cárcel? En esta línea de pensamiento es mucho más acertada la última edición que salió del *Diario de Lecumberri* en la cual cada sección está interceptada por los relatos. De este modo muestra mejor el ritmo de vida que el poeta vivía en Lecumberri. Me estoy refiriendo a la edición hecha en México por Espiral Editores en 1986.

(...) así surgen *La Nieve del Almirante, Ilona llega con la lluvia* y *Un bel morir* (TR, 334).

Desde «El viaje» (SMG, 16), que es una penetración en las distintas zonas y un descenso del páramo a las tierras bajas, se anuncia *La Nieve del Almirante*, descenso por el río en busca de los aserraderos. Ni el poema, ni esta novela (escrita también en forma de diario como *Diario de Lecumberri*), llegan a lo que pudiera decirse una meta. Ambos, poema y novela, presentan viajes que se realizan sin ningún objetivo. También el río, al que alude al final de «El viaje», cuando dice que se estableció «a orillas del Gran Río» (SMG, 18), como figura, vuelve a aparecer en *La última escala del tramp steamer* en cuyo viaje, por vía fluvial, Jon le cuenta al narrador la historia que constituye este libro.

La Nieve del Almirante seguía anunciándose en su poesía. En *Caravansary*, había aparecido un poema narrativo con ese título, en el que por primera vez se describe parcamente la fisonomía del Gaviero. Todos los elementos de este poema son retomados en la novela y el texto inicial del poema es agregado como parte del apéndice de la primera de la serie de novelas que contarán la vida de Maqroll (C 30).

Un bel morir (1989) también había sido prefigurada por el poema «Un bel morir» (SMG, 77)[4]. En él se podía ver todo el final de la novela, Maqroll anticipando el fin y quitándole todo privilegio al pasado. Incluso la mujer amada no escapará al trabajo del olvido. Esta misma mujer será en la novela Amparo María, una de las protagonistas principales, a la cual él tiene que abandonar porque la persecución de la «justicia» lo obliga a huir. Este mismo poema supone partes de *La Nieve del Almirante*, particularmente el viaje del Gaviero por la selva y la muerte parcial que sufrió en dicho viaje a causa de la «fiebre del pozo».

Presagios de lo que posteriormente sería *Amirbar*, la novela del Gaviero en su empresa de las minas, están en «La Carreta» (SMG, 128), en las voces que escucha en «El miedo» (SMG, 46) (la del ahorcado de Cocora) y en «Cocora» (C, 39). En *Ilona llega con la lluvia* vuelve a aludir a las minas presentando otra versión de cómo se enroló en esta empresa: después de que naufragara el barco donde trabajaba transportando pieles de Alaska a San Francisco, recibió un dinero del fondo de socorro marino y «un canadiense lunático (lo) convenció de intentar lo de la mina de Cocora» (I, 44).

---

4   Este poema que se encuentra en el poemario *Los trabajos perdidos* fue escrito en 1964. La novela *Un bel morir*, es, apenas, de 1989.

Como se habrá percibido, toda la obra toma forma de una arquitectura abierta, mental, que se va construyendo sobre el mismo andamio. Cuando se ha hecho el ejercicio de observar la forma en que se empotran las diferentes partes, los puntos de contacto entre ellas, es posible leerla como un todo. Este punto permite ver mejor la obra como totalidad y me parece que ya queda insinuado al mostrar algunos de los vasos comunicantes entre los poemas y las novelas. En el momento en que se tiene una visión amplia de la construcción que lleva el autor hasta el momento, se siente que se ha incursionado en ese mundo que representa la obra y que, poco a poco, la lectora (o el lector), empieza también a ser envuelta, investida por él. Por eso se puede afirmar, con palabras prestadas por Krieger Murray, que los poemas de Mutis no son siempre

una estructura totalizante, una autoconciencia teológica cerrada, un microcosmos, cuyos elementos mutuamente interdependientes estén presentes cooperando para satisfacer sus potencialidades centrípetas (95).

Serían, en cambio, un juego de «fuerzas centrífugas» que se dirigen hacia un discurso diferente: la novela poética. Novelas y poemas son estructuras abiertas en todo momento.

Atendiendo a la forma de composición, dos etapas pueden distinguirse en la obra literaria de Alvaro Mutis. La primera, con predominio de poesía que va desde *La balanza* (1948) hasta *Un homenaje y siete nocturnos* (1986). Esta primera etapa está ligeramente interceptada por algunas obras en prosa como el *Diario de Lecumberri* y los relatos que incluyen el tema testimonial, la historia no oficial y la recreación ficcional de personajes históricos tales como Jesús, Simón Bolívar y el soldado bizantino, así como por *La mansión de Araucaíma* (1973). La segunda etapa es básicamente novelística; abarca desde *La Nieve del Almirante* (1986) hasta *Abdul Bashur soñador de navíos* (1991). Simultáneamente ha escrito algunos poemas que han sido recogidos en la última edición de su poesía completa bajo el título «Poemas dispersos» (1988).

Desde el punto de vista significativo en la obra se distinguen tres etapas. La maqrolliana, que va hasta *Caravansary*, un libro que marca la transición entre poesía y novela. Los tres poemarios posteriores: *Los emisarios* (exceptuando los poemas «La visita del Gaviero» y «El Cañón de Aracuriare», dos textos poéticos de Maqroll); *Crónica Regia y alabanza del reino* y *Un homenaje y siete nocturnos* componen la segunda etapa. Estos no tienen ese tono personalísimo del Gaviero. Son poemarios de otra voz que también quiere decir lo suyo, diferente a la voz que

170

ha estado al servicio de las peripecias de Maqroll[5]. Es el propio poeta cantando hechos excepcionales, o recreando situaciones históricas. En la tercera etapa, la novelesca, Maqroll vuelve a imponerse, pero a través del narrador. Maqroll no nos cuenta directamente su historia. Quien la cuenta es el narrador que es el que tiene la fortuna de oírlo porque ha sido su amigo, porque recibe sus cartas, o porque sus amigos comunes le envían información sobre el Gaviero. En ocasiones, inesperadamente, cuando compra un libro, encuentra dentro noticias sobre la trajinada vida de Maqroll[6]. Con esta documentación el narrador construye las seis novelas que hasta el momento ha escrito. La época de la poesía maqrolliana, la etapa de transición y la novelesca integran su obra hasta el momento. Quedaría aún por ubicar *El flautista de Hammelin*, que también pertenece a la transición de la poesía a la prosa, pues no es obra del heterónimo sino del autor narrador. Sin embargo su temática no lo distancia de la línea que domina en la primera y la segunda etapa. Como dice Mutis sus temas son siempre los mismos:

> Yo trabajo sobre lo mismo (...) un poeta tiene dos o tres cosas nada más por decir, siempre las dice en una u otra forma, pero no se mueve de ellas, lo importante es que esas cosas tengan transcendencia y sean verdad. (...) Yo trabajo, dialogo, lucho, brego con mis personajes con mis gentes y con mis visiones (TR, 307).

«Empresas y tribulaciones de Maqroll el Gaviero» es una saga que hasta ahora está compuesta de seis novelas, aunque inicialmente se planteó como trilogía. No debe ser entendida como la historia de un hombre que se ramifica en seis capítulos. Es más bien un tejido de historias que tienen puntos de intersección en el Gaviero. El Gaviero es atravesado por todas estas historias que, simultáneamente, atraviesan muchas otras vidas. Sólo con fines metodológicos hablaremos del Gaviero como el cauce que las encamina, porque tenemos que partir de alguna parte para el análisis; igualmente se podría examinar a través del narrador o de otros personajes que forman parte de este entramado de historias.

---

5   A partir de *Los emisarios* empieza el cambio de proposición poética a nivel significativo; pero no sorprende tanto si se tiene en cuenta que no son más poemas del Gaviero. Son poemas del hablante lírico. Hay en ellos un mayor acercamiento a una visión religiosa, de un orden trascendente que el escéptico Maqroll no posee.

6   El diario de *La Nieve del Amirante* lo encuentra el narrador en el bolsillo de un libro sobre el asesinato del Duque de Orléans.

Aunque cada novela tiene su unidad y puede ser comprendida sin necesidad de leer todo el ciclo, la significación completa reside en el cuerpo de la saga porque está concebido de manera unitaria. Veamos algunos ejemplos: en *La Nieve del Almirante*, cuando el Gaviero navega camino a los aserraderos recuerda a Abdul Bashur, que luego será uno de los personajes más destacados de *Ilona llega con la lluvia* y de *La última escala del tramp steamer* (Abdul es hermano de Warda, dueña del barco), y el protagonista principal de la última novela de la saga *Abdul Bashur soñador de navíos* (NA, 25). El fin de *La Nieve del Almirante* no lo conoceremos completamente sino al terminar *Un bel morir*.

No obstante la proximidad prosa-poesía, la superioridad de ésta se revela en el propio Gaviero, quien, al evocar en *Ilona llega con la lluvia* los recuerdos del «Hospital de las Salinas» (que está en «Fragmento» SMG, 112), consciente de que ya habló de estos episodios, dice: «Ya en otro lugar, hace muchos años, algo de esto narré en forma fragmentaria, es cierto, pero tal vez más cercana al episodio que trataba de evocar» (I, 43-44), porque ahora el tiempo ha minado los recuerdos tristes.

Las novelas de Alvaro Mutis no son novelas convencionales, pero él lo dice mejor:

> Yo creo que lo que nosotros llamamos novela es un género exclusivo del siglo XIX: Balzac, Dickens, Tolstoi, Dostoievski y los novelistas ingleses George Eliot, las Brontë, Jane Austen. En los ingleses hay una novelística que podría arrancar con Swift y Daniel Defoe o con *el Vicario de Wakefield* desde el siglo XVIII. (...) *Los Buddenbrook*, de Thomas Mann (...) tiene esta condición de las novelas de este siglo que es la construcción masiva, completa, de un universo en el que se mueven las personas con un ambiente, con una atmósfera con unas características bien definidas; con un destino, un fatum que los mueve y cuya riqueza crea un universo (TR, 347).

El propio hablante lírico desde los inicios en *Los elementos del desastre* sabía que no estaba haciendo poemas en el sentido que tenía el término hasta Baudelaire. Sabe que su escritura está en los indefinidos límites de la narración y el poema y lo hace notar: «No hay fábula en esto que se narra./ La fábula vino después con su pasión de batalla y el brillo vespertino del acero». El poema narra la decadencia del húsar, y concluye anunciando que habrá otro «relato», no poema: «Una mujer desnuda, enloqueció a los mercaderes.../ Este será el motivo de otro relato. Un relato de las Tierras Bajas» («El Húsar» SMG, 49-50). Las palabras «narra», «fábula», «relato», aluden a una forma literaria ajena al poema y verbalizan el proyecto que se cumple posteriormente en la saga. Más adelante, en «los hospitales de ultramar», cuando hay mayor número de poemas narrativos, el poemario mismo en su introducción es propuesto como una serie de relatos «tejidos por el Gaviero en la vejez de sus años...» (SMG, 99). Y, en «El Hospital de Bahía» (SMG, 104), el enfermero prefigura tanto al poeta como al narrador, es un personaje a la vez fabulador, contador de historias como la de la «Torre de Babel», «El rescate de los dolientes» y «La batalla sin banderas». Como figura del poeta, el enfermero nombra las enfermedades «bautiza nuestros males con nombres de muchachas» (SMG, 104).

Cabe indicar algunas de las particularidades de esta serie de novelas de Mutis que puede advertir el lector, antes de entrar en el análisis propiamente formal de las mismas:

— A pesar de que toda la saga narra las tribulaciones de Maqroll, el registro de todo lo vivido en los más inimaginables oficios y aventuras sin propósito definido, Maqroll nunca escribe directamente[7]. No hace libros. Sus historias siempre han necesitado de otra persona, un narrador privilegiado que, por haber tenido acceso a su vida, le da voz para ordenar en los libros lo que el Gaviero poetizaba o escribía. Depende, pues, de este narrador (como dependieron de Larissa sus visitantes nocturnos) para vivir. Y, a su vez, el poeta o narrador existe gracias a las historias de Maqroll que él siente necesidad de transmitir a otros.

— La densidad de lo existencial de los personajes libera al lector de instalarse en un rígido trazado de acciones más concretas. Sus novelas, como sus poemas y relatos, no tienen centro o tienen muchos centros. El interés del lector no se agota en el desarrollo de una trama, al contrario, la conciencia de la geografía espiritual que comunica, conduce al lector con más fuerza hacia las situaciones humanas, universales de los personajes que a sus acciones. Por ello da igual que las viva uno u otro personaje, que pasen aquí o más allá; hay la certeza de estar leyendo verdades definitivas. Sólo que no habían sido verbalizadas de manera tan coherente e intensa y por ello tan despiadadamente.

— Estudiando la obra en su totalidad, se observa que la cronología no tiene la menor importancia en Mutis. La saga no obedece a ningún sentido cronológico. Basta recordar que Maqroll ha muerto ya varias

---

7 «El cañón de Aracuriare» (E, 67) es también una metáfora de la profundización del poeta en sí mismo. Este es uno de los puntos donde hay la ruptura entre Maqroll y el otro. El hablante poético para darle credibilidad al texto dice que se trata de un documento hallado en uno de los hoteles de miseria donde estuvo el Gaviero, antes de morir en «En los Esteros» (C, 57).

veces antes de que empiece la serie de novelas donde nuevamente es el principal protagonista. Pero sus muertes no agotan las noticias de él, aún queda mucho por saberse. Estas historias son las que se irán contando a lo largo de la saga, dependiendo siempre de las oportunidades que tenga el narrador para conseguir información sobre la vida de tan trágico amigo. Por eso las rupturas temporales son impuestas por el texto mismo, por el lenguaje que cuenta.

— La multiplicidad de técnicas para narrar depende del punto de vista que asuma el narrador. Si él se coloca como centro, la organización será diferente a la que seguiría si los otros son los narradores y protagonistas de la historia:

> Hay muchas maneras de contar esta historia, como muchas son las que existen para relatar el más intrascendente episodio de la vida de cualquiera de nosotros. Podría comenzar por lo que, para mí, fue el final del asunto pero que, para otro participante de los hechos, puede ser apenas el comienzo (UE, 11).

En *La última escala del tramp steamer*, por ejemplo, decide tomar como punto de vista el de Jon. «Trataré de seguir —dice— una línea más recta y escueta que es la seguida por Jon en las noches de la ciénaga, donde me relató su conmovedora historia» que, por otra parte, hace pensar en *Las mil y una noches*. Pero aquí el hecho de hablar no librará a Jon de la muerte como a Scheherezada; en cambio sí lo dejará más aliviado de la pena que por tanto tiempo ha sobrellevado en silencio (UE, 78).

— El contar tiene una finalidad. Si Maqroll poetiza hasta 1987, si después escribe las memorias de sus andanzas fue, quizás, por una vaga esperanza en el poder purificador de la palabra. Maqroll nunca escribió para publicar. Maqroll escribió para conjurar sus demonios, para liberarse del inmenso rechazo y para comunicar a su amigo (otro yo) lo que pasaba en su vida. Este efecto de exorcismo es contagiado al lector(a) que no busca en sus novelas un final catártico, ni es guiado por el interés de ver un desenlace. El narrador también lo sabe, por eso le insiste a Jon en *La última escala del tramp steamer* que concluya la historia: «No para satisfacer mi curiosidad —dice—, sino más bien para darle oportunidad de exorcizar los fantasmas que debían torturar su alma de vasco introvertido y sensible, le comprometí a que la noche siguiente me contara el final de su historia» (UE, 108).

— Los personajes tienen una posición muy consonante con los problemas propios de la crisis de la modernidad. Jon Iturri, por ejemplo, tiene conciencia de la multiplicidad de la historia, se niega como centro de la anécdota y se propone como alguien que fue interceptado por una de las muchas «líneas de fuga» (como diría Deleuze) que pueden reconducir el destino de las personas: «Las historias —me contestó— no tienen final, amigo. Esta que me ha sucedido terminará cuando yo termine y quién sabe si tal vez, entonces, continúe viviendo en otros seres» (UE. 108). Su historia es una historia existencial y como tal puede seguir viviendo y recurriendo en cualquier otra persona.

— Ni su poesía ni su novela usan motivaciones de tipo político, sentimental, ni confesional; es, como dice el propio Mutis, una obra escrita con «las entrañas». Sus novelas son más existencialistas, no hay en ellas afán de hacer la crónica de la época o de las circunstancias históricas o económicas del momento actual, ni tampoco dependen de la usual concepción del tiempo o de progreso propias de la cultura occidental. Es una narrativa en la cual la relación entre los incidentes y personajes no podría estar basada ni justificada por su aceptación de las «normas». Se trata de un experimentalismo más conceptual que lingüístico, lo que sin duda lo aparta de la vanguardia. Se resemantizan realidades existenciales universales y se verbalizan con una precisión asombrosa, casi insoportable, por la desnudez con que se presentan.

— Los sistemas de referencia del Gaviero se apartan completamente de lo rutinario lógico: un sueño, los presagios de la naturaleza, la repetición o el ritmo de acontecimientos triviales, un gesto, el encuentro con una persona o cosa suelen ser los que le revelan su porvenir. Nada más lejos del Gaviero que la lógica cartesiana o geométrica, o la lógica simbólica que excluye la posibilidad de que una proposición pueda ser positiva y negativa simultáneamente (contradicha por la poesía). El Gaviero se orienta con otro mapa, desconocido para la mayoría. Su sistema de pensamiento es de casualidades, de coincidencias y no de causalidades o cálculos racionales. Pero esto mismo sucede con Ilona, Larissa y con todos los de su familia cósmica. Ellos saben de otro tipo de contacto con el mundo, con los seres y con las cosas y, a mi parecer, de esa manera, logran una mayor proximidad con la realidad.

Todas las características anteriores evidencian, una vez más, que sus novelas no siguen exactamente los principios de la novela puramente narrativa. Por esta razón tal vez deban ser vistas bajo una óptica formal que permita una mayor penetración en el texto. Para ello las examinaremos a la luz de los «principios narrativos» y de lo que Todorov llama «novela poética».

2. NOVELA MUTISIANA Y PRINCIPIOS NARRATIVOS

Las novelas de Mutis no se ajustan al principio de «sucesión» de la narrativa expuesto por Vladimir Propp; en cambio, se acercan más al principio de «transformación» que sugiere Todorov, como una alternativa a las limitaciones del principio de sucesión (*Genres*. 29). Mostraremos ahora por qué es más pertinente este segundo principio en el caso que nos ocupa. No existe una relación de causalidad entre las acciones. Los hechos no se desarrollan uno a partir del otro previamente desplegado en la novela (con excepción de *El flautista de Hammelin*, cuento para niños), ninguna sigue este principio de causación. Los hechos son desencadenados más bien por lo que Jung llama un principio de «sincronicidad», que implica un concepto diametralmente opuesto a la causalidad y que se refiere a «la coincidencia significativa, una simultaneidad» (*Synchronicity*, 104-115) de los hechos en el tiempo y en el espacio. Es decir, una interdependencia particular de hechos objetivos, tanto entre sí, como entre ellos y los estados subjetivos (psíquicos) del observador y los observados. Simultaneidad, sincronicidad o coincidencia significativa es lo que rige sus obras en prosa. Esto no niega de manera absoluta un mínimo de organización temporal, necesaria para la comprensión de otros niveles en la narración poética.

Por eso dichas novelas no siguen el orden de estos pasos obligatorios de la narrativa señalados por Propp y traídos a colación nuevamente por Todorov. No hay en estas novelas «apertura con situaciones de equilibrio», al contrario, casi todas empiezan en medio de una situación de desazón, de desequilibrio, de inestabilidad, de crisis o enfermedad de los personajes. Y, consecuentemente, tampoco presentan el orden de las características subsiguientes de la narrativa: «degradación de la situación», «observación del estado de desequilibrio por los personajes»; «búsqueda de lo que causó el desequilibrio»; «recuperación del estado inicial» (*Genres*, 29). Habiendo partido de una situación degradada, de desequilibrio que nunca llega a ser mejor, el ciclo narrativo que se acaba de mencionar no se cumple.

En Mutis el lector no está guiado por la pregunta «¿qué sucederá luego?», lo cual nos remitiría a una sucesión lógica o a lo que Todorov llama «la narrativa mitológica». Sabemos desde el inicio lo que sucederá: en *La Nieve del Almirante*, por el mismo Maqroll conocemos que realmente no le importa demasiado llegar a los aserraderos y que da igual que existan o no, en *Amirbar* ya sabemos que no encontrará oro porque tampoco ese es su verdadero interés en esta aventura. Nuestro interés se ubica más en otra pregunta según la novela que estemos leyendo: qué son las minas para Maqroll, qué son los aserraderos, qué es páramo, cómo es el barco, cómo es el prostíbulo de falsas azafatas, cómo es la cárcel. Así la pregunta se encuentra más en el terreno del «ser», del significado, que del «hacer» (*Genres,* 33). Importa más en estas novelas el conocimiento que las acciones. Son novelas que no se agotan en sí mismas, ni siquiera en la saga completa. Como dice Todorov, refiriéndose a esta narrativa que sigue un principio de transformación (no de sucesión), «idealmente ella no terminaría nunca». Por ello puede decirse que es una narrativa más «gnoseológica o epistémica» (*Genres,* 33) que mitológica.

Por otra parte, más que responder a una organización de la narrativa mitológica, es más bien una narrativa «ideológica, en tanto que una regla abstracta, una idea, produce varias propiedades» (36). En las novelas de Mutis, el lector no está en la obligación de seguir una lógica donde las acciones positivas conduzcan luego a proposiciones negativas o de error, porque éstas ya están en el punto de partida; las acciones se relacionan por una idea de aceptación de «fatum», de un cierto determinismo activo, de una clara conciencia de no estar yendo a ninguna parte.

A casi todos los personajes de la familia espiritual de Maqroll les da lo mismo emprender cualquier empresa, desplazarse a cualquier lugar, ligarse a cualquier acción, ir con la primera corriente que se presente, porque de todas maneras estamos en un mundo que se deteriora sin remedio, y en medio de ese deterioro la elección no es la ética sino la estética que se deriva de la experiencia en cada proceso, entendida ésta como un ejercicio de los excesos, del arte. La mayoría de las veces, para identificar este tipo de ideología de base hay que entrar en un amplio nivel de abstracción. Las acciones, consideradas independientes de los distintos personajes (del Gaviero, de Ilona, de Jon y su barco, de Doña Empera, de Dora Estella, de Palitos, de Jesús, de Bolívar, de Sharaya, de Alar Ilirio e incluso de Abdul Bashur), revelan la misma ideología, la misma estética del deterioro de toda la obra, que funciona como una suerte de fórmula ideológica. Por otro lado, en estas novelas las formaciones ideológicas tienen un poder «formativo» muy débil —es decir, no son moralizantes, ni hay en ellas ningún ánimo doctrinario de ninguna especie; más bien poseen un poder «evocativo» (Todorov, *Genres,* 36).

No se podría decir, sin embargo, que estas novelas y relatos prescinden totalmente de elementos de la narrativa. Sus obras pueden ilustrar, incluso, más de un tipo de narrativa pero se trata de estudiarlas, de analizarlas partiendo de lo que predomina y juega un papel más importante cuantitativa y cualitativamente en la estructura de las novelas. En esta línea de pensamiento es donde vemos que se adaptan más a lo que el propio Todorov ha definido como «novela poética» que a la novela narrativa.

3. NOVELAS POETICAS

Al enfocar el estudio de la novela poética Tzvetan Todorov señala cuatro tipos de fenómenos que la diferencian de la novela narrativa: la naturaleza de las acciones, los encabalgamientos narrativos o las narrativas de segundo grado, los paralelismos y el uso de la alegoría (*Genres*, 50-59). Así construye un breve esquema que distingue el nivel de experiencia de los héroes de la novela narrativa por oposición al mundo de los poetas, en la novela poética[8]. Este estudio de Todorov sirve aquí de base para mostrar que las novelas de Alvaro Mutis pueden ser leídas con mayor provecho a partir de una perspectiva poética.

Naturaleza de las acciones

En Mutis «la narrativa básica primaria» de las novelas es sumamente simple. Podrían ser resumidas en términos muy breves: en *La Nieve del Almirante*, Maqroll deja la tienda de Flor Estévez donde se reponía de la picadura de un animal venenoso (araña, serpiente o mosca) en la pierna, viaja por el río en busca de los aserraderos, al llegar al sitio indicado no encuentra tales aserraderos, se regresa, va en busca de Flor Estévez y tampoco la encuentra. En *Ilona llega con la lluvia*, el Gaviero queda varado en Cristóbal (Panamá); se enrola en un negocio de venta de artículos robados en la aduana; desiste de este negocio, se encuentra

---

8 Héroes: experiencia, acción, negocios del mundo, eventos memorables y revolucionarios, la persona se involucra a sí misma, esparce su aprendizaje por encima de su tiempo, pasa de una cosa a la otra por deducción, ininterrumpida cadena de eventos.

Poetas: contemplación, reflexión, esencia y significado del mundo, existencia reducida a la mayor simplicidad, interés en el mundo como espectáculo, conocimiento inmediato, comprensión intuitiva de cada cosa tomada separadamente y luego comparada, incrementa las fuerzas interiores, secreta identidad de las cosas. (Todorov, *Genres*, 51)

asesinada por una de las pupilas del prostíbulo que se suicida simultáneamente, el Gaviero se encontrará con Abdul Bashur. En *Un bel morir*
la narrativa básica la constituyen las acciones del Gaviero: decide quedarse en La Plata sin un objetivo determinado, conoce a Van Branden,
quien lo involucra en el transporte de contrabando de armas, es descubierto por los militares, tiene que abandonar el pueblo y huye con la
certeza de que va hacia la muerte. En *Amirbar*, realmente la acción
narrativa primaria es contar, el narrador cuenta lo que el Gaviero contó
durante un tiempo en que estuvo enfermo en Los Angeles. Esta novela
es el perfecto ejemplo de historias encabalgadas. Hay tres niveles en la
acción de contar: primero, Maqroll enfermo, planea viaje a la costa peruana para transportar piedra. Segundo, Maqroll cuenta su experiencia
en las minas de Cocora, la Zumbadora y Amirbar, donde, en lugar de
oro, encuentra más tribulaciones en su vida y otra cercana amenaza de
la muerte (Antonia, la mujer con la que convive en la mina intenta quemarlo). Maqroll abandona las minas; huye de la policía hacia un puerto
en el Pacífico, se embarca hacia la Rochelle. Una mujer está en medio
de toda la historia de las minas protegiéndolo: Dora Estela, una copera
del pueblo más cercano a Amirbar. Tercer nivel narrativo, Maqroll envía
desde el puerto de Pollensa noticias sobre el viaje al Perú a su amigo (el
narrador). En *La última escala del tramp steamer* el narrador se encuentra con el carguero Alción en diferentes lugares y tiempos: Helsinki,
Costa Rica (un año después), en Kingston (Jamaica) y en el Delta del
Orinoco en Venezuela. Se crean, desde el primer momento, vínculos de
simpatía en el narrador hacia ese barco por la resonancia entre el destino de este barco y el suyo; luego las coincidencias en espacios y tiempos diferentes acrecientan dicha identificación. Un día, el narrador conoce a Jon Iturri en un viaje por el río Magdalena desde Barranca Bermeja
hasta Barranquilla. Descubre que Jon fue el último capitán que tuvo el
Alción antes de naufragar. El narrador encuentra otra razón de su extraña sintonía con el navío[9]. Jon Iturri le cuenta, durante las noches de
viaje, su relación con el «tramp steamer» y su amor por Warda, dueña
del barco y hermana de Bashur.

En esta enumeración sólo se han mencionado las acciones perceptibles
y, de ellas, las que son relatadas directamente por el autor o por la persona
poética que confía en el autor toda su experiencia de la vida: Maqroll el
Gaviero. Concomitante con la narrativa primaria, se desarrolla una «na-

---

9   El narrador descubre que Jon Iturri, además de haber sido el capitán del Alción es
    también amigo del Gaviero y de Abdul y conoce todas sus historias.

rrativa secundaria» predominante que alcanza a balancearse con la brevedad de las acciones de la primaria. Las acciones que emprenden los personajes de las novelas (con excepción de *Abdul Bashur soñador de navíos*) y de los relatos no sólo son pocas sino que no son extraordinarias, ni particularmente heroicas[10]. Los personajes de las novelas y relatos no son seres de acción. Son mujeres y hombres intuitivos. Aun en recreaciones de personajes connotados por su actividad en la historia oficial, como Bolívar, Jesús o los soldados bizantinos, al pasar a ser personajes de relatos, en «El último rostro», en «Antes de que cante el gallo» y en «La muerte del estratega», adquieren otra dimensión. Son mostrados desde un ángulo donde las acciones cuentan mucho menos que su estado existencial y la conciencia que tienen de él. Más todavía, en *Abdul Bashur soñador de navíos*, Bashur, definido al comienzo como un hombre de acción, al final termina siendo poseído por la filosofía de vida del Gaviero, donde el lado intuitivo se afirma por encima del carácter activo que parecía distinguirlo. Los personajes de acción son muy pocos y de corta vida, no llegan nunca a ser definitivos en el desarrollo de la novela. El Mayor de *La Nieve del Almirante*; Wito, el capitán que se suicida en *Ilona llega con la lluvia*, y el capitán Segura en *Un bel morir*, a quien sólo vemos en dos escenas. Ellos no son personajes realmente trascendentes. Y tampoco lo son los tramposos y mediocres como el portero del hotel Astor, Van Branden, el práctico y el eslavo, entre otros.

Maqroll el Gaviero, protagonista principal de cuatro de las seis novelas y personaje de las otras dos, es un hombre más de la vida y del pensamiento que hombre de acción. Contrariamente al héroe, no desafía el destino, no va en busca de la acción, no crea sucesos; la vida lo reta y él, obediente a un destino, acepta con una entrega casi devocional lo que le propone la vida. Como quien remonta la cresta de una ola, a sabiendas de que el final será un reventar contra las rocas o la tierra, Maqroll el Gaviero vive los procesos y, en ellos, agota su interés. No busca recompensa, ni siquiera un saber acumulativo; para qué, si ningún saber tiene permanencia y cada experiencia ofrece retos nuevos donde el saber anterior queda sin validez. El va agotando experiencias y disponiéndose para nuevas empresas que le ofrecerá el destino.

---

10 Aunque *Abdul Bashur soñador de navíos* no puede considerarse una novela exclusivamente narrativa, sí hay en ella una mayor voluntad de acción en el personaje principal y por ello no es incluida aquí como típicamente poética aunque está cruzada por muchos de los aspectos que expone Todorov como características de este tipo de novela.

Aun en *La mansión de Araucaíma*, que pareciera ser una novela de más acción, los personajes son demarcados más por sus características que por lo que hacen. Y si se observan los hechos (Angela irrumpe en un orden demoníaco, extraño, el piloto la invita a quedarse y duerme con ella; Angela duerme con el fraile porque el piloto no la satisface; el sirviente seduce a Angela y la aparta del fraile por sugerencia de don Graci, el dueño; la Machiche duerme con el sirviente en lugar de hacerlo con el guardián que era su pareja habitual en esos días, el guardián rompe con la Machiche, la Machiche se venga a través de Angela seduciéndola hasta llevarla a la relación sexual; la Machiche rechaza a Angela cuando ésta se encuentra emocional y sexualmente más dependiente de la Machiche; Angela se suicida ahorcándose, el piloto mata a la Machiche, en venganza, luego el piloto se suicida, los otros abandonan la mansión), se observa que son acciones que no tienen demasiada lógica en el mundo de lo heroico y lo memorable.

Otras veces se trata de acciones insignificantes como las que desempeña Maqroll el Gaviero de celador de barcos, limpiador de lámparas de latón para la caza de zorros, conductor de trenes, fabulador entre los fogoneros de un barco, arriero de mulas que transportan armas de contrabando, buscador de oro en los más apartados lugares de la tierra. El nivel primario de las acciones, generalmente se borra o pierde casi toda su importancia frente a la densidad de los sucesos existenciales, emocionales y la conciencia que los personajes tienen de ellos.

La mansión de Araucaíma y el *Diario de Lecumberri* tampoco se ajustan estrictamente a los principios tradicionales de la narrativa. En el primero, cuando Angela irrumpe en la mansión, no había ningún estado de equilibrio, ya era un mundo de descomposición ética. Con su presencia, lo único que hace es catalizar la catástrofe que no constituye ningún fin feliz para nadie. El *Diario*, por su forma, por su contenido y las rupturas del mismo, no admitiría la clasificación de la pura narrativa. Estas dos obras, donde podría decirse que predominan más las acciones, insinúan sin embargo que el camino de la actividad no es válido. Eso sería desafiar el orden que cada día propone el destino y exponerse a peores desastres. Es más aceptable entregarse conscientemente al deterioro incrustado en todo lo vivido y a los movimientos de energía de cada hecho, que en un momento dado son propuestos como alternativas.

Otras actividades que acentúan estas novelas y que las diferencian de las novelas narrativas son las que cumplen los personajes al evaluar libros, sueños, poemas, invocaciones o máximas. Esto es perceptible en todas ellas. Indiquemos un ejemplo: en *La Nieve del Almirante*, el Gaviero evalúa el libro sobre el asesinato del Duque de Orléans en estas palabras:

> Los móviles de un crimen político son siempre de una complejidad tan grande y se mezclan en ellos motivos escondidos y enmascarados tan complejos, que no basta la relación minuciosa de los hechos ni la transcripción de lo que sobre el asunto opinaron las personas involucradas para sacar conclusiones que pretendan ser terminantes (...) Pero lo que más me llama la atención en este caso así como en todos los que han costado la vida a los hombres que ocupan un lugar excepcional en las crónicas, es la completa inutilidad del crimen, la notoria ausencia de consecuencias en el curso de ese magma informe y ciego que avanza sin propósito ni cauce determinados y que se llama la historia. Sólo la incurable vanidad de los hombres y el lugar que con tan descomunal narcisismo se arrogan en la indómita corriente que los arrastra, puede hacerlos pensar que un magnicidio haya logrado jamás cambiar un destino desde siempre trazado en el universo inmensurable (NA, 72).

Un proceso semejante se cumple en *Un bel morir* con el libro que el Gaviero lee sobre la vida de Francisco de Asís («un joven de familia adinerada, en pleno siglo XII, salía en busca de Dios»), y en *Amirbar* donde Maqroll lee y evalúa el libro de Émile Gabory sobre las guerras de la Vendée.

Las conversaciones de los personajes son sobre temas muy generales y filosóficos; por ejemplo, el Gaviero e Ilona discuten sobre su hastío con el prostíbulo de falsas azafatas, si es una cuestión de ética o de estética; el Gaviero, en *La Nieve del Almirante*, trata de encontrar una explicación de sus sueños; Abdul y Maqroll, al final de *Abdul Bashur soñador de navíos*, desarrollan una profunda conversación que devela todo el sistema filosófico y la ideología de ambos personajes. Jon Iturri y el narrador, en *La última escala del tramp steamer*, discuten sobre lo transitorio, el amor, el olvido, la nostalgia, etc. En fin, el arte, la religión, la soledad, la vida en el mar, la vida en la tierra, la muerte como esencia de la vida, son objeto constante de las conversaciones en las novelas y relatos de Alvaro Mutis.

En la mayoría de las acciones que implican palabras habladas, no importa el hecho de hablar como acción salvadora (con excepción del caso de Jon, a quien el narrador presiona a hablar para que se libere de los fantasmas que internamente lo acosaban). Interesa lo comunicado, y cuando se trata de contar es por una función salvadora del olvido y antídoto contra el desastre presente.

Tampoco son determinantes en las novelas de Mutis los dos «poderosos sistemas de causación» (55), señalados por Todorov como el desencadenamiento de acciones, una a partir de otra, o la búsqueda de una verdad secreta. Un acontecimiento no es condición para llevar a otro y mover así la narrativa de la novela, tan propio de la narrativa clásica. Tampoco como lectores nos sentimos guiados a encontrar una verdad escondida en el desarrollo de la trama. No hay secretos y los eventos causales son muy limitados, léase *La última escala del tramp steamer* donde el plano de coincidencias es infinitamente superior al plano de las determinaciones causa-efecto. Con excepción del encadenamiento entre las acciones de partida, viaje y arribo, son pocas las acciones causales. Esto no implica que los hechos y sucesos no estén relacionados unos con otros y que ellos no contribuyan a la sabiduría que a lo largo de las novelas descubrimos no solamente en el Gaviero sino en todos los personajes.

Encabalgamientos o uso de narrativas de segundo grado

Los encabalgamientos narrativos surgen de manera muy distinta a la forma en que se encuentran narrativas de segundo grado en obras como las de Cervantes. En las novelas de Mutis la mayoría de los empotramientos están logrados por máximas, canciones, poemas, invocaciones, sueños, recuerdos y reflexiones abstractas.

En *La mansión de Araucaíma*, por ejemplo, el canto del piloto, la oración del fraile, la salmodia del sirviente y las máximas que el dueño había hecho escribir en las paredes funcionan como empotramientos narrativos; leamos algunas:

> Mirar es un pecado de tres caras, como los espejos de las rameras en una aparece la verdad, en otra la duda y en la tercera la certidumbre de haber errado.

> Alza tu voz en el blando silencio de la noche, cuando todo ha callado en espera del alba; alza, entonces, tu voz y gime la miseria del mundo y sus criaturas. Pero que nadie sepa el sentido de tus lamentos.

> Si entras en esta casa no salgas. Si sales de esta casa no vuelvas. Si pasas por esta casa no pienses. Si moras en esta casa no plantes plegarias (MA, 11-12).

Al pasar por los rápidos, el lugar de mayor peligro del río Xurandó en *La Nieve del Almirante*, el capitán del barco reparte copias de una plegaria (NA, 76-77) que, más que oración, es poema y, en *Amirbar*, el Gaviero eleva una plegaria para aplacar al jefe de los mares, porque «algo, allá muy adentro, (le) decía que (su) larga ausencia del mar no era bien vista por los abismales poderes del océano» (A, 97-98).

Hablar, en los casos anteriores, toma el matiz de «acción fuerte», como dice Todorov. En ellos, interesa lo dicho y se producen, entonces, poemas, cantos, salmodias, u oraciones; este último recurso se emplea desde los comienzos en el primer poema donde aparece, por primera vez, la persona poética de Maqroll el Gaviero, «La oración de Maqroll».

Los sueños constituyen otro recurso para las narrativas de segundo grado, ya sean sueños del Gaviero u otros personajes; por ejemplo, en *Un bel morir* (42-45) narra varios sueños del Gaviero. Uno trata de un viaje donde se encuentra con Ilona. Luego viene la correspondiente interpretación para dilucidar su significado. Compara a Ilona con Flor Estévez, pero, en la vigilia, no encuentra punto de parangón entre las dos mujeres, una no puede transustanciarse en la otra. En *La Nieve del Almirante* (52-59), igualmente se encuentran sueños como narrativas de segundo grado. Durante el viaje por el río Xurandó, el Gaviero sueña y, luego, se empeña en descifrar, sin mucho éxito, su significado. En ellos aparecen Flor Estévez, lugares visitados antes y espacios históricos de libros leídos.

Frecuentemente Maqroll, el narrador o alguno de sus personajes, declaran algo que podía haber sido narrativo pero no despliegan el contenido. En *Ilona llega con la lluvia*, Maqroll e Ilona manifiestan su descontento con el prostíbulo de falsas azafatas: «El tráfico continuo de mujeres cuya vida, bastante elemental, refluía y chocaba con la nuestra, adhiriéndole una especie de corteza insípida hecha de minúsculas historias (...)» (I, 75). Ni la historia de las prostitutas, ni las incongruencias con la vida de Maqroll e Ilona son narradas. Cuando se intercala una historia de acción, como los encuentros de Larissa en las noches de su viaje en «El Lepanto» de Palermo a Panamá, la acción pasa a un plano de poca importancia. Pues aunque sepamos que Laurent era oficial del imperio napoleónico y Zagni relator de la secretaría de la República de Venecia, el interés de la historia deja de gravitar en el plano de las acciones memorables, desde el mismo momento en que sabemos que se trata de apariciones de épocas remotas.

Muchas de esas historias quedan, apenas, en el plano de la enunciación o la sugerencia, que es también uno de los recursos del lenguaje cuando está cumpliendo una función poética: sugerir más que develar o explicar. Hablando sobre los crímenes del «eslavo» y «el práctico» con los indígenas, dice: «Es inútil que le cuente más sobre estos dos elementos. También el crimen es aburrido y tiene muy pocas variaciones» (NA, 49). Más adelante, al llegar a los aserraderos, el capitán le recomienda a Maqroll no hacer caso de rumores porque «la gente aquí es muy dada a inventar historias» (NA, 74), pero tampoco da a conocer esas historias que inventan.

Las anécdotas que Nils Olrik, capitán del barco que lo llevó a la costa peruana (*Amirbar*), no son contadas inmediatamente; interesa destacar el efecto que tuvieron sobre su salud: «Me regresaron —dice— el placer de estar vivo y ahuyentaron hasta la última huella de las fiebres que me habían derrumbado en California» (A, 134). El narrador no está interesado en la representación de la enunciación. Las historias no se cuentan y el punto final del triple empotramiento no aparece explícito en la novela.

Los temas de conversación son apenas enunciados, pero no se detiene a dar detalles. Por ejemplo, cuando habla de Doña Empera, el narrador dice: «Ella... le proporcionaba información sobre la zona y los sucesos ocurridos allí en los últimos veinte años» (BM, 54). Y la narrativa que podría originarse en dichos sucesos se disipa.

A su manera, son acciones en segundo grado. No porque provengan generalmente de un segundo narrador, sino porque cobran sentido sólo en la relación con otras acciones que son prioritarias dentro de las novelas.

En el mismo nivel de encabalgamientos narrativos, las novelas sobre Maqroll abundan en comentarios sin desarrollar; el capitán le dice al Gaviero, cuando éste regresa de su fracaso en busca de los aserraderos: «El negocio es muy tentador y no tiene nada de descabellado. Sólo que, es lo que le digo: siempre hay alguien más listo. Siempre. Menos mal que lo toma usted con cierta filosofía. Es la única manera» (NA, 111). Con un lenguaje más para ocultar que para develar, apenas se insinúa sin desarrollar ninguna de las aseveraciones. De igual manera sucede cuando el mayor lo provisiona con papel para escribir su diario: «Se los envía mi mayor y le manda a decir que ojalá le sirvan para apuntar lo que debe y no lo que quiere», dice un soldado (NA, 47) y simultáneamente queda al descubierto el lenguaje elusivo y oscuro de los militares y la crítica a la represión ejercida sobre las conciencias. Las transacciones que hace con Van Branden, en *Un bel morir*, están en este mismo plano de encabalgamientos narrativos. Todo sucede casi por encima de las palabras, de las explicaciones. El lenguaje sólo insinúa; la atmósfera psicológica cumple la parte más importante de la acción. En *La Nieve* la relación del Mayor y el interrogatorio que hace al práctico y al eslavo, Ivar, son sólo mencionados; se insinúa sí el miedo que les produce el Mayor. Luego Maqroll se entera que los lanzaron desde el avión a tierra.

«Lo de ustedes durará lo que dure el Alción» (UE, 99), dice Bashur refiriéndose a la relación de Jon y Warda, sin precisar más detalles. En todo el libro *La última escala del tramp steamer* (como en todos los demás), interesan las características psicológicas de los personajes, su historia humana, y no su historia de aventuras y hazañas.

Anunciaciones que no se explican y que obedecen a presentimientos, es otra de las formas que adquieren aquí las narrativas de segundo grado. Cuando Doña Empera se despide del Gaviero «lo estrechó en silencio, sin lágrimas, sin sollozos. Ella, que todo lo sabía, sintió que de sus brazos se alejaba un hombre que le estaba diciendo adiós a la vida» (BM, 137).

Algunas de estas narrativas de segundo grado son producidas por el narrador pero realmente se trata más bien de «reflexiones» que de acciones. Recordar, reflexionar o pensar son consideradas por Todorov acciones de segundo grado. ¿No es esta la actividad principal del Gaviero? Su interés en la observación del espectáculo de los seres humanos, de la historia, del paisaje, rebasa en gran medida su propia participación activa en los acontecimientos.

Ante el espectáculo que dan dos soldados que subieron al planchón enfermos de malaria en *La Nieve del Almirante*, Maqroll el Gaviero medita en el tiempo, la soledad, el destino, la mujer, la muerte, la hipocresía de las leyes y el agotamiento del significado del viaje en el mero desplazamiento.

Dora Estela, la copera del bar, ante la vaga alusión que el Gaviero da como respuesta a su pregunta sobre el libro que en ese momento lee (*Les guerres de Vendée*), dice: «Si todo eso pasó ya y todo el mundo está enterrado, de qué sirve hurgar en esa huesamenta. Ocúpese de los vivos, más bien, a ver si logra algo», y cuando el Gaviero agrega su falta de interés en lo que dicen los vivos, ella afirma «Bueno, en eso sí tiene razón. Las pendejadas de la gente cansan más que lo que quieren decirnos los muertos a veces» (A, 31). Al final del mismo libro, en la carta que el Gaviero le escribe al narrador desde Pollensa, desarrolla una reflexión sobre el carácter de los Borbones, contraponiendo su descarnado sentido de la realidad a su «ceguera suicida que los lleva siempre al cadalso o a un exilio sin grandeza» (A, 135-136).

En *Abdul Bashur soñador de navíos*, este tipo de reflexiones abstractas se observa en el narrador después del encuentro imprevisto que tiene con Fatma, hermana de Abdul; a propósito dice: «Fatma Bashur. ¿Por qué, a menudo, el azar se empeña en adquirir el acento de una sobrecogedora llamada de los dioses?» (AB, 3). Por allí se interna en un bosque de reflexiones sobre su relación con Abdul y las circunstancias en que se han cumplido sus encuentros. En forma similar, al concluir el negocio de la prostitución en Panamá que llevan el Gaviero e Ilona, se producen reflexiones de tipo filosófico: «Por qué nos afecta algo que en ningún momento hemos vivido, como si atentara contra nuestros muy particulares principios éticos. El fastidio viene de otra parte, de otra zona de nuestro ser» —dice Ilona. Y el Gaviero agrega:

> Yo creo que se trata más bien de estética que de ética. Que estas mujeres se prostituyan con nuestra anuencia y apoyo, es cosa que nos tiene por completo sin cuidado. Lo que nos es difícil tolerar es la calidad de vida que se desprende de esta actividad, muy lucrativa, sin duda, pero de una monotonía irremediable. (I, 76)

Ya sean poemas, canciones, invocaciones, sueños, reflexiones abstractas, comentarios sin desarrollar, conversaciones sobre temas generales, libros leídos, relaciones entre lo vivido y lo leído, historias que apenas se enuncian, son todas formas de los empotramientos o de las narrativas de segundo grado que desplazan la narrativa primaria a otro nivel. Esto se cumple en estas novelas que tentativamente estamos considerando más poéticas que narrativas.

Paralelismos

La tendencia al parecido o a la identificación gobierna numerosas relaciones de los elementos en la novela. Mutis paraleliza lugares, épocas, sueños, situaciones y experiencias vividas por los personajes. Es común encontrar personajes que, por su analogía psicológica, podrían considerarse de la misma familia, como los militares, los mediocres y tramposos como Branden, los sabios como la ciega y la mayoría de mujeres de sus novelas, los mezquinos y avariciosos como el portero del hotel Astor o el preso de la cárcel de Lecumberri que le recuerda las novelas de Zola, los osados como Abdul y los desesperanzados como Maqroll e Ilona. Veámoslo a través de los textos:

> De aquí que todos los Van Branden del mundo que se atravesaban en su camino, sirvieran sólo para constatar su irremisible soledad, o su imbatible escepticismo ante la terca vanidad de toda empresa de los hombres, esos desventurados ciegos que entran en la muerte sin haber sospechado siquiera la maravilla del mundo (BM, 38).

Maqroll observa las acciones de los demás y organiza un cuadro que jamás puede completarse porque es un tejido de múltiples coincidencias simultáneas. El no está interesado en acciones concretas y, por esa razón, cuando el narrador quiere organizar cronológicamente la historia de Abdul y la del Gaviero, se topa con una tarea imposible porque «en la mayoría de los casos, la ausencia de toda indicación impide ubicar la época del relato» pero, de todas maneras, ese rigor también sobra cuando se trata de «los comunes casos de toda suerte humana» (AB, 14). Paraleliza así la vida de sus personajes con lo que puede pasar en la vida de todo el género.

La caracterización de un personaje muchas veces lleva implícito el contraste con otros que pueden aparecer explícitos en la novela o elididos y apenas sugeridos por el propio contraste. Fatma caracteriza a su hermano en *Abdul Bashur soñador de navíos,* en contraste con un estereotipo musulmán que no nombra; apenas lo sugiere. «Ya sabemos que Abdul siempre fue muy inquieto. Nunca se conformó con aceptar las cosas como la vida las iba ofreciendo» (AB, 11). Luego el narrador, que conoce tan bien a Maqroll como a Abdul, en la misma obra los contrasta explícitamente en su carácter:

> Maqroll partía de la convicción de que todo estaba perdido de antemano y sin remedio (...) Bashur creía que todo estaba por hacer y que quienes en verdad acabarían como perdedores eran los demás, los necios irredentos que minan el mundo con sus argucias de primera mano y sus camufladas debilidades ancestrales (AB, 36).

En un momento de crisis de *Ilona llega con la lluvia*, el Gaviero visualiza la compleja relación de Ilona con Larissa y, queriendo salvar a Ilona, contrasta la situación de ésta con la de Larissa (I, 101). La caracterización del «Alción» supone paralelamente cierta condición humana resonante con sus singulares cualidades: cargueros de pequeño tonelaje, sin filiación ninguna, errantes de puerto en puerto buscando carga ocasional para llevar no importa a dónde. Es también la imagen del vagabundo, navegante y aventurero que, sin rumbo fijo, arrastra su condición en el plano terrestre.

En ocasiones, lo principal del paralelismo es que la segunda parte no está escrita y debe ser asumida, deducida de la primera. Así, cuando Maqroll dice: «Pero meditando un poco más sobre estas recurrencias caídas, estos esquinazos que voy dándole al destino con la misma repetida torpeza, caigo en la cuenta, de repente, que a mi lado, ha ido desfilando otra vida. Una vida que pasó a mi vera y no lo supe» (NA, 27); la otra vida tiene que ser pensada, figurada a partir de la que conocemos.

Paralelismos se encuentran también en lo que respecta a los lugares. No es raro que un hospital se compare con un hotel o con la cárcel, que el desierto y el mar sean equivalentes o que la montaña y la selva tengan poderes similares sobre Maqroll y otros personajes. Las épocas también se cotejan: en *Amirbar*, después de que Maqroll ha vivido su experiencia de las minas, un libro titulado *Verídica estoria de las minas que la judería laboró sin provecho en los montes de Axartel*, le actualiza una época de su vida y así se lo hace saber al narrador en su carta: «Pues bien; ya ve usted cómo y por qué conductos tan inesperados regresan a uno, de pronto, ecos del pasado que creíamos abolido» (A, 141). El paralelismo de tiempos o épocas implica a su vez el de espacios. Esa relación puede producirse por su hostilidad. Las minas tienen su correspondiente en los hospitales donde igualmente ha vivido largas enfermedades, noches de pesadillas producidas por la fiebre. La época de vida en los hoteles también retorna en el tiempo que pasa en hospitales en California, espacios que a pesar de la frecuencia con la que los visita, confiesa que «no han sido nunca (sus) lugares favoritos». Nunca pudo liberarse de «esa sensación de antesala de la muerte que tienen estos edificios, así sean tan suntuosos y con pretensiones de hotel de lujo» (A, 20).

Se dan también paralelismos narrativos, es decir, narrativas de segundo grado que en pequeña escala reproducen el mundo total de la novela o de la saga. Es lo que Todorov llama un «abyss narrative». En *La mansión de Araucaíma* casi todos los sueños de los distintos personajes agregan un elemento extraordinario y premonitorio de la forma en que se cumplirán los hechos en la segunda parte. Todos los sueños se dan al margen del campo de las acciones de la novela, parte predominantemente narrativa donde las acciones se encadenan por relaciones de casualidad y de sexualidad.

El mundo de decadencia de *Ilona llega con la lluvia* se manifiesta plenamente en personajes como Larissa y Wito, pero también se observa en otros personajes secundarios y en la manera en que se desarrollan sus vidas. Por ejemplo, el empleado de la KLM que quiere tener relaciones sexuales con una de las azafatas de su empresa; el ciego, que acompañado de su hermana, llega con sus urgencias al prostíbulo y Peñaloza, el señor burgués, bien compuesto y formal, contador bancario que encuentra su «línea de fuga» (la desviación de su destino), en la visita que, por primera vez en su vida, hace al prostíbulo. Atrás dejaba desmoronándose el mundo de las «buenas costumbres» y de responsabilidades empresariales.

A lo largo de estas «repeticiones y doblajes» que el lector(a) descubre, hay otras que conciernen a la manera en que los personajes perciben el mundo que los rodea. Su permanente observación de las atmósferas de ciertos lugares o de las características de ciertas épocas que se reproducen en un momento dado, les permiten ejercer una capacidad premonitoria de los acontecimientos. De allí que las vidas de los personajes estén llenas de presentimientos y de acontecimientos proféticos. La fotografía que envía Fatma al narrador y que muestra a Abdul cuando tenía ocho años «observando con asombro» las ruinas de un avión precipitado a tierra (AB, 13), es como la profecía del final de la vida de Bashur en *Abdul Bashur soñador de navíos*. Abdul muere en Funchal, cuando el avión en que viajaba se estrella a causa del mal tiempo, mientras intentaba aterrizar (AB, 156).

Estos paralelismos premonitorios hacen que los personajes sientan que esas situaciones ya han formado parte de su experiencia anterior. Al Gaviero, ciertos estados de ánimo le son tan conocidos que, a partir de ellos, puede adivinar toda la situación que a continuación vivirá. En *Un bel morir*, dice: «Llevaba cuenta minuciosa de las visitaciones de ese orden y algo, allá adentro, (le) decía que estaba acercándose al final de la cuerda y que esos momentos de plenitud estaban a punto de ser cancelados» (BM, 61).

Muchas de las experiencias se le presentan al Gaviero como algo ya vivido; ante lo descabellado del viaje por el Xurandó hacia los aserraderos en *La Nieve del Almirante* no le queda más que admitir que «siempre ocurre lo mismo al comienzo de los viajes. Después llega la indiferencia bienhechora que todo lo subsana. La espero con ansiedad» (NA, 19). El capitán del barco le revela a Maqroll sus presentimientos del episodio final que se acerca para el práctico y el eslavo. Este pálpito está basado en el trato que había tenido ya con gente de esta ralea (NA, 40). Como ya se habrá visto, es un mundo donde la progresión temporal importa mucho menos que la forma en que se van relacionando los hechos. Y los personajes están en capacidad de prefigurarse el entramado que resultará al final. Así se explica también el sentido de vaticinio que tiene el diálogo que al final de *Abdul Bashur soñador de navíos* sostienen Maqroll y Abdul en el epílogo.

> Que el diálogo antes transcrito tiene un palmario sentido premonitorio, es cosa tan evidente que huelga todo comentario. El mismo hecho de que el Gaviero lo hubiera consignado con tal fidelidad, nos está probando que, precisamente, su condición de pronóstico fue la que lo llevó a dejar testimonio de este encuentro. Los hechos que se encadenaron para llevar a Abdul Bashur hacia el fin de sus días (AB, 154).

La afluencia de acontecimientos sincrónicos es otra de las características que ponen de manifiesto los paralelismos en estas novelas. Por ejemplo, cuando el narrador presiente que Jon le va a hablar del Alción, el barco que casualmente había venido encontrando en tantas partes, entonces «un ligero escalofrío (le) recorrió la espalda. Hay coincidencias que, al violar toda previsión posible, pueden llegar a ser intolerables porque proponen un mundo donde rigen leyes que ni conocemos ni pertenecen a nuestro orden habitual» (UE, 51).

Hay, además, otros paralelismos menores como los que hace el Gaviero cuando ha terminado de leer algunos libros y arriba a conclusiones que, por analogía, le ponen al descubierto un presente o un futuro.

Los paralelismos en las novelas de Mutis se multiplican en personajes, épocas, espacios, alusiones con función profética, acontecimientos sincrónicos que tejen hechos comunes, sueños, narrativas incrustadas de segundo grado que reproducen una parte o la totalidad de la novela. Algunos tienen que ver con la poesía en general (el código), otros con el libro en particular (el mensaje). Pero el contraste entre personajes, como se vio arriba, no está dirigido a mostrar la diferencia de experiencias o hazañas cumplidas por ellos. Lo que hacen es poner de manifiesto los contrastes entre su historia humana, su temperamento, por una vía más intuitiva que razonada, penetrando en cada acontecimiento, buscando lo esencial de las relaciones humanas, vitales, y la sincronicidad de sucesos que va moviendo vidas, más que las tramas de las novelas.

Alegorías

Otra condición, según Todorov, que debe cumplir la novela para ser poética, es la presencia de elementos «alegóricos» (53).

Como es sabido, en la alegoría ordinariamente se parte de una comparación o de una metáfora. Por ejemplo, cuando Mutis dice que «el sueño es como la muerte», el término real es el sueño, pero si va a ser usado en sentido alegórico, no se instala en el primer significado de la palabra sueño. Obliga a fijarse en un segundo significado, muerte, para desarrollar todas las proposiciones alrededor del tema. ¿No es esto lo que sucede precisamente en *La última escala del tramp steamer*? El Alción se vuelve hasta tal punto alegórico de la vida de Jon y de su relación con Warda, que terminó por constituirse en razón de su vida[11]. Desaparecido el barco, su motivación para vivir se acaba, y así se lo hace saber al narrador: «Jon Iturri en verdad dejó de existir. A la sombra que anda por el mundo con su nombre nada puede afectarle ya» (UE, 57). Pero aquí sucede algo formidable y es que ambas situaciones son completamente reales. Lo que hace que la alegoría pueda ser leída también en sentido inverso y pueda así convertirse en una situación de paralelismo.

También en el uso de algunos nombres propios se impone la alegoría. *Amirbar*, por ejemplo, no es sólo el título de una novela, es la imagen acústica que escucha en la mina, es el nombre que luego distinguirá a la propia mina, y ante todo es Al Emir Bhar, señor de los mares, origen de la palabra «almirante» y con esta semántica es usado en el texto. Igualmente «el rompe espejos» de *Abdul Bashur soñador de navíos* es un nombre alegórico. Tiene varios significados, por ejemplo, remite a los que «salen de sus cauces y rompen con las reglas y convenciones de su clase. Son de alta peligrosidad porque han dejado atrás los principios con los que nacieron y jamás respetan los establecidos por el hampa» (AB, 70-71). Es, también, «el que destruye su propia imagen y la de los demás, el que hace pedazos otro mundo del que nada sabemos» (AB, 80). El origen del apodo venía de sus tiempos de jugador de polo, cuando rompió varios espejos con la bola.

El propio título *Abdul Bashur soñador de navíos* es alegórico del sentido de la vida de Abdul, quien la pasó soñando con un barco que nunca pudo conseguir y, cuando logró encontrarlo, murió. Larissa, en *Ilona llega con la lluvia*, fue una alegoría de la tragedia final. Larissa hace pensar, más que en su historia, en los hechos que ella provoca y esto fue captado por el Gaviero desde el momento en que la vio por primera vez:

> el aciago mensajero que envían los dioses para recordarnos que está en nuestras manos el modificar ni la más leve parcela de nuestro destino. Llegó en forma de mujer con el nombre eslavo y evidentemente ficticio de

---

11 El nombre del «Alción» es también alegórico; hace referencia al ave mitológica que construye su nido en mitad del mar.

Larissa. Los dados estaban rodando desde mucho antes de nuestras resoluciones en la terraza. Muy pronto lo supimos (I, 77).

Claro que, por otra parte, entender el significado de algunos de estos recursos alegóricos exige al lector, hacer un alto en la línea de acciones primarias y desviarse del contenido semántico principal. No hemos pretendido seguir aquí un análisis página por página de todas las novelas. Además de tedioso nos desviaría del objetivo principal y desbordaría nuestra paciencia. Sí quisimos, en cambio, plantear que las novelas de Mutis responden mayormente a lo que se entiende por novela poética. Como vimos en las partes precedentes, la poética se sostiene en recursos similares.

El predominio de todos los elementos que caracterizan la novela poética en las obras en prosa de Mutis y en sus diversos relatos: acciones más bien abstractas y discusiones que se imponen en cualidad y cantidad sobre las acciones en sentido fuerte, las narrativas de segundo grado, los abundantes paralelismos y los recursos alegóricos, nos invitan a una interpretación de ellas como novelas poéticas, mejor que como novelas narrativas. La presencia de estas cuatro características apuntan más hacia esa dirección, lo cual no significa encerrarlas dentro de un molde. Sólo sugerimos que si la obra en prosa de Mutis es leída desde esta perspectiva formal, la relación poema-prosa se hace más directa, ya no sólo en su contenido, sino también en los recursos estilísticos y se puede entender mejor la intertextualización a todos los niveles que la obra presenta. Asimismo se aclara por qué la poética de su poesía no se divorcia de la poética de su prosa y de allí que también podamos continuar hablando del discurso poético y del poeta, aun cuando estemos frente a textos novelescos.

TERCERA PARTE
UNA ESTETICA DEL DETERIORO

El tiempo, muchacha, que trabaja
como loba que entierra a sus cachorros...

(SMG, 89)

EN LOS CAPÍTULOS anteriores analizamos «cómo se comunica» con los lectores y con otros autores la obra de Mutis: sus resonancias y consonancias. Luego mostramos que «el decir poético, el poema, es irreductible a otro decir» (Paz, *Los hijos,* 9) y, desde el punto de vista formal, distinguimos el decir poético de otras experiencias colindantes, concluyendo que aun los poemas narrativos son irreductibles al discurso prosístico. También sugerimos, a partir de categorías propuestas por Todorov, que las novelas pueden ser leídas más apropiadamente desde una perspectiva poética. Esta última parte mostrará las estructuras que posibilitan que esta obra sea «una estética del deterioro» y el modo como ella se inserta en el mundo, según su significación; no ya según «cómo dice», sino según lo «que significa el texto» (Todorov, *Poétique,* 36), responderemos a la pregunta «¿qué dice la obra?»

Conviene tener en cuenta la aclaración de Genette (227). Él sugería que la situación poética y narrativa de una obra es un ensamblaje complejo dentro del cual el análisis no se puede llevar a cabo, sin «destrozar» un tejido de relaciones estrechas entre el acto poético o narrativo, las voces líricas, los personajes y sus determinaciones espacio-temporales.

A través de una «lectura» (Todorov, *The poetics,* 238), se desmontará el sistema de los textos (poemas, novelas y relatos), con el fin de mostrar su funcionamiento y relacionarlos entre sí y con otros textos. De esta manera llegaremos a ver por qué la obra de Alvaro Mutis puede ser leída como «una estética del deterioro», y cómo ese texto se inserta en el mundo porque la novela o el poema son, como dice Octavio Paz, «siempre un decir de algo, un hablar de algo», y no tendrían otro sentido y «ni siquiera existencia sin la historia, sin la comunidad que lo alimenta» (*El arco*, 185-189). El escritor, entonces, consagra siempre una experiencia histórica que puede ser personal o social.

1. EL DETERIORO HUMANO

La obra poética y narrativa de Mutis revela el mapa de las fuerzas deteriorantes que trabajan en el ser humano, en la naturaleza y en la sociedad. Los primeros títulos eran claros indicios de las motivaciones que mueven su poética y de la travesía que dibujan. En 1953 escribía un poemario titulado *Los elementos del desastre*, seguido por *Los trabajos perdidos* (1964) y *Los hospitales de ultramar*. Estos, junto con los primeros poemas, conformaron la primera *Summa de Maqroll el Gaviero* (1948-1973) que se amplía cada día con la progresión existencial de este alter ego poético.

El deterioro es una fuerza resultante de la usura del tiempo que va trabajando sin medida ni término a hombres y mujeres, desgastando no sólo su cuerpo sino sus más preciosas esencias emocionales y espirituales. Es la fuerza que va comiendo, digámoslo así, a todo ser viviente. A través de novelas, relatos y poemas, ésta es la conciencia que se privilegia y allí reside «el decir» de su poética y el principio de enunciación de su narrativa.

El dolor funciona en la obra como una categoría aglutinante de todo lo que tiene un poder de desgaste. Lo más obvio es el desgaste físico del ser humano, que además forma parte central de casi todos los poemarios. Iniciando con un hecho tan visible como la enfermedad, la progresión va en aumento pasando por la miseria, el olvido, la angustia y la soledad (todas ellas experiencias indicadoras de fracaso y desorden), hasta llegar al hecho que le da y simultáneamente le quita toda significación a la vida: la muerte. La muerte, como dice Kierkegaard, «es expresión del estado de la más profunda miseria espiritual» (xi) y humanamente hablando «el fin de todo» (7).

La enfermedad

La enfermedad está presente en *Los hospitales de ultramar*, lugares donde el Gaviero cura sus males, sin mucho éxito puesto que llega a la visión de la muerte en «Moirologhia» y sufre su primera muerte en «Morada».

Igualmente, la enfermedad se presenta en *Caravansary*, en *Amirbar*, novela que se inicia con el Gaviero enfermo en Los Angeles y, luego, durante su convalecencia de las fiebres, cuando cuenta la historia de lo que le ocurrió en Amirbar[1]. Del mismo modo el deterioro causado por la enfermedad en *La Nieve del Almirante* es de gran importancia en el nivel diegético de toda novela. En la travesía del río por la selva, Maqroll se contagia del «mal del pozo» y nuevamente se enfrenta con el peligro de muerte. Antes, una araña, serpiente o mosca, le deparó el encuentro con Flor Estévez, quien lo ayudó a convalecer de la ponzoñosa mordedura. En «El último rostro», la enfermedad campea derrotando todo signo de fortaleza o salud física de Bolívar, quien había tenido todo el poder en sus manos. A Mutis le resultan de gran interés los débiles y los enfermos, pero no porque sean «más variables, más múltiples, más distraídos, más malignos», como indicaba Nietzsche (468), sino por la conciencia mutisiana de ese gastarnos, de las huellas que la muerte va dejando y, claro, en la enfermedad, el usarse y el desaparecer son más evidentes por la velocidad con que suceden.

Entre las múltiples formas que adopta la enfermedad para reinar en el dominio de los vivos, las que mayormente sufre Maqroll y, por lo mismo, privilegiadas en sus historias, son las causadas por la naturaleza inclemente o los climas malsanos: la fiebre, las mordeduras de animales venenosos, los calambres y el asma.

La fiebre que «atrae el canto de los resumideros / donde el agua atropella los desperdicios» (SMG, 54). Además de ser una imagen poética es también la enfermedad que sufren los enfermos en «El hospital de Bahía», la que sufre Maqroll, en el ascenso por el río en *La Nieve del Almirante,* y le hace perder contacto con el mundo y «la idea del curso del tiempo» (NA, 63), cuando el escalofrío, las pesadillas y los delirios no parecían tener fin. No es gratuito en una obra que tiene como escenario principal las tierras bajas (calientes), que sea la fiebre la enfermedad más frecuente y la que lo persigue toda su vida. Pero Maqroll va logrando una amistad con ella. En uno de sus poemas iniciales, «El hospital

---

1 Más tarde emprenderá su viaje al puerto de Matarani en las costas del Perú para la explotación de unas canteras de piedra.

de Bahía» (SMG, 103), registra todas sus formas de manifestación; se da cuenta que «con su manto sobre los hombros, la fiebre recorría los lechos» y con un murmullo que subía y giraba en las sienes lo conducía a través de la pesadilla hasta el fondo del mar (SMG, 103-104).

La fiebre tiene para los enfermos de las páginas de Mutis un efecto distorsionante del tiempo: día y noche no subsisten más como períodos diferenciados. Tampoco le devuelve la memoria de los que conocían antes; quienes rodean al Gaviero le resultan seres de otros mundos y las pesadillas atroces se apoderan de quienes la sufren. La lucha por mantener un orden en el nivel social es paralizada por la lucha del cuerpo contra las patologías que lo asedian. El aspecto de los viajes cambia, la mente se centrifuga en los delirios y «el hombre tiene que luchar contra esas fuerzas para mantener una aparente unidad que se vuelve contra él como una desintegración y un desorden mental» (O'Neill, 155). Pero si por una parte la fiebre lo llevaba a «algo muy parecido a la demencia» (NA), por otra parte, ese era el momento clave en el que se daba la ruptura necesaria para entender la inutilidad del viaje y, a la vez, sentir la avanzada de la próxima aventura que empezaba a bullir en su imaginación. Maqroll es un héroe enfermo permanentemente.

Las causas casi nunca se aluden y, si acaso se mencionan, Maqroll no les da crédito. Para él la fiebre es simplemente otro medio del que se vale el tiempo para trabajarlo en las tierras calientes y conducirlo a la muerte. En otras ocasiones la ve como efecto de las estancias en tierras malsanas o del contacto con realidades extrañas, abiertas a su disponibilidad. Acceder a ellas, es ingresar a un mundo que no le pertenece. Esta violación le hace contraer enfermedades. Es así como la fiebre del pozo (NA) es atribuida a la relación sexual que tuvo con la india (revelación concreta del devorante mundo de la selva).

Para el Gaviero, una armonía universal no existe. Todo el «mundo viaja ordenadamente al desastre de los años». Y en este desorden la fiebre y sus efectos (sueños, pesadillas, escalofríos, calambres) los ve como un estado no saludable, pero sí recomendable para penetrar otras realidades que se ocultan detrás de la salud.

Alvaro Mutis, al lado de la fiebre, alude a otra enfermedad: los calambres, llevándonos a pensar en la tortura que significa para un viajero sufrir la carencia del libre movimiento de su cuerpo. Y también el asma, la asfixia (la falta de aire), clara imagen de la falta de libertad y de la intercomunicación entre el adentro y el afuera, lo visible y lo invisible. Uno de sus poemas más memorables es «El poema de lástimas a la muerte de Marcel Proust», que presenta, como pocos, el estado de desesperación del asmático:

> *y llamas con el ronco ahogo del que inhala*
> *el último aliento de su vida.*
> *tiendes tus manos al seco vacío del mundo,*
> *rasgas la piel de tu garganta,*
> *saltan tus dulces ojos de otros días*
> *y por última vez tu pecho se alza*
> *en un violento esfuerzo por librarse*
> *del peso de la losa que te espera.* (SMG, 90)

La enfermedad no sólo desgasta el cuerpo de la persona sino que lo aliena y deteriora las relaciones con su órbita más cercana. Recuerdos, deseos, penas y seres queridos pasan a ser zonas donde la enfermedad extiende sus dominios, convirtiéndolos en seres lejanos y extranjeros. En su poesía, Mutis revela que la enfermedad es un patrimonio de todo ser viviente: desde Felipe II, a pesar de su poder y esplendor, hasta Marcel Proust; desde Maqroll, como hombre que se considera insignificante en la tierra, hasta los soberbios dueños de sus poderes, todos son señoreados por la enfermedad. El tiene una clara conciencia de ese mundo y lo registra con precisión asombrosa. En «El hospital de los soberbios», donde se familiarizó con este linaje dice:

> En un desorden (...) reposaba su blanda e inmensa estatura de diabético, el enfermo que conocía de los asuntos de embarque. Su voz salía por entre las flemas de la hinchada y fofa garganta en donde las palabras perdían toda entonación y sentido. (SMG, 114)

Y, luego, al salir del hospital evoca una imagen de los poderosos como un museo patológico andante y nos hace pensar en los cuadros del pintor Fernando Botero: «Aún seguían flotando ante mis ojos los pliegues de su lisa papada, moviéndose para dar paso a las palabras, como un intestino de miseria» (SMG, 114).

Para Maqroll la enfermedad es un «manto», un símbolo de compadraje, un signo de que el enfermo comparte las mismas cualidades de la enfermedad con la patología que lo invade. Y cuando el enfermero las bautiza, discierne entre las distintas manifestaciones de las deficiencias que invaden a los enfermos. El se identifica mentalmente con ese estado de deterioro que se propone tratar.

La enfermedad puede ser, paradójicamente, una experiencia útil y necesaria para el aprendizaje de la vida. Ella permite matar el deseo y esta libertad abre el mundo de las posibilidades. Es la «pestilencia que consuela y da olvido, que purifica y concede gracia» (SMG, 101), entendida la gracia como posibilidad que tiene el individuo de escapar a su propio estado. El sentirse bien es un estado balanceado del ser que le permite sintonizarse con el universo; la enfermedad en cambio es un accidente que sufre en el curso de su vida, una vía de depuración y la curación tiene que ser hallada, no sólo en el cuerpo, sino en el espíritu que debe encontrar su verdadera actitud. Como esto es difícil para Maqroll, su opción es invocar la muerte, «la verdadera sustancia de sus años».

La enfermedad es, al mismo tiempo, dolor y camino para la purificación. Como estado de deterioro, como manifestación de desorden y desgaste, crea otro orden; como movimiento es factor desencadenante de otras situaciones que Maqroll interpreta como despojo o asimilación de fuerzas que lo perturban. Por eso en «El pregón de los hospitales», cuando apenas incursionaba en el tema, invitaba a todos los vivientes a ingresar al «noviciado de la muerte» (SMG, 101). Pero dejemos que sea el propio poeta el que nos diga lo que significaban para el Gaviero los lugares donde los enfermos se reúnen y lo que él llamaba «mis plagas», cuando, al final de sus años tejió los relatos de sus desdichas sobre la tierra.

> Con el nombre de Hospitales de Ultramar cubría el Gaviero una amplia teoría de males, angustias, días en blanco en espera de nada, vergüenzas de la carne, faltas de amistad, deudas nunca pagadas, semanas de hospital en tierras desconocidas curando los efectos de largas navegaciones por aguas empozoñadas y climas malignos, fiebres de la infancia, en fin todos esos pasos que da el hombre usándose para la muerte, gastando sus fuerzas y bienes para llegar a la tumba y terminar encogido en la ojera de su propio desperdicio. Esos eran para él sus Hospitales de Ultramar (SMG, 99-100).

Deterioro emocional

El desgaste no se acantona en el cuerpo; invade otras zonas menos visibles, deteriorando elementos emocionales y afectivos esenciales para el ejercicio de la voluntad de vivir. Y la visión del autor se extiende hasta estos predios.

Este tipo de deterioro lo sufre Bolívar en «El último rostro» cuando, tan cerca de su fin, se ve repudiado por un pueblo al que él cree haber dado la libertad. También Jesús desfallece emocionalmente en el relato

«Antes de que cante el gallo» al verse negado por Pedro y abandonado por sus seguidores. Y, básicamente, lo sufre el propio Gaviero en sus poemarios y novelas. El olvido es otra forma en la que se revela el dolor y va precipitando al yo poético hacia la tumba. El poema «Batallas hubo» concluye sobre la inutilidad de lo vivido a causa del olvido que todo lo recubre:

> *Todo torna a su sitio usado y pobre*
> *y un silencio juicioso se extiende polvoroso y denso,*
> *sobre cada cosa, sobre cada impulso*
> *que viene a morir contra la cerrada coraza de los días.*
> *Las tempestades vencidas, los agitados viajes,*
> *Sólo al olvido acuden, en su hastiado dominio.* (SMG, 87)

En *La Nieve del Almirante* busca las causas y se consuela pensando que tal vez lo que olvidamos sea «más bien esta porción de pasado que sirve de semilla, de anónimo incentivo para que partamos de nuevo hacia un destino que habíamos abandonado neciamente? torpe consuelo. Sí, olvidamos. Y está bien que así sea» (NA, 30).

El olvido deteriora el orden interior y otras veces contribuye a darlo. Maqroll, en el poema «Morada», en la primera terraza «olvidó el viaje, sus incidentes y miserias», pero en la segunda «olvidó la razón que lo moviera a venir y sintió en su cuerpo la mina secreta de los años». La función deteriorante del olvido se conjuga con el recuerdo de una «mujer alta, de grandes ojos oscuros y piel grave, que se le ofreció a cambio de un delicado teorema de afectos y sacrificios» (SMG, 115). El olvido, entonces, puede portar una cierta esperanza de restitución del orden perdido, cuando la materia olvidada es dolorosa. Por eso, en ocasiones, el Gaviero espera que «el olvido (le) ayude a borrar el miserable tiempo aquí vivido» (C, 43). De allí que no extraña que el olvido sea también motivo de alabanza: «Loor al olvido que adelanta a través de las piedras que suelda el calicanto» (SMG, 13), o de invocación, cuando el olvido salva su memoria de hechos que no merecen ser recordados. Hay, pues, como el reconocimiento de cierta piedad e indulgencia en la capacidad de olvido que tenemos, porque nos lleva a aproximarnos a «la nada que / a todos habrá de alojarnos» (C, 22).

Periódico en sus crisis, crónico en la búsqueda de la secreta materia de los días por el mundo, este estado mórbido del hablante poético es una de las manifestaciones naturales del espíritu humano decaído, privado de sus más básicas satisfacciones. En «Ciudad», el desorden de las

emociones se anuncia en el llanto de una mujer, que llena toda la ciudad
hasta

> *los solares donde se amontonan las basuras,*
> *bajo las cúpulas de los hospitales,*
> *sobre las terrazas del verano,*
> *en las discretas celdas de la prostitución,*
> *en los papeles que se deslizan por solitarias avenidas.* (SMG, 80)

La fuerza de la decadencia se va introduciendo en todo: en la soledad, en la alegría, en el orden de la naturaleza y en la responsabilidad:
«lepra de una soledad de lloroso centinela que destruye el camino de
las hormigas y abandona a lo lejos la eficacia de guardia» (SMG, 11). El
hombre mismo resulta un ser de gestos gastados, cadena de equívocos,
«de su 'a ninguna parte', de su clausurado anhelo de comunicarse, de
sus continuos y risibles viajes» (SMG, 23). Y de ellos nace el canto, el
poema para conjurar el deterioro al que finalmente tampoco hay que
temer porque es el camino para avanzadas y rupturas.

Nihilismo

Maqroll observa cómo se repiten en su vida las caídas, las erró-
neas decisiones tomadas, desde los inicios, a sabiendas de que va hacia
el fracaso. La decisión de ir en busca de los inalcanzables aserraderos
en *La Nieve del Almirante* o en busca de las minas en *Amirbar*, su participación en el negocio mortal de transportar contrabando de armas en
Un bel morir, son todas «callejones sin salida que vienen a ser la historia
de su existencia» (NA, 25). Es, entonces, cuando lo acecha un sentimiento nihilista y trágico de la vida. Este nihilismo es como «un ala que sopla
el viento negro de la noche en la miseria de las navegaciones y que aleja
toda voluntad, todo propósito de sobrevivir al orden cerrado de los días
que se acumulan como lastre sin rumbo» (SMG, 170). Al final, ya en
Caravansary, que es todavía un poemario maqrolliano, entiende que ni
la más horrible pesadilla puede parangonarse o superar la totalidad de
las derrotas que componen un destino. El paso de los años no logra más
que derrumbar su fe.
      Como nihilista está «convencido de que todo acontecer no tiene sen-
tido, de que todo sucede en vano» (Nietzsche, 47), que eso que se llama
azar o destino no tiene ningún diseño y que la vida se le viene encima

de una manera gratuita. De allí la frecuencia con que dice «yo aquí no cuento para nada» (C, 26), o aún más dramático en estos versos:

Nunca dejes de lado tu miseria,
así descanses a su vera
como junto al blanco cuerpo,
del que se ha retirado el deseo. (SMG, 75-76)

Simultáneamente muestra la conciencia de la poca significación del ser humano en la tierra. Pues el fin será de todas maneras «nada, / un rodar en la corriente» (SMG, 73).

El debilitamiento emocional por la enfermedad, el olvido y el sentido nihilista de la vida se completa con la alienación social. Su condición de extranjero acentúa también «una vasta soledad de delgadas orillas en donde se extiende a sus anchas el ronco sonido del deseo» (SMG, 26). En «El Hospital del Río», el Gaviero había aprendido a gustar de la soledad y «a rescatar en ella la única, la imperecedera substancia de sus días» y a encontrar en ella una cierta «claridad que manaba de su vigilia sin compañía ni testigos» (SMG, 105). De tanto rumiar su soledad, el Gaviero comprendió «algunas enseñanzas perdurables y una costumbre, cada día más acentuada, de estar a solas con sus asuntos» (SMG, 106). En la Edad Media y en la antigüedad —indica Kierkegaard— existía un anhelo de soledad y un respeto por lo que ella significaba, «pero en nuestros días, no se le conoce otro uso que castigo para los criminales» (xi). Pero ser una persona como Maqroll también resulta, por lo excepcional, un crimen hoy en día.

La soledad propicia otras manifestaciones del deterioro como la nostalgia, el silencio, el miedo y la violencia. Nostalgia de los cuerpos gozados, de los ritmos que traen otros tiempos, otros lugares, otras personas y, ante la imposibilidad de tenerlos en la realidad empírica y verificable, quedan como un grito que «se ahoga en la garganta dejando un sabor amargo en la boca muy semejante al de la ira o el intenso deseo» (SMG, 27). Una sola respuesta para el urgente llamado de la nostalgia: el silencio, «un silencio juicioso (que) se extiende, polvoso y denso, sobre cada cosa, sobre cada impulso» (SMG, 86); un silencio forzado, otras veces, por la imposibilidad de comunicación, el poeta intenta «llamar y una gasa funeral / me ahoga todo sonido» (SMG, 85).

En el principio, el silencio es una disciplina impuesta a la palabra de los humanos sometidos a las leyes de la carne y de la sangre, cuyas palabras son sólo una manifestación de su voluntad y de sus pasiones, una imagen fugitiva de sus estados de alma y, como tal, sólo una proyección sutil del yo en el mundo sensible, un despliegue externo, una difusión y, a continuación, un alejamiento de la fuente original. La obra narrativa es una protesta contra el silencio. El silencio es también la voz de la muerte. Recuérdese a Jon (UE), quien debe hablar de su miseria sentimental para no terminar de morir. Sin embargo, el contar se cumple en la oscuridad, en el silencio de la noche, las palabras muchas veces no son más que un gesto inútil, pero quizás conjuran el peligro. Según Kierkegaard el silencio es «lo más peligroso de todo. Por mantener el silencio una persona es lanzada completamente sobre sí misma» (35). Nadie puede ayudar a quien se separa de los demás. Si no fuera por el narrador, Jon hubiera quedado preso del deseo y de la necesidad. El ya había renunciado a toda posibilidad y, al final, no podía encontrar ni siquiera el camino hacia sí mismo.

El aislamiento, la soledad, la nostalgia y el silencio pueden generar otros estados que son una avanzada en el decaimiento emocional del hombre: el miedo y la violencia. Un hombre o una mujer sometidos a estas experiencias se convierten gradualmente en un dominio donde «el miedo inicia su danza» y las imágenes que actualizan esta experiencia se presentarán simultáneamente. El Gaviero empieza una evocación de dichas voces que le son familiares desde niño, pero sólo entiende:

> La del ahorcado de Cocora, la del anciano minero que murió de hambre en la playa cubierto inexplicablemente por brillantes hojas de plátano; la de los huesos de mujer hallados en la cañada de La Osa; la del fantasma que vive en el horno del trapiche. (SMG, 46)

Acorralado en estas situaciones viene la violencia, primero como odio, violencia a sus propias virtudes de balance, desorden de su paz, menoscabo de su estado de quietud. El poeta habla de «el odio verdadero que sella los dientes y deja los ojos fijos en la nada, a donde iremos a perdernos algún día». Sin embargo, el hablante poético tiene conciencia de que el odio es un sentimiento esencial de desorden y deterioro que purifica y se convierte en un movimiento creador, «él dará las mejores voces para el canto, las palabras que servirán para sostener lo más alto de su arquitectura permanente» (SMG, 22).

Deterioro de valores centralizantes del individuo

El deterioro del cuerpo y de las emociones, la decadencia de las funciones mentales y el ocaso de las funciones del espíritu, van siendo más omniabarcantes, sobre todo en lo que se refiere a la vida del atribulado Maqroll, quien llega hasta el escepticismo.

Maqroll no se presenta como un hombre de fe, tampoco ha dicho que no crea en nada, pero transpira siempre un escepticismo hacia cualquier explicación de progreso, idea de salvación, reconocimiento de autoridades, de órdenes, aunque vengan del más allá. Con excepción de algunos momentos en que pareciera entrar en trance y penetrar en otro orden de relaciones, su vida cotidiana está marcada por el escepticismo como el de casi todos los otros personajes. Ni siquiera frente a un peligro tan inminente como son los rápidos de «El paso del Angel», camino a los aserraderos, le da crédito a la oración que el capitán le entrega con tanta seguridad en sus «virtudes protectoras» (NA, 70). La desconfianza, la sospecha y el absoluto desinterés, son otras de las plagas que confunden su vida. Incluso la piedad es considerada como el «primer sentido que se embota cuando la vida se nos va viniendo encima» (NA, 47). No hay ningún asidero firme, ni el progreso ni la historia. Cuando hace comentarios de sus lecturas de historia, lo que finalmente nos dice es que ésta es un catálogo de fracasos de los sueños que los hombres proponen para darle orden a algo que no puede tenerlo.

Para Maqroll la miseria espiritual del individuo empieza en el momento en que hay una falta de autenticidad. Miserables son todos los mediocres; pero es capaz de ver la grandeza en un delincuente acabado, verdadero, que sin problemas de conciencia o de culpa, sin rabia ni lazo emocional puede ayudar al mal a cumplir su trabajo destructor.

La miseria es, por eso, otra de las visiones importantes que nos da esta obra. «Cultivo mi miseria —decía Mutis— tratando de ser lo más lúcido posible (...) mi miseria es eso que los filósofos llaman 'ser en el mundo'» (PP, 638). La toma de conciencia de la miseria humana es patética en el poema «Grieta Matinal». Es una invitación a asumir la miseria que está pegada a nuestros huesos, la miseria-lección, enseñanza, maestro, la miseria aun como «diferencia», incomunicable por las especificidades que presenta en cada persona. El propio título sugiere que se trata de una revelación. Aquí el hablante poético presenta las posibilidades de esa miseria inseparables de la condición humana. No se trata de una mera exaltación, sino más bien de la valoración de lo que la miseria representa:

Cala tu miseria...
ponla en tu camino, ábrete paso con ella...
Compárala con la de otras gentes
y mide bien el asombro de sus diferencias...

206 ALVARO MUTIS: UNA ESTETICA DEL DETRIORO

> *Ten presente a cada hora*
> *que su materia es tu materia...*
> *y teje con ella la verdadera,*
> *la sola materia perdurable*
> *de tu episodio sobre la tierra.* (SMG, 75-76)

Es un llamado en distintos tonos que hace el poeta, quien, a su vez, la asimila y la descubre fecunda en su capacidad de generar más miseria y de aperturas para el autoconocimiento y la identificación. El Gaviero «Apartado del tiempo y aislado del ruidoso bochorno de los cafetales conoció allí de su futuro y le fue dado ver, en toda su desnuda evidencia, la vastedad de su miserable condición» (SMG, 108). El había conocido «todos los rostros de su miseria»: la miseria espiritual e intelectual, la miseria de la poesía, la miseria de los pueblos latinoamericanos, donde escenas como las que refiere el poema «La muerte de Matías Aldecoa» (SMG, 73) se viven con inimaginable y poco conocida frecuencia en otras latitudes:

> *Hinchado y verdinoso cadáver*
> *en las presurosas aguas del Combeima,*
> *girando en los espumosos remolinos,*
> *sin ojos y sin labios...*
> *desnudo, mutilado, golpeando sordamente*
> *contra las piedras*
> *descubriendo de pronto en algún lugar aún vivo*
> *de su yerto cerebro,*
> *la verdadera, la esencial materia*
> *de sus días por el mundo.* (SMG, 73)

La miseria de la poesía es también la miseria de la palabra y de la comunicación. Porque para Mutis la palabra no ordena ni da forma al mundo, como en el principio, cuando «el verbo era Dios y el verbo era con Dios». Si así fuera, «una palabra establecería y fijaría la última realidad; entonces, en ese sentido, la certidumbre sería como un castillo construido en la arena» (O'Neill, 15). Este punto fue ampliamente tratado en la segunda parte de este trabajo.

El deterioro de la personalidad como ente unitario

Mutis rompe con la concepción de personalidad como ente unitario, portador de autoridad. El reconoce la finitud del autor, pero esa conciencia no le niega la posibilidad de desarrollarse y aspirar a una infinitud y constituirla en un continuo prolongable, a través de sus heterónimos o personas poéticas. Así se relativiza y relativiza su obra compartiendo la responsabilidad con otras voces. Su preocupación es desplegarse, dejar que otros expliquen lo que él, por su finitud y deterioro de lo unitario, no puede contener. Maqroll es su principal delegatario, el heterónimo a través del cual se disemina y libera la vida que él no alcanza a vivir, lo que él es y no es y lo que quiere ser.

El deterioro de la personalidad se pone de manifiesto de varios modos pero el más prominente es, tal vez, la creación de heterónimos (Maqroll el Gaviero, Alvar de Matos), de poetas apócrifos (Al-Mutamar-Ibn Al Farsi, poeta sufí de Córdoba), y en la presencia de otros alter ego o terceras personas (el arquero de Flandes y el húsar en SMG) que comparten con el narrador o poeta sus asombros ante el mundo. Ellos son algo así como la aparición de una nueva dimensión, una profundidad irreductible que delata la precariedad de la personalidad unitaria y amenaza sus órdenes, pero a la vez son un síntoma de riqueza que se manifiesta en la obra.

Maqroll el Gaviero es la persona poética y el personaje fundamental de la obra mutisiana, alter ego del autor como Barnabooth lo es de Valéry Larbaud, como Alberto Caeiro, Ricardo Reis y Alvaro de Campos lo son de Pessoa, Matías Aldecoa de León De Greiff o Maldoror de Isidoro Ducasse. Una vez corporizado, Maqroll el Gaviero adquiere vida propia. El tiene la libertad del vagabundo (que es tal vez la máxima), su profesión le permite avizorar todos los horizontes y de allí que en él se sumen otros personajes y a la vez dé coherencia y unidad a la mayor parte de la obra narrativa y poética de Alvaro Mutis.

Toda la obra, con excepción de *Crónica Regia, Un homenaje y siete nocturnos* y, parcialmente, *Los emisarios*, viene a constituir la historia de un personaje central que le da nombre a la totalidad del discurso lírico, *Summa de Maqroll el Gaviero*, y es motivo del ciclo de novelas. Maqroll es una encarnación del hombre de donde quiera. El es universal, no es posible ubicarlo en alguna nacionalidad y muy someramente se conocen sus rasgos físicos. Su genealogía terrestre plantea un problema que resiste todas las tentativas del historiador. A pesar de que es un viajero permanente, su pasaporte chipriota tampoco nos tranquiliza, porque en más de una ocasión, él mismo nos dice que es un pasaporte falso. Sin embargo, no deja de remitirnos al hombre latinoamericano que sufre en su propia sangre el juego alternante de fracasos y fugaces ilusiones de bienestar, donde prevalece la violencia sin término, como constante del continente, donde se confrontan fuerzas ajenas a él.

Su aparición data de 1947, cuando algo rompe esa unidad de personalidad y fractura los continuos mutisianos y él como autor cede. Le abre paso al ser que desarrollará la obra. Posteriormente reaparece en *Los elementos del desastre* (1953). Pero antes Alvaro Mutis ya había descubierto que su autoría se había escindido. Escribía el dictado de un alter ego que era siempre la misma persona y entonces decide ponerle un nombre.

> Recuerdo —dice Mutis— que fue en el año 46647. Traté que no diera una idea de ninguna nacionalidad. Empecé a escribir y a escribir hasta que me di cuenta de que escribía de la misma persona y entonces me dije: a este compañero hay que ponerle nombre para que funcione y le pasen cosas. Lo de «el Gaviero» pertenece a mis lecturas de *Moby Dick*; es el tipo que está allá entre las gaviotas, frente a la inmensidad y que en la soledad más absoluta... es la conciencia del barco, los de abajo son un montón de ciegos. El gaviero es el poeta (...) en ese tiempo me pareció que el barco en el que Maqroll trabajaba, su chamba debió haber sido la de Gaviero: él es el que ve más lejos y anuncia y ve por todos. (PP, 645)

Y si Maqroll es el poeta-conciencia del mundo, esto dice algo de la concepción poética mutisiana que venimos evidenciando. Maqroll, como alter ego, ya sea en la oración de Maqroll, conductor de trenes, celador de barcos, o como el amigo del narrador, en las novelas, constituye las múltiples fases de otro ser cuya identidad no se nombra; por ello, al comienzo, dice: «No sé si en otro lugar he hablado del tren del que fui conductor. De todas maneras, es tan interesante este aspecto de mi vida...». Y más directa es la sugerencia en boca del celador de barcos: «Desde dónde iniciar nuevamente la historia es cosa que no debe preocuparnos. Partamos, por ejemplo, de cuando era celador de trasatlánticos en un escondido y mísero puerto del Caribe». Igual estratagema va a seguir utilizando en las cartas y documentos que deja olvidados en los bolsillos de cubiertas de libros (NA), en las cartas que escribe al narrador (A) y en otros de los poemas en prosa que aparecen en *Los emisarios*.

Con la creación de personas poéticas se pone de manifiesto «una crítica y desdén por la Historia como poder» (Sucre, 372); el autor se niega a sí mismo, y a la vez niega la historia. El primer poema donde apareció Maqroll el Gaviero es «La oración de Maqroll»[2]. «La muerte de

---

2 Es en realidad una oración, sólo que muy apartada de la concepción tradicional de oración. Maqroll ni se queja ni alaba a Dios por sus bondades. Más bien manifiesta

Matías Aldecoa», que alude a uno de los alter ego de León De Greiff, encarna a Maqroll, como negación de todos los prestigios de Aldecoa. Por las precisiones geográficas podemos deducir que Maqroll, aquí, no es más que un miembro del linaje de los colombianos fracasados:

> *en Orinoco buceador fallido,*
> *buscador de metales en el verde Quindío,*
> *farmaceuta ambulante en el cañón del Chicamocha,*
> *mago de feria en Honda,*
> *hinchado y verdinoso cadáver*
> *en las presurosas aguas del Combeima.* (SMG, 73)

La razón de su existencia se debe a que es otra fase, o múltiples fases de alguien que no se nombra que puede incluir el poeta de otros poemarios y el autor implícito de obras como *Abdul*, cuyas vidas se mezclan (en su calidad de viajeros), se confunden en muchos puntos (su visión de la historia), pero en otros se niegan y se complementan (estilo de vida). Maqroll es un poeta exterior a otro y expresa no sólo sus propios estados de alma, sino aquellos que se le niegan al otro, pero que están abiertos para el Gaviero. Como ente de la imaginación puede viajar y vivir sus experiencias, cumplir oficios vedados al otro poeta, tales como tramitador de permisos ante los enfermos del hospital de los soberbios, fundador de burdeles, contrabandista, vendedor de artículos robados, buscador de oro en las minas, aventurero en busca de aserraderos por la selva... y luego expresarlos ejerciendo su «voluntad de poder» como arte.

El Gaviero es una persona poética capaz de evocar a Europa, al Medio Oriente, incluso al Lejano Oriente, a las más remotas civilizaciones, aunque su ancla esté en América —en el trópico, para ser más específicos. Europa, su belleza y su antigüedad, sus virtudes y vicios, no deslumbran al Gaviero. En cambio, el trópico es para Maqroll otra dimensión de vida, otro sistema de pensamiento, donde el mundo adquiere un desorden esencial, y el desgaste trabaja con velocidad casi irregistrable. Por eso mismo le resulta más motivante para ejercer su voluntad de arte, su voluntad estética. Esas extensiones sin nombre, solitarias, vacías, pobres y, a la larga, embriagantes, son en realidad su verdadero asidero.

---

su conciencia del otro lado de la creación, el lado del desorden y la infamia; «haz que todos conciban mi cuerpo como una fuente inagotable de tu infamia» implora el castigo, pero muestra piedad simultáneamente.

Esto es muy claro a lo largo de toda la obra donde el Gaviero es el protagonista; desde *Summa de Maqroll el Gaviero* hasta *Los emisarios*, el escenario predominante es tropical. *La Nieve del Almirante* se desarrolla toda en Colombia, lo mismo que *Un bel morir* (La Plata es un puerto sobre el río Magdalena), *Amirbar* (en la cordillera central de los Andes colombianos) y hasta *Ilona llega con la lluvia* que se desarrolla en Panamá. En ocasiones, el Gaviero puede partir para sus empresas de algún país de Europa o del Medio Oriente, incluso de Estados Unidos, pero siempre llegará al mismo punto: Colombia (nunca mencionada directamente hasta AB). En la última novela, *Abdul Bashur soñador de navíos* el punto de partida es Colombia y los capítulos más intensos se desarrollan allí. Todos los acontecimientos en los países mediterráneos son paralelos a realidades latinoamericanas. Su desmesurado sentido de espacio: su conocimiento, dominio y provecho de las grandes extensiones, constituyen otros rasgos característicos de Maqroll que se derivan de su arraigo en las tierras calientes y de su experiencia espacial y errante.

No obstante, toda la obra de Mutis expresada a través de Maqroll es un testimonio del desarraigo donde la ubicación geográfica, generalmente, sólo se sugiere pero puede ser precisada si se conoce bien Colombia. En estas ambigüedades geográficas Mutis difiere mucho de Paz y Nicanor Parra y se acerca más a Ramos Sucre (ver «Los gafos», 141). De allí el viaje permanente. Una huida del «placer superficial» en proporción al conocimiento que va logrando y a la penetración de sus profundas zonas de conciencia. Ya al final de la obra, se capta un contacto estrecho con la realidad más contemporánea de América Latina (léase *Abdul Bashur soñador de navíos*), e incursiona a través de la novela en algunos hechos de la más palpitante actualidad, aunque en ningún momento se trata de una obra que intente hacer la crónica de esta época.

Maqroll sirve para suplir y revelar otros pliegues del autor, pero al mismo tiempo no reclama para sí ningún prestigio. El no tiene dogma especial, él expone sus diferentes formas de aprendizaje, sin ningún objetivo, sin ánimo doctrinario. De allí que cada lector pueda encontrar algo según lo que amerita y lo identifica. Nunca se ha propuesto como maestro ni siquiera ante Abdul Bashur, sobre quien tenía algún ascendiente. Si, al concluir la novela, éste se confunde con el Gaviero fue su propia elección, su propio ejercicio de la libertad lo que lo condujo allí y no la influencia de Maqroll. Tampoco es un tipo «gregario» en el sentido nietzscheano, es decir, no cree en la dicha, ni ama el progreso, ni es optimista; es más bien un tipo aristocrático, un solitario cuyas virtudes proceden del ejercicio de su actividad creadora que se desarrolla hasta dejarse tomar por el «fatum», por el destino. Sus juicios de valor experimentan una voluntad de poder, dispuesta a aceptar los riesgos, los peligros, para conocer y medir sus límites.

Los heterónimos son síntomas del deterioro de la concepción de la personalidad como ente unitario. El autor cede la voz a Maqroll en la mayor parte de la obra, quedándose él como testigo privilegiado de esa vida de tantos infortunios ciertos. Humillado bajo la idealidad del trabajo de escritor, él no pudo responsabilizarse de tanta vida que expresa su obra y la metamorfosis de su personalidad es un recurso para encarnar un ideal que demanda lo máximo, frente a lo cual el autor siente su finitud, sus límites. El autor no podía abarcar lo que su alter ego, no podía retratar todo lo que Maqroll nos transmite. Porque Maqroll no es un epíteto de Alvaro Mutis, es una puerta batiente que aparece como un alto a la personalidad del autor que se disemina en otros para rebasar su finitud.

De este modo el autor se olvida a sí mismo, olvida su nombre, se atreve a no creer en sí mismo, porque no engloba lo que idealiza y está demasiado lejos del ser humano común. Pero este tipo de deterioro pasa sin ser notado.

El uso de personas poéticas, como síntoma del deterioro de la personalidad, es una manera de ejercer la «voluntad de poder; en tanto que voluntad de sobrepasarse, implica la incesante transfiguración del propio ser». Dejando de ser el que es. «La transfiguración nos abre así la incesante metamorfosis, donde toda identidad se disuelve en una múltiple alteridad» (Nietzsche, 21). Nietzsche decía que el hombre ha aprisionado la vida, el superhombre es aquel que libera la vida en el propio hombre, en beneficio de otra forma. ¿No es este el intento de Mutis al entrar en relación con fuerzas del afuera?

En resumen, así esconde y devela él la forma precaria de la personalidad del hombre como individuo, cuya pobreza se da desde el instante en que está limitado a una forma y sujeto a la alternancia de relaciones de fuerzas, cambios y mutaciones que no controla. Pero, al final, sus alter ego y especialmente Maqroll es un organismo que ya no se deja alinear y tiene sus propias posibilidades de desarrollo y de vida, como se ve en la medida en que se penetra en la totalidad de la obra.

El exilio

En el contexto de la obra, se entiende el exilio como la vida fuera de la tierra donde se nace, el alejamiento de sí mismo y todas las experiencias que por relación analógica tienen que ver con él, tales como la soledad, la vida en espacios donde el ejercicio de la libertad es limitado: desde el país que acoge sus personajes trashumantes, hasta el hospital y la cárcel, que es, tal vez, la más intensa experiencia de exilio. El poema «Exilio» (SMG, 92) muestra el sentimiento que produce la vida en tierra extraña. Maqroll sueña con su tierra de cafetos, situada en un clima tropical (en ello coincide con Mutis), donde vivió muchas experiencias de juventud. Este es el espacio de muchos de los poemas como parte de sus motivos de su creación y también en sus novelas: la tierra colombiana; en *Un bel morir* (los páramos colombianos), en *La Nieve del Almirante* (río y selva colombiana); en *Amirbar* (minas de oro de filón en la cordillera), en *Abdul Bashur soñador de navíos* (buena parte se desarrolla en lugares de la costa Pacífica colombiana), en *La última escala del tramp steamer* (toda la historia se la cuenta Jon en el viaje que hace con el narrador de Barranca Bermeja a Barranquilla, por el río Magdalena), en *La mansión de Araucaíma* (¿no está en Coello?), en «El último rostro» (Santa Marta, donde muere Bolívar); en «Antes de que cante el gallo» (recreación de Jesús y los apóstoles con personajes y ambiente tropicales). El poema «Exilio» dice:

> *voz sorda del exilio...*
> *A su rabia me uno, a su miseria*
> *y olvido así quién soy, de dónde vengo*
> *hasta cuando una noche comienza el golpeteo de la lluvia*
> *y corre el agua por las calles en silencio*
> *y un olor húmedo y cierto*
> *me regresa a las grandes noches del Tolima.* (SMG, 92-93)

Y es entonces cuando ve el exilio como una muerte anticipada, donde los seres de condición extranjera sólo sirven para empujarlo hacia «la cal definitiva». Maqroll, como Barnabooth, es un exiliado, sus obras son un tratado del exilio. El descubre que toda su angustia reside en el ser y permanecer un extranjero no solamente en el mundo, porque «¡No es de ayer el exilio!» (Perse, 96). El exilio es una de las condiciones más desesperanzadoras del ser humano y Mutis, que ha vivido, como su alter ego, la condición de exilio, lo reconoce así. «Pienso —dice— que el exilio es aterrador. Es una amputación espantosa» (TR, 271). Y esa es otra de las zonas de donde mana su poesía, de esa extrañeza entre quienes no son los suyos.

Es por eso comprensible que ni el poeta o narrador ni sus personas poéticas hayan planteado la cuestión de la verdadera nacionalidad de Maqroll, lo que es bien raro a primera vista. Pero se trata, por una parte, de destacar la condición humana del exiliado y, por otra, de derrumbar otro valor y someter a la crítica el culto nacionalista que puede llegar a proporciones casi religiosas o crear una idolatría pedante. De todas maneras estamos cada vez menos en la dimensión cronológica o histórica del tiempo. Al leer estos poemas como el ciclo de novelas, hay que pensar en acontecimientos de un mundo de analogías sincrónico y de casualidades, como diría Jung, sin pretender buscar la justificación racional. Maqroll es un desterrado de todas las naciones de la tierra, pero por eso mismo queda en la gracia de la disponibilidad para pertenecer a todas. Un desterritorializado, fragmentado, abstracción de una conciencia también muy actual.

Esta condición de exiliado la comparten otros personajes que, en todos los casos, son mujeres y hombres que están de paso, que no son «de allí», no conservan contacto con el lugar de origen, ni tienen ningún destino fijado, se encuentran como «estancados en el placer de un viaje interminable». En ese sentido, la obra de Mutis (como buena parte de la obra de Enrique Molina), es también un tratado del exilio, una exposición de la soledad del hombre como condición esencial. Es también la situación de extrañamiento del poeta frente a un orden social que no comparte ni entiende.

La muerte

La muerte es punto culminante del deterioro que mina cuerpos, emociones y valores metafísicos de hombres y mujeres. Sólo queda un «olor a hombre vencido y taciturno que seca con su muerte la gracia luminosa de las aguas» (SMG, 58). A través de poemarios, novelas y relatos, la muerte es vista desde distintos ángulos: como experiencia propia del hablante lírico; unida a la memoria de personas culturalmente significativas a las que se poetiza (Marcel Proust, Felipe II, Matías Aldecoa); la muerte vinculada a personajes anónimos y a la vez más universales como «el viejo marino, muerto en el malecón del sur en una epidemia de tifo» o del «coleccionista de caderas». También se proponen las circunstancias espacio-temporales más adecuadas para el encuentro con la muerte. Incluso se mencionan elementos familiarizados con ella como los «ataúdes de penetrante aroma de pino y trabajados con prisa».

El propio poeta reconoce en *La Nieve del Almirante* que todo lo que digamos sobre la muerte no deja de ser una labor estéril e inútil por entero. Maqroll, que ha observado la muerte en tantas ocasiones y tan de cerca, puede criticar la vida con justeza, pues ya su espíritu es vasto y sabio para arriesgarse a develar los defectos del lado opaco de la vida. En *Los hospitales de ultramar* él había muerto por primera vez. Posteriormente vuelve a morir «En los esteros» (*Caravansary*). Y en *La Nieve del Almirante*, en dos ocasiones (la fiebre y el «Paso del Angel» en el río Xurandó). Finalmente, *Un bel morir* parece ser hasta ahora su muerte definitiva.

En la experiencia de la muerte surge una nueva relación espiritual que el hombre tiene con la realidad.

> Se trata de percibir con la plenitud de nuestra conciencia y de nuestros sentidos, la proximidad inmediata e irrebatible del propio perecer, de la suspensión irrevocable de la existencia. (...) Buena prueba, larga lección —dice Maqroll. Tardía, como todas las lecciones que nos atañen directa y profundamente (NA, 78).

Para recibirla convendría, según Maqroll, la soledad, necesaria en ese momento como el desamparo y el «acre albedrío». Y el mejor lugar para la «cita» podría ser el río, un cuarto de hotel o un hangar abandonado en la selva y «a la hora de mayor bullicio en las calles» (SMG, 79). Pero esta programación es inútil, porque «al cabo es en nosotros donde sucede el encuentro / y de nada sirve prepararlo ni esperarlo. / La muerte bienvenida nos exime de toda vana sorpresa» (SMG, 79). El contenido espiritual de la muerte es particular para cada persona; su significado como momento final inexorable, rima con la totalidad del proceso de vida y se manifiesta en las formas de muerte, en las cuales ese contenido alcanza su manifestación exterior. De todas maneras la muerte invisible nos espera «A la vuelta de la esquina te seguirá esperando», y «Ni la más leve sospecha, ni la más leve sombra / te indica lo que pudiera haber sido ese encuentro» (SMG, 95).

El hablante poético, directamente o a través de su alter ego (Maqroll el Gaviero), ha presenciado muchas muertes, durante toda su vida. Ya en SMG, moría el viejo marinero, víctima de una epidemia de tifo, presenció también la muerte de un coleccionista de caderas en manos de una vendedora de tabaco, poetizó a la muerte de Felipe II, a la de Marcel Proust, a la muerte del húsar; en *Caravansary* poetizó a la muerte de Pushkin, a la de Heyst en «cita en Samburán» y poetizó a la muerte del Gaviero «En los esteros». De allí en adelante los contactos del Gaviero con la muerte y con los muertos se multiplican en todas las novelas. En

La Nieve del Almirante ve ahorcarse al capitán del barco deteriorado por el alcohol y la soledad, ve morir a un soldado enfermo de malaria; en *Ilona* tiene que estar en la muerte de Ilona y Larissa después de que Wito, el capitán del barco, que lo llevó allí, también se había suicidado en medio de la absoluta quiebra económica. Todas estas muertes están precedidas por situaciones de privación, de dolor, de sufrimiento que los conducen a un ascetismo de los sentidos, como preparación necesaria para el encuentro final.

En *Un bel morir* pierde a su amada Amparo María, en uno de los brotes de violencia de ese país y al concluir la novela él se dirige hacia la muerte. En *Amirbar*, en lugar de oro, encuentra las osamentas de los mineros que fueron asesinados y en *Abdul Bashur soñador de navíos* Maqroll confiesa haber matado a un hombre, en defensa propia; también aquí muere su más entrañable amigo, Abdul, en un accidente de avión. En su sentido esencial estas muertes (como todas), entrañan un factor negativo, son una limitación del apetito sensible, una renuncia obligada que el yo tiene que sufrir o imponerse a sí mismo (en el suicidio, por ejemplo). Simultáneamente la muerte desconoce al inicio tal autolimitación, apoyándose en la omnipotencia del espíritu liberado de la forma. Igualmente, la forma antes constreñida a una sola opción se reterritorializa en otras formas múltiples.

Habría que mencionar todavía las muertes que ocurren en las obras donde Maqroll no es el poeta o el narrador, tales como los crímenes en cadena que ocurren en *La mansión de Araucaíma*, o la muerte de Bolívar, la de Sharaya, la de Alar el Ilirio, las incontables muertes que ocurren en el *Diario de Lecumberri*, la matanza masiva de niños en el cuento *El flautista de Hammelin*; la muerte y el funeral de César Borgia en *Los emisarios*, la predicción de la muerte a la tzarina en el monasterio de Diezmo de Novgorod la Grande (Gorki) y el nocturno VII de *Un homenaje y siete nocturnos* que es un poema de reconocimiento a la gran responsabilidad que tienen los asesinos como misioneros de las fuerzas del mal. En todos estos personajes los deseos y apetitos de los sentidos ya no afluyen igualmente en todas direcciones, ya no se trata de realizarse desenfrenadamente, sino que se circunscriben a determinados puntos de deseo; así el poder retenido se libera en el fin buscado.

En la muerte residen las posibilidades que tiene el yo para someter el ser exterior e introducirlo en su propia esfera. Aquí el ser humano es soberano y las otras existencias frente a él no tienen ser independiente. Esto es particularmente claro en «Moirologhia» (SMG, 123), donde Maqroll puede ser «como» todo lo que sea posible a la imaginación. En este poema la muerte es un hecho que se cumple para él, pero no en los hospitales de miseria donde ha pasado tantas enfermedades; posiblemente muere en Grecia o en el Mediterráneo. Esto lo sugiere el título del poema («Moirologhia: treno que cantaban las mujeres del Peloponeso ante un muerto»). Sin embargo, este treno no es una lamentación, como bien lo señala Sucre, sino que es una celebración donde «la ironía, sin dejar de serlo, se confunde ahora con la verdad, un rito suntuoso de la vida misma» (376). Este poema revela la muerte como la máxima apertura, del «ser ahí» como continuidad de la existencia individual y como continuidad de ésta con las otras existencias. La «historicidad del ser se abre por su ser para la muerte» (Heidegger, 264). Todo llega a su fin, no hay restricción ninguna y todos los deseos se hacen posibles por el no deseo:

> ¡Ay, desterrado! Aquí terminan todas tus sorpresas,
> tus ruidosos asombros de idiota...
> Tus firmes creencias, tus vastos planes
> para establecer una complicada fe de categorías y símbolos;
> ...
> en qué negro hueco golpean ahora,
> cómo tropiezan vanamente con tu materia en derrota.
>
>   (SMG, 123)

La muerte es un hecho de «excedencia» de «excepción» que reboza todo límite. Los sueños de grandeza se ven limitados ahora pero, irónicamente,

> Grande eres en olor y palidez,
> en desordenadas materias que se desparraman y te prolongan.
> Grande como nunca lo hubieras soñado. (SMG, 124).

Por otra parte puede, finalmente, estar alienado sin sentir el dolor de la alienación porque en su nuevo reino no puede oír a los suyos «deglutir (su) muerte y hacer memoria melosa de (sus) intemperancias» (SMG, 123). La muerte tiene poder sobre la naturaleza, pudiendo desviarla de las rígidas reglas de su ser y de su curso. En la muerte es donde resalta más aguda y claramente la transformación.

Las obras de Mutis se emparentan en el tema de la muerte con Rilke, particularmente con el *Libro de las horas*, que canta a la pobreza, y a la muerte. Para Maqroll (como para Rilke y para Nietzsche)«Dios ha muerto», pero se trata ahora de reencontrarlo en un eterno devenir que se manifiesta por su incesante metamorfosis. Rilke, también poeta de la muerte, ha manifestado su sentimiento de llevarla consigo desde su nacimiento. Ella fue el objeto más constante de su preocupación poética, junto con la angustia y la alegría. Por otra parte, cabe preguntarse si esa errancia constante de Maqroll (como de Mutis y Rilke) no es la esperanza de huir de la muerte que en el fondo tal vez teme; o al contrario, la secreta esperanza de encontrarla como lo deseaba Rilke: «Dios mío permite a cada uno morir de su propia muerte».

No hay uno solo de los personajes de Mutis completamente saludable. Todos padecen de una enfermedad, un desasosiego, un incompletamiento, «una ansiedad por algo desconocido o algo que ni siquiera osan conocer» (Kierkegaard, 23), y van todos llevando a cuestas la enfermedad de su cuerpo, la declinación de sus emociones y de su espíritu. Pero, como señalaba Nietzsche:

> El concepto de decadencia: la descomposición, la defección, los residuos, no son algo condenable en sí mismo, son solamente la consecuencia necesaria de la vida, del crecimiento vital. La aparición de la decadencia es tan esencialmente necesaria como cualquier surgimiento y avance de la vida, y no se tiene en la mano el medio para hacerla desaparecer. Por el contrario, la razón exige que respetemos sus derechos. (...) condenar el vicio, la enfermedad, el crimen, la prostitución, la miseria, significa condenar la vida. (49)

2. LA DECADENCIA SOCIAL

Si la significación del individuo evoca por todos sus flancos el deterioro, la descomposición social que se ve en la obra no es menos evidente. Alvaro Mutis no presenta una sociedad ideal. Sus personajes viven en condiciones de miseria, indeterminación e incertidumbre. Es una sociedad donde irrumpen formas inéditas, por una parte y, por otra, los individuos están siempre al borde del abismo, corriendo el riesgo de ser exiliados en un conglomerado que no los comprende, ante lo cual ellos no ven más que el caos sin sentido.

Las personas de esta obra son las más ignoradas por la fortuna y por los centros de poder visibles. No diría que son marginales, ni periféricas, porque son esenciales al funcionamiento de mecanismos colectivos. Pero corren en un subsuelo, en un plano tanto o más fundamental que otros. Es un mundo que está junto con el otro y al que la mayoría le niega el significado que tiene en la dinámica social, y menos aún pueden considerarlo como portador de poesía y de arte. Estos grupos sociales constituyen un mundo que permanentemente intercepta y es interceptado por los otros.

En este mundo literario se encuentran desde los representantes de una sabiduría popular, hasta los delincuentes, los exiliados y las víctimas de una naturaleza opresora, los enfermos y los pervertidos, los corruptos y los que todavía son casi un trozo de naturaleza selvática. Indios, campesinos, enfermos, lisiados, seres horribles, pobres, populares, todos ellos conviven en estas páginas.

Sin embargo, no es la visión de los pobres atrapados en un sistema que lentamente los chupa, ni se los ve como grupo que asegure por su sometimiento la continuidad de otro. Contrariamente a lo que afirma O'Neill en *The Comedy of Entropy* (148), los pobres no llegan a ser «más embrutecidos, viciosos, y desmoralizados» para servir a la permanencia de un sistema. En la obra de Mutis la decadencia de unos seres no es para beneficio de la conservación de otros.

Personajes

Es una sociedad donde el deterioro se observa en todo su esplendor (piénsese en los enfermos de «El hospital de los soberbios»). Otras veces son personajes con cuerpos mutilados (portero del hotel en *Ilona*), donde falta el ejercicio pleno de los sentidos, como el ciego que hace uso del prostíbulo en *Ilona*; doña Empera, la dueña de la pensión en *Un bel morir*, quien también es ciega. Estos personajes han desarrollado, compensatoriamente, otras facultades que se alían al deterioro: su inteligencia, el tacto, el oído, o han aguzado el instinto de maldad.

Muchas veces son personajes horribles con el rostro ebrio y descompuesto, deformados, con cabellos sucios por el barro y polvo, hombres que sólo encuentran descanso en el regazo de alguna prostituta, que por «un sentido de solidaridad pueden soportar a estos desamparados» (SMG, 53). En ocasiones ni siquiera las mujeres elegidas para una noche de placer ofrecen esperanza de alguna armonía corporal:

> Nada ofrece de particular su cuerpo... la boca enorme brotada como la carne de un fruto en descomposición, su melancólico y torpe lenguaje, su frente estrecha limitada por la pelambre salvaje, que se desparrama como maldición de soldado. (SMG, 41)

Habría que recordar también a la prostituta de «La visita del Gaviero» (E), que luego resultó ser su propia hermana, una mujer obesa, desdentada y de facciones bestiales. De igual modo las prostitutas que en Buenaventura encuentran Abdul y el Gaviero están roídas por la avitaminosis. Seres horripilantes por sus carencias físicas o morales. Al propio Maqroll, a pesar de su maestría en el conocimiento de la condición humana, la vida le juega trastadas (una india en el viaje a los aserraderos puede contagiarle la «fiebre del pozo» y causarle vértigo).

Otros miembros de esta sociedad no están en deterioro físico, sino deterioro moral o sufren ambos. Tal es el caso del portero del hotel Astor en *Ilona*, quien, además de controlar a todas las prostitutas de la manzana, vende objetos robados en la aduana y extorsiona a sus clientes en el hotel. En *Un bel morir* uno de los que participaba en el contrabando de armas y se hacía llamar agrimensor era «jorobado, con espesas cejas entrecanas y nariz aplastada» (BM, 47).

La ralea de los listos constituye otro grupo humano. Son gente de «pequeñas astucias», mezquinos y sórdidos, comerciantes y con capacidad para engañar también a las mujeres. Los infelices que están buscando siempre sacar ventaja de una amistad o de una situación, aquellos a quienes la gratitud les es ajena. Tal es el caso de Van Branden, quien involucra al Gaviero en el contrabando de armas en *Un bel morir*. Igualmente en *La Nieve del Almirante* el eslavo y el práctico son de la misma estirpe, en deterioro moral por su voluntad de poder físico y económico, seres de gran capacidad de mimetizarse, no sólo para defenderse sino para identificarse con la muerte que los lleva de la mano. No olvidemos que el práctico vendía indios y los que no podía vender eran envenenados y lanzados al río, mientras que el eslavo vendía armas a los plantadores de coca y luego los delataba a los militares (NA, 49).

Entre los militares aparecen también seres gregarios y con cierta calidad de esclavos: los soldados, con quienes se topa el Gaviero en su viaje a los aserraderos; dos de ellos, enfermos de malaria, subieron al planchón en que viajaba. «Listos» y gregarios, tipos de componentes de una sociedad que se deteriora sin término, personajes que trabajan en la otra orilla, ni marginales, ni periféricos corren aleatoriamente con todos los otros grupos sociales.

Este tipo de deterioro social lo había enfrentado muchas veces el Gaviero en sus correrías, se habían cruzado en su camino muchos Brandens y la repulsión que le causaban inicialmente esta gente y sus métodos se habían trocado en «absoluta indiferencia» y recordaba entonces la frase de Sancho Panza, «cada cual es como Dios lo hizo y, a veces, peor» (BM, 31).

En contrabalanza hay otros linajes que tal vez podríamos llamar «auténticos», formados por personajes populares, poseedores de una sabiduría y entereza innatas, con otros códigos sociales de comportamiento, de cierta caballerosidad, fieles a su palabra y al código de hospitalidad. Allí estaban Don Aníbal Alvarez, el Zuro, el Mayor de *La Nieve del Almirante*, el capitán Ariza, Dora Estela, la copera del pueblo y Eulogio en *Amirbar* y Abdul. Para éstos, los mediocres son otra gente con otras conductas, con otros códigos; por eso el Zuro le advierte a Maqroll sobre los contrabandistas en la cuchilla del Tambo: «Tómese su café y larguémonos de aquí (...). Son gente muy rara» (BM, 49).

También aquí están los comprometidos con el «gran mal», los que pueden vivir este plano de realidad sin culpa ni piedad: Rigoberto, el preso de Lecumberri y Jaime Tirado el Rompeespejos, narcotraficante de *Abdul Bashur soñador de navíos*. Rigoberto, el sicario, había pasado 42 de sus 65 años de vida en la cárcel, asesinaba por profesión y había matado innumerables víctimas de las formas más variadas, sin pena, ni rabia, ni conciencia del mal, como si matar fuera su misión. Tampoco consideraba que lo que hacía tenía nada de extraordinario, ni merecía alardearse. Seres donde el deseo de destrucción, de cambio, de devenir, puede ser la expresión de «lo dionisíaco», pero puede ser también «el odio de los fracasados, de los renunciadores, de los mal formados, que destruyen, deben destruir, porque lo que existe, toda la existencia y hasta cada ser, les indigna y les excita» (Nietzsche, 456).

Dos de los personajes de *La mansión de Araucaíma*, Don Graci y la Machiche, no están alejados de este grupo social. Don Graci controla la casa y a través de sus máximas establece un orden. El intercambio sexual sin limitación de polaridades constituye la dinámica de la mansión y sus habitantes, de los cuales la Machiche es la que porta mayor poder. Todos usan a Angela sexualmente —aun Don Graci que la hace tomar parte en sus abluciones. La Machiche es el personaje más sórdido y maligno del relato y el que le otorga unidad. El deterioro de Don Graci ha accedido a otro orden. Sodomiza al cocinero, se ha amanerado en sus gestos y en su juventud había sido pederasta. Estos dos personajes participan incondicionalmente en los designios de la muerte y colaboran en su tarea devastadora a través del crimen, la sodomía, la lujuria, los placeres de Lesbos.

En cambio, ni el capitán de barco de *La Nieve del Almirante*, que se había iniciado en el tráfico de heroína, ni Abdul fueron verdaderos delincuentes porque siempre fueron conscientes de que cometían un delito y esto les quitaba toda autenticidad en el oficio.

Mutis presenta una sociedad humana roída por el tiempo y la existencia. Una horda gesticulante de semimonstruos que parecen haber sido procreados en la marea del sueño o en el delirio, mancos, cojos, ciegos, sin dientes, con los cabellos en desorden y voces de ventrílocuos, trabajados por las enfermedades, seres anémicos, tipos humanos corrompidos o pervertidos, decadentes, armados alguna vez de atributos guerreros pero que ahora se deshacen poco a poco, engalanados con ornamentos macabros, todos presos de los furores del sexo, de la fiebre o la desnutrición, con los rostros aterrados, llenos de incertidumbre que no se disipa;

> Los habitantes de las más altas mesetas del mundo, asombrados ante el temblor de la nieve. Los débiles habitantes de las heladas extensiones. Los conductores de rebaños. Los que viven en mitad del mar desde hace siglos y que nadie conoce (SMG, 25),

todos danzando allí en medio de una ronda infernal como de una visión de espanto, con una conciencia permanente de la muerte.

La mujer

La mujer es la que conlleva un sentido de menor aniquilamiento. La otra mitad de los componentes sociales de las páginas de Alvaro Mutis son vistos más afirmativamente. Maqroll es una conciencia muy contemporánea, feminista, con un gran respeto por las cualidades de la mujer y hasta con un sentido de su propio incompletamiento frente al tipo de sabiduría, sensibilidad que las distingue y el agudísimo instinto de la especie. Las mujeres tienen una naturaleza que Maqroll considera más bondadosa, equipada con un instinto tan sensitivo que la más alta reflexión masculina no puede igualar, lo cual las hace ver más claro que a los hombres.

Las mujeres, sin estar exentas de padecer los efectos del deterioro físico y moral, o de la debilidad para actuar, son personajes polémicos donde siempre priva la capacidad de comprender a los desdichados y desesperanzados. En «La carreta» (SMG, 128), por ejemplo, donde hay seis cuadros que parecen producidos por un sueño, se repite la visión de la misma mujer en diferentes situaciones: dándole el pecho a un guerrero herido, dando la bienvenida a una familia de saltimbanquis; luego, bajo ramas de eucalipto la misma hembra mostraba a los viajeros la rotundez de sus muslos y, finalmente, en una colina, la misma mujer escribía una carta de amor.

En «El hospital de Bahía», las mujeres llevaban a los enfermos el precario alimento que consistía en un amasijo de raíces y frutos. Y algunas de ellas satisfacían, en silencio, las urgencias sexuales de los enfermos. De la misma manera, los presos de la cárcel de *Lecumberri* nunca fueron visitados por un amigo o por sus padres; las escasas visitas que recibieron los presos fueron de amigas, amantes, madres o madrinas que venían a veces de pueblos lejanos, a traer un poco de consuelo a sus hombres privados de libertad. En *Caravansary*, dice el Gaviero:

> Las mujeres no mienten jamás. De los más secretos repliegues de su cuerpo mana siempre la verdad. Sucede que nos ha sido dado descifrarla con una parquedad implacable. Hay muchos que nunca lo consiguen y mueren en la ceguera sin salida de sus sentidos. (C, 32)

Y en *La Nieve del Almirante*, cuando se refiere a Flor Estévez dice: «Nadie me ha sido tan cercano (...) tan necesario, nadie ha cuidado tanto de mí» (NA, 58-59). Las mujeres innatamente llevan una fortaleza que Maqroll siente que a él le ha sido negada como hombre y, por ello, precisa, le es urgente el permanente contacto con ellas. El observa cómo Flor Estévez es capaz de tranquilizar rufianes «con ese saber de mujer que sacude a la vida por los hombros hasta que la obliga a rendirle lo que le pide» (NA, 87). Se da cuenta de que la mujer, entonces, también es creadora. Posee una doble dimensión activo-pasiva. No solamente es pasión sino también acción. Lo cual no tiene nada que ver con el mito del andrógino —entendido sexualmente. La oposición mujer/hombre no es oposición de polaridad porque ella sea paciente, mientras el hombre es agente. La oposición se da porque ella contiene, en sí misma, los dos aspectos, mientras el hombre sólo posee uno.

La visión que tiene Maqroll de la mujer coincide con algunas de las proposiciones de Kierkegaard; reconocen ambos que la mujer instintivamente ve lo que debe admirar, a lo cual puede entregarse; son como los guardianes de la naturaleza y de los hombres. Pero también las mujeres caen en desesperanza porque a través de esa entrega se pierden ellas mismas: Ilona se pierde en la entrega a Larissa, Flor Estévez en Maqroll. Su desesperanza es «no querer ser ella misma». Los hombres en cambio se dan pero «no se lanzan, permanecen ellos mismos, se dan y permanecen detrás, no se abandonan» (50).

Pero la mujer no sólo posee sabiduría y solidaridad con los desesperanzados. Es también portadora de magia, de poderes que crean armonía en la naturaleza, campos ajenos a Maqroll; por eso tiene la certeza de que Flor Estévez «llama a la niebla» y «la espanta, teje los líquenes gigantes que cuelgan de los cámbulos y rige el curso de las cascadas que parecen brotar del fondo de las rocas y caen entre helechos y musgos de los más sorprendentes colores» (NA, 103-104). De allí que afirme, después de haber hecho el inútil viaje a los aserraderos y pasar las dos pruebas que lo midieron con la muerte, que «más se aprende al lado de una mujer de sus cualidades, que trasegando caminos y liándose con las gentes cuyo trato sólo deja la triste secuela de su desorden y las pequeñas miserias de su ambición, medida de su risible codicia» (NA, 104).

A la mujer no es necesario decirle todo y Maqroll lo sabe bien; cuando le escribe a Flor Estévez, sabe que pierde el tiempo, que todo lo que él le quiere decir no está escrito, pero de otro lado tampoco es necesario porque ella «lo sabe todo desde antes, desde siempre» (NA, 104). Maqroll conoce bien los poderes del amor y el tipo de comunicación que se desarrolla cuando este sentimiento está de por medio.

Las amantes de Maqroll son todas mujeres con estos sentidos en acción, desde la sofisticada Ilona, hasta la copera del bar de *Amirbar*, Dora Estela o la Regidora, como solían llamarla. Los valores centrales y jerarquizantes son débiles en ellas; de allí su apertura. Ilona no tenía barreras morales, nunca se le conoció un hombre por mucho tiempo, pero permanecía fiel a la amistad, tenía relaciones con otras mujeres, aunque esencialmente no era lesbiana, lo hacía como una gimnástica para los sentidos. Podía ser amante de Maqroll y de Abdul al mismo tiempo y, además, poseía una profunda psicología conocedora de la naturaleza del hombre.

Habría que agregar que Maqroll tampoco es un hombre hiperpolarizado. Si fuera así, él no podría tener la visión para reconocer las cualidades de la mujer y la importancia de ellas en su vida. Por otra parte, no tendría cabida en tantas y tan diferentes culturas, le quitaría universalidad y sólo podría moverse en sociedades primitivas.

Deterioro político de la sociedad

El deterioro de la sociedad en el nivel político se observa en la visión del poder que dan poemarios, novelas y relatos. El poder en degradación y deterioro es otra de sus significaciones: la violencia, la destrucción, la guerra, forman parte de lo que nos dice esta obra. En Colombia el tema del poder lo han enfocado también García Márquez, Jorge Zalamea y, en pintura, Fernando Botero, como vimos en la primera parte. Se trata de una sociedad en la cual se ha llegado al deterioro absoluto; no excluye ni la violencia ni el terrorismo como manifestaciones de la exacerbación de la actividad.

Obras como *Summa de Maqroll el Gaviero* (sobre todo los primeros
dos poemarios), *Un bel morir, Diario de Lecumberri* y, en parte, *Abdul
Bashur soñador de navíos* aluden a la violencia. La sociedad en que
Maqroll ha desenvuelto su vida es una sociedad desgastada, en decadencia política; en los inicios de sus primeros poemas ya veía que «el
caracol de la guerra prosigue su arrullo interminable» (SMG, 9).

Pero también el paso de los guerreros que ejercen la violencia cae en
el olvido y el poeta lo sabe, y como él es un avizor que ve más lejos el
porvenir y el pasado, puede ver el mito que reside en la ciudad que fue
un día escenario de la guerra y que nadie recuerda:

> *¿Quién ve a la entrada de la ciudad*
> *la sangre vertida por antiguos guerreros?*
> ...
> *ni el más miserable, ni el más vicioso*
> *ni el más débil y olvidado de los habitantes*
> *recuerda algo de esta historia.* (SMG, 56)

La mayoría de los primeros poemas nos obligan a pensar en la época
de violencia en Colombia, iniciada el 9 de abril de 1948. La violencia
invadía «los estadios abandonados (...) Del polvo que levantan tus ejér-
citos / nacerá un ebrio planeta coronado de ortigas» (SMG, 10). Días
amargos, de cañoneos rutinarios; aunque los poemas no citan el referente explícitamente ni contextualizan en el tiempo, en los poemas «Los
elementos del desastre» pudiéramos pensar que alude a esta dolorosa
experiencia. No obstante, el autor dice no haber tenido en ningún
momento la intención de poetizar sobre la violencia en Colombia.

El miedo se extendía como consecuencia a todos los rincones y es lo
que él menciona como moradas diurnas del miedo en el poema que
lleva este mismo título; estaba presente en los trenes, los buses de colegio, los tranvías de barriadas, las tibias frazadas tendidas al sol, las
goletas, los triciclos, los muñequeros de vírgenes infames, el cuarto
piso de los seminarios, los parques públicos, las piezas de pensión
(SMG, 47).

Al ingresar en *Un bel morir* o *Abdul Bashur soñador de navíos*, obras más
recientes, el deterioro político es causado no ya por la violencia de dos
partidos legales que se confrontan en un pueblo que nada sabe de las causas,
sino que nos sitúa frente al deterioro causado por el choque entre la
guerrilla y los militares y entre los narcotraficantes y los militares.

Para un campesino de estirpe como don Aníbal Alvarez, era penoso reconocer que, ante la barrida de la violencia, ellos «no contaban para nada», a pesar de ser los fundadores de estos pueblos. Y doña Empera había perdido a su nieto; por el solo delito de ser un buen lector, los militares «sospecharon que estaba en la guerrilla» (BM, 12). Son gente que «no pregunta; entran matando. Siempre andan muertos de miedo». El deterioro social se evidencia también en la aparición de condiciones propicias para el desarrollo de la delincuencia. La decadencia de Abdul Bashur en los países del Mediterráneo, tiene relación con las anécdotas de la vida carcelaria relatadas en *Diario de Lecumberri*. Aun en estos espacios habitados por personajes en deterioro, la vida como voluntad de poder se manifiesta. La visión que nos da el narrador es que esa voluntad de poder en deterioro genera más desorden, reproduce su propio desgaste. El *Diario* habla del nuevo terror que se vivía en la prisión cuando la «tecata balín», heroína falsificada, empezó a circular entre los presos. Tanto en *Abdul Bashur soñador de navíos*, como en el *Diario de Lecumberri* y en *Un bel morir*, hay episodios de gran realismo que remiten a la atmósfera en que se inserta la existencia calamitosa de Maqroll o del narrador.

En Lecumberri, el narrador presencia los efectos de la marihuana y la heroína (no de la cocaína que tiene su auge a partir de 1978 en Latinoamérica) y observa que «la melancolía habitual de los presos tiene los mismos visos que la profunda desesperanza de los que usan drogas» (DL ,10), pero, paradójicamente, es también la droga la que parcialmente los rescata de esa desesperanza.

Ningún orden político, ni ninguna fuerza amenazaba el orden que trabajaba dentro del deterioro en que vivían los presos. Una suerte de orden que implicaba un código de silencio para protegerse de los abusos de autoridad y dar salida al caos que confundía a los guardias. Ramón, un hombre que moría a causa de la «tecata balín», no confesaba quién le había vendido la droga, ni siquiera al borde de la muerte, cuando imploraba que lo salvaran: «Da igual, doctor. Sálveme a mí; a los otros que se los lleve la tiznada» (DL, 12).

En la cárcel el desorden y la evidencia con que se cumple el deterioro se vuelve un orden cotidiano. El narrador reconoce que poco a poco entraron en «la sorda mina de la plaga» en el «túnel de los muertos» que iba acumulando hasta que llegaron a vivir esta terrible experiencia como «natural e irremediable» (DL, 13).

> En esta forma la ruleta de la muerte había jugado por cinco negras semanas su fúnebre juego, derribando ciegamente, dejando hacer al azar; que tan poco cuenta para los presos, tan extraño a ese mundo concreto e inmodificable de la cárcel. (DL, 14)

La visión del poder de poemarios y novelas es siempre de un poder que no se ejerce en todo su esplendor, que está en decadencia creciente al borde del abismo. La mayoría de las veces no está contextualizado de manera explícita, con excepción del *Diario*, pero de allí también la universalidad de la proposición. El cuadro que presenta «El hospital de los soberbios» es patético; los poderosos están despojados de casi todos sus atributos, los pocos que conservan los hace ver caricaturescos por la situación a la cual los ha reducido la enfermedad. Los Soberbios, dueños de la ciudad y dispensadores de prebendas, con la última palabra en todas las decisiones, veían ahora minado su ejercicio del poder, e irónicamente es a lo que más se aferran. Esto se hace más visible en la atmósfera que los rodea, la fetidez de las salas en donde moraban y despachaban al mismo tiempo sus asuntos, rodeados siempre de «frascos y recipientes en los que se mezclaban las drogas y las deyecciones, los perfumes y los regalos» que alimentaban su gula (SMG, 113).

Maqroll y el narrador son grandes lectores, han llegado así a establecer una familiaridad con la historia. Cada una de las obras nos pone en contacto con episodios históricos de personajes que un día tuvieron poder, pero a Maqroll o al poeta le interesan sólo en el momento del fracaso absoluto o de su muerte. Tal es el caso de César Borgia, Sharaya, la Tzarina, el estratega bizantino o el húsar, a quien presenta cuando ya está muerto y lo encuentran con su morrión, comido por las hormigas. Los poemas a Felipe II presentan la experiencia del poder, pero no como historia. Al autor le interesa mostrar la condición humana de Felipe II y los efectos que el poder omnímodo produce en el hombre. La fascinación por la historia y el poder en decadencia llevó a Mutis a escribir «El último rostro» sobre los últimos días de Bolívar, a quien su título de «libertador» y su poder no lo salvaron de morir repudiado por su pueblo y en exilio.

El deterioro del poder tendrá la naturaleza de una iconoclasia excesiva, llegando a la anarquía pura y simple o, por el contrario, a un conservadurismo también excesivo, trayendo consigo los privilegios de clases y de intereses petrificados, contrarios al bien social. O bien, tomará la forma de la corrupción política, que altera la eficacia del mecanismo administrativo y crea la corrupción de la sociedad.

Deterioro económico

Además de la visión de la miseria y decadencia de los grupos sociales o en el ejercicio del poder, Mutis en sus novelas presenta una visión del desgaste que invade las estructuras que representan una organización económica tradicional, basada en la propiedad de la tierra. El escenario donde se desarrollan *Amirbar* y *Un bel morir* responde mayormente a una estructura agrícola bastante primaria que empieza a tambalearse con la violencia oficial y las guerrillas de izquierda. Maqroll el Gaviero (el autor también) había crecido en una sociedad agrícola, con una mayor estabilidad social y económica, pero en otros tiempos, cuando el caos todavía no carcomía este orden. Esto es claro cuando, refiriéndose al manejo de las mulas que necesitará para el transporte del contrabando de armas, recuerda que desde niño, cuando ayudaba a los arrieros que traían la caña para el trapiche en su hacienda, no había vuelto a tener relación con estos animales y ahora dudaba que «a sus años contara aún con las fuerzas y la resistencia para una empresa semejante» (BM, 22). ¿No es por otra parte una alusión a Coello?

El decaimiento del poder, el desorden que se mueve debajo del orden ha debilitado el orden económico y ha convertido estos lugares en pueblos que se hunden en la miseria, como en una espiral sin fin, donde la necesidad deteriora las costumbres de respeto y honradez. De allí que doña Empera le advierta al Gaviero que cuide su dinero, porque La Plata es otro pueblo de miseria, donde el silencio daba la impresión de que la vida se había retirado de allí.

El hurto y la prostitución se volvían necesidades para mantener un mínimo de orden en medio de la merma económica y hasta «las campesinas que bajaban de la montaña para hacer compras en la única tienda del pueblo, cuyo dueño era el turco Hakim» (BM, 14), ejercían la prostitución sin ser justamente pagadas, pero de esa manera completaban su presupuesto para cubrir necesidades mínimas. La decadencia económica conduce a formas de manifestación más sofisticadas —si se quiere, más «ordenadas»: en *Ilona* donde el prostíbulo se vuelve institución. Y en *Abdul Bashur soñador de navíos* las mujeres que trabajan en la prostitución como consecuencia del deterioro económico a que las somete la sociedad, preferían a los marineros que portaban dólares a los huéspedes que sólo tenían la devaluada moneda nacional.

Dentro de este deterioro social hay otras soluciones económicas que no dejan de ser un factor catalizador de la corrosión social. Abel, el preso de Lecumberri, que, además, recuerda un perfecto personaje de Balzac, está allí por avaricia que ejercía a través del agiotismo y la usura. Presta dinero a los que todavía poseían alguna brizna de tierra, les cobra intereses tan altos que les hace imposible pagar y Abel termina quedándose con sus propiedades. Su contribución al desgaste económico se extendía también al dominio de su persona, que lo hacía un ser preso, más de su propia avaricia que de la cárcel. Conservaba hasta los desperdicios de la comida y prefería morir antes que desprenderse de una insignificante suma por la fianza para su libertad. Con razón Freud decía que el avaro es un ser constipado permanentemente, es decir, que retiene hasta sus propios excrementos.

La decadencia socio-económica es vista también a través de asuntos aún más recientes como la inmigración de indocumentados de países latinoamericanos a Estados Unidos, en busca de una suerte que conjure el caos económico. *El diario de Lecumberri* lo alude en el episodio V, a través de la historia de un recluso que, habiendo llegado con su familia a EE.UU., es sorprendido y deportado sin su familia a México. Y trabajando para regresar como indocumentado a reunirse con los suyos es víctima de otro juego del azar y cae preso en Lecumberri.

La visión del decaimiento del orden económico en las últimas novelas como *Ilona llega con la lluvia* y *Abdul Bashur soñador de navíos* es una ampliación de la visión que había insinuado *El diario de Lecumberri*. Hay en ellas una visión del deterioro, a través de problemas de palpitante actualidad. Todo el problema de las drogas está bosquejado aquí. En el *Diario*, Ramón, el Señas, y muchos otros presos, mueren a consecuencia de la «tecata balín». Rigoberto muere por delatar a otro recluso que también vendía drogas. El Palitos que empezó como gamín y nunca conoció a su madre, ascendió en la escala del deterioro empezando desde los ocho años a fumar marihuana. Fumaba en el intento desesperado de instaurarse en un orden que nunca había conocido: «Me quitaba el hambre —dice— y me hacía sentir muy contento y muy valedor». Terminó en Lecumberri, muerto. «Las drogas, el hambre y el miedo» habían terminado su trabajo.

En *Ilona*, el deterioro económico sigue otros cauces, que afectan fundamentalmente al Gaviero. Wito, capitán del barco, al sentirse impotente para pagar a sus proveedores, a las autoridades portuarias y a toda la tripulación, busca la salida en el suicidio. Esto a pesar de que el Gaviero, sin reparos morales, le había insinuado ingresar en otros negocios transportando «cargamento especial» en un viejo DC 4.

Maqroll en *Ilona* vuelve a incursionar en prácticas al margen de la legalidad, para las cuales, según sugiere, ya había tenido su entrenamiento en el Mediterráneo con Abdul Bashur. Se trataba aquí de hacer lo de siempre: «Cruzar los límites legales para ganar algunos dólares que me permitirían sobrevivir mediocremente, no sin correr algunos riesgos con las autoridades» (I, 39), vendiendo objetos robados en la aduana.

En *Abdul Bashur soñador de navíos*, el deterioro económico social es todavía más visible a través de Abdul y Panos. Por el narrador sabemos que Abdul ya está muerto, pero su vida, contrariamente a la de Maqroll, fue un desafío permanente a lo que el destino le deparaba. Así iba cayendo en los más bajos fondos de la delincuencia. Al comienzo había vivido en Marsella, centro principal del tráfico de drogas para Europa y Asia Menor, y la pensión donde se hospedaba estaba ocupada por delincuentes. Allí se enrola y compromete a Ilona y a Maqroll en un oscuro negocio de alfombras persas auténticas que, a través de Tarik, obtendrán de la aduana y las cambiarán por alfombras falsas para que Ilona decore un palacio suizo. Pero no termina allí. Luego Abdul conocerá a uno de los capos de la droga en Colombia: Jaime Tirado el Rompeespejos; un auténtico representante del mal, que ya había tocado la otra orilla en busca de poder económico, sin ningún miramiento ético. Pero Abdul, que era un delincuente a medias, «había sido atraído por el mundo del crimen desde siempre». Por ello no sorprende que, al final de la novela, descienda hasta el infierno del hampa. Era de esperarse dentro del proceso de decadencia que había seguido y que vivía con un pretexto económico.

Pero ni Abdul ni Maqroll podían ser jamás verdaderos delincuentes, porque no se puede ser tal cuando se tiene conciencia de que se está delinquiendo. Como decía Alvaro Mutis «se deja de ser criminal en el momento en que no se es inocente frente al hecho». De allí que Ilona, mujer sabedora de todo, desconfiara profundamente de las cualidades de sus dos amantes para delinquir.

Si el Rompeespejos, a través de tráfico de drogas, ha roto su propia imagen y ha hecho pedazos otro mundo del que nada sabemos, si Abdul vende explosivos para los anarquistas en España, trafica con alfombras persas y si con Panos establece una asociación para robar el producto de sus rapiñas a delincuentes, improvisando una técnica que había conocido en Cartagena, el autor nos está mostrando dos aspectos: por una parte, el deterioro social y económico concreto que sufre la sociedad, pero, por otra, presenta el propio deterioro de todos estos seres que no han logrado llegar a un compromiso cabal con el mal. El mal absoluto (el que se da en Gilles de Rais, la Brinvilliers y en Rigoberto) no se da en Abdul. Por su conciencia del mal, el Gaviero encontraba que un mal a medias también alojaba la decadencia, la mediocridad y decía:

Les falta la grandeza (...) siempre esconden, allá, en el último rincón del alma, a un pobre diablo. Yo creo que el mal absoluto es un concepto abstracto, una creación puramente mental y que jamás se da en la vida real. (AB, 98)

Se habrá observado, pues, que el deterioro del individuo (físico, emocional y de su personalidad), el deterioro social (político y económico) constituyen los «leitmotiv», guías de esta obra, «el uso de las cosas. Cómo nos estamos usando y estamos usando todo» (PP, 637). El desgaste de todo lo viviente.

3. DETERIORO EN LA NATURALEZA Y LOS ESPACIOS

Los individuos y la sociedad se enmarcan en un espacio también decadente y deteriorado. Predominan los paisajes de las tierras bajas, con su atmósfera sórdida y delirante en *Summa de Maqroll el Gaviero* y *La mansión de Araucaíma*; los grandes ríos y la desmesura selvática en *La Nieve del Almirante*; la monótona y desordenada ciudad tropical en *Ilona llega con la lluvia*; los páramos agotadores en *Un bel morir*; el río y los puertos en *La última escala del tramp steamer*; las minas y las montañas en *Amirbar*. *Abdul Bashur soñador de navíos* que concluye, por ahora, la obra de Mutis, presenta una síntesis de todos los espacios anteriores. No deja de ser interesante que todos ellos están anclados en el trópico. Maqroll, el narrador u otros personajes, nos pueden hablar de la Meca o de Grecia, del Mediterráneo, de Singapur o Shanghai, de Los Angeles o Marsella, pero los acontecimientos esenciales suceden en el trópico. En *Abdul*, la obra más compleja desde el punto de vista estructural y espacial, el nivel diegético se cumple, en parte, en Colombia. Aun el descenso al mundo de la delincuencia, que se ubica en Marsella, quien conozca los países latinoamericanos no dejará de pensar en ciertas ciudades de esa latitud, mientras el narrador pretende pasearnos por Marsella. También es interesante e irónico a la vez que a pesar del apelativo de Gaviero, «el que está en la gavia del barco avizorando todos los horizontes», no hay una profunda visión de la vida del mar y sus efectos, ni una novela que nos dé la medida del mar equiparable a la visión que el poeta da del trópico, o de las tierras bajas. Maqroll conoce el mar, es verdad, y ha viajado muchas veces en barco y hasta ha trabajado en ellos, pero en realidad no es de allí, y esto lo revela en la visión de los espacios.

La espacialidad de la obra con «hondas raíces en lo americano», como dijera Oviedo, no escapa a los procesos de desgaste y, a la vez, colabora en el trabajo de decadencia que produce en los objetos, en el hombre y en los espacios culturales o artificiales creados por él. Las tierras bajas son el espacio más privilegiado en toda la obra. Casi todos los poemas se desarrollan en este ámbito. Pero no deja de ser un espacio polémico y menguador, a pesar de que hay momentos felices en la visión de esta topografía. *Los hospitales de ultramar*, ya sea el de Bahía, el del Río, o el de los Soberbios, se ubican en esta precisa geografía: a la orilla de los mares tropicales, en medio de una naturaleza que corroe y acelera el detrimento de la salud de los enfermos rodeados por «un mar que mecía su sucia charca gris, agrio y pobre de peces»; «el orín y la herrumbre, propiciados por el clima tropical»; «el óxido y la verdosa y mansa lama nacida de la humedad y del aire».

El tropicalismo ha sido una constante en la literatura colombiana, sólo que en Mutis el trópico no es un elemento decorativo ni el marco de un escenario. Todo lo contrario. Forma parte indispensable de la significación total de la obra. No es la imagen positiva (falsa) que normalmente se tiene de él (lugar de abundancia, fecundidad, frescura, plenitud). Tampoco es el mismo de Eugenio Montejo en *Trópico absoluto*, un trópico que se añora, lejos del cual se siente nostalgia. El trópico de estas obras es desgarrador, se corroe y corroe con él a quien lo habita[3].

Aun el río, al que el hablante poético se viene refiriendo desde «La creciente», sufre los efectos declinantes porque «estaba cubierto por un vaho lechoso» que sólo se diluía, con el sol reverberante de todo el año y aclara que no era por la brisa con un cierto tono de nostalgia porque «allí corría el río encajonado entre las altas cordilleras y jamás la brisa descendía a visitar la región» (SMG, 106). En las cascadas, espacios donde algunas veces fue posible la plenitud para Maqroll, lo que domina es lo contrario: el detrimento, la mengua, pues, «un malsano silencio se extendía desde el tumulto de las aguas que caían de lo alto, a través de un estrecho hueco cercado de plantas» (SMG, 108).

La sabana o los llanos, tan extensos en Colombia como en Venezuela, es otro espacio que avista Maqroll cuando sale de la selva en su viaje a los aserraderos, pero allí también descubre el desamparo y la soledad del lugar, sensación muy distinta de la que tenía en medio de la selva «pese a su vaho letal, siempre presente para recordarnos su devastadora cercanía» (NA, 60).

---

3 Alvaro Mutis define el trópico así: «El trópico, más que un paisaje o un clima determinado es una vivencia, una experiencia de la que darán testimonio para el resto de nuestras vidas no solamente nuestros sentidos, sino también nuestro sistema de razonamiento y nuestra relación con el mundo y las gentes. Lo primero

En las obras de Mutis la selva es un espacio terrible y necesario para decir del desgaste y el ocaso de todos sus personajes. No es una invención a pesar de lo polarizada que pueda parecer su visión; es una realidad corrosiva aun para personas tan familiarizadas con ella como el Mayor de *La Nieve del Almirante*, quien afirma: «Sólo sirve para acelerar la salida. En sí no tiene nada de inesperado, nada de exótico, nada de sorprendente. Esas son necedades, de quienes viven como si fuera para siempre. Aquí no hay nada, no habrá nunca nada» (NA, 70).

Maqroll acepta las trampas que le tiende la selva: su efecto agotador, la temperatura insoportable, el clima húmedo y malsano y sus plagas (la malaria), como una prueba necesaria —«una escuela letal»— para no llegar a la muerte «con la certidumbre de haber habitado un limbo, a espaldas del soberbio espectáculo de los vivos» (NA, 71). El efecto que en Maqroll ejerce la selva está metaforizado en lo que siente después de la relación sexual con la india. Primero, una mezcla de admiración y sorpresa, pero luego una náusea incontenible y, finalmente, la fiebre. La selva, como afirmaba el capitán del rústico planchón en que viajaban, «tiene un poder incontrolable sobre la conducta de los que no han nacido en ella. Los vuelve irritables y suele producir un estado delirante no exento de riesgos» (NA, 22). Sin embargo, esos riesgos que tiene para los foráneos no existen para los que conviven con ella:

> nada de misterioso, como suele creerse (...) Simple, rotunda, uniforme, maligna. Aquí la inteligencia se embota, el tiempo se confunde, las leyes se olvidan, la alegría se desconoce, la tristeza no cuaja. (NA, 49)

---

que sorprende en el trópico es la falta de lo que comúnmente lo caracteriza: la riqueza de colorido, la ferocidad voraz de la tierra y el entusiasmo de sus gentes. Nada más ajeno al trópico que estos elementos que suelen pertenecer a lo que se llama en Suramérica la tierra caliente, formada por los tibios valles y laderas de los Andes y que nada tiene que ver con el verdadero trópico. Tampoco la selva tiene relación alguna, con lo que en verdad es el trópico. Una vegetación enana, esqueléticos arbustos y desnudas zarzas, lentos ríos lodosos, vastos esteros grises donde danzan las nubes de mosquitos un soñoliento zigzag, pueblos devorados por el polvo y la carcoma, gentes famélicas con los grandes ojos abiertos en una interior vigilia, de la fiebre palúdica que lima y desmorona todo vigor, toda energía posible. Vastas noches de humedad señoreadas por todos los insectos que la más loca fantasía no hubiera imaginado, lechosas madrugadas cuando todo acto en el día se nos antoja mezquino, gratuito e imposible, ajeno por entero al torpe veneno que embota la mente y confunde los sentidos en su insípida melaza. Esto más bien pudiera ser el trópico» (PP, 285).

Nada en estos espacios da señal de salud o bienestar. Lo que la visión registra es el desorden y el caos que crea esa perenne batalla de los elementos acercando a los vivos a la muerte; hasta la luz tropical que se demora todo el año, no es más que «un manto obediente que esconde la miseria de las cosas» (SMG, 58).

La cordillera es el ámbito en el cual se desarrollan las partes más sobresalientes de *Amirbar* y *Un bel morir* y el final de *La Nieve del Almirante*[4]. El significado de la cordillera en estas obras tampoco es de protección o seguridad. Todo lo contrario, significa desafío, otro reto para sus habitantes y aún más para un hombre como Maqroll que no vivía allí desde que era niño. La cordillera, los páramos, las cuchillas como la del Tambo, le vigorizan la necesidad de provocar el azar, en el intento de establecer sus límites. El reencuentro con su espacio lo llena de gozo y dice «sólo yo sé hasta dónde explica y da sentido a cada hora de mi vida: soy de allí» (NA, 87). Y allí, en esas cordilleras, espera un clima helado y húmedo que provoca los fuertes dolores de cabeza, el soroche o mal de altura, la humedad de los socavones en las minas y también la soledad y el desconsuelo.

La persona poética sabía desde el poema «Los viajes» (1948), que debía descubrir esos lugares donde el tiempo carcome los objetos, donde las carencias destruyen la vida, donde los hombres y mujeres pocas veces penetran: «Faltan aún por descubrir —decía— importantes sitios de la tierra: los grandes tubos donde respira el océano, las playas donde mueren los ríos que van a ninguna parte, los bosques en donde nace la madera de que está hecha la garganta de los grillos» (SMG, 25).

Las manifestaciones de la naturaleza son caóticas y a veces provocadoras de desastre sin función lenitiva en el plano de la realidad vivida, aunque tienen una función sedante para la imaginación. Cuando llega la lluvia es una lluvia de «un agua persistente y vastísima», sobre los cafetales, los cámbulos, sobre las hojas de plátano (SMG, 74); y la misma lluvia le devuelve la memoria de las grandes noches en su tierra natal. La lluvia y la corriente del río pueden arrastrar la vegetación que encuentran a su paso: los animales, los techos de paja, las aves, todo se iguala en la creciente del río producida por la tormenta y con esta destrucción traen el deterioro de la tranquilidad en los humanos que comentan el paso de sus pérdidas «con la angustia pegada a los ojos». En

---

4 Colombia está atravesada de sur a norte por tres cordilleras: la Occidental, la Central y la Oriental, pertenecientes a la cadena de los Andes.

la cárcel de Lecumberri la lluvia da malas ideas, porque ella no pertenece al orden cerrado del penal; por ello hay que encerrar a los presos, antes de que se les suba a la cabeza como un licor salvaje y comiencen a hacer estragos.

Las glorias del húsar también son opacadas por el decaimiento que en sus objetos produce esta naturaleza agresiva: «el filo de su sable comido de orín y soledad». Más tarde,

> el mar llenó sus botas de algas y verdes fucos,
> la arena salinosa oxidó sus espuelas,
> el viento de la mañana empapó su rizada cabellera con la
> espuma recogida en la extensión del océano. (SMG, 49-50)

Se trata de una naturaleza vengativa que se ensaña en la destrucción. En «El húsar» (SMG, 51), un remolino de miseria barrió toda la ciudad y «el húsar se confundió con el nombre de los pueblos, los árboles y las canciones que habían alabado el sacrificio» de un cangrejo al que nadie atendió. Otras veces se manifiesta en plagas que asolan las cosechas, o privan de la salud a los humanos que no logran decodificar su origen ni su significado. En general (y esto es tal vez lo peor), como dice Blanchot,

> el desastre no es absoluto; al contrario, desorienta el absoluto. Viene y va, errante descoloca, y todavía con la imperceptible pero intensa fuerza repentina del afuera, como una irresistible e imprevista resolución llega de más allá de los confines de la decisión. (4)

La naturaleza, sin embargo, no trabaja sola. El tiempo es un aliado en su función deteriorante, el tiempo «usando y cambiando, / como piedra que cae o carreta que se desboca» (SMG, 88). El tiempo, como la muerte, contiene en sí el mundo de las posibilidades y de nuevas elecciones, pero dejemos que lo diga el hablante poético:

> El tiempo, muchacha que trabaja
> como loba que entierra a sus cachorros
> como óxido en las armas de caza,
> como lengua que lame la sal de los dormidos... (SMG, 89)

Acorde con la visión de la naturaleza, la flora, independientemente del espacio en que se ubique la novela o el poema, remite al paisaje tropical colombiano. De la misma manera muchos poemas de Machado

nos obligan a pensar en Castilla o Andalucía. En casi toda la poesía de
Mutis el paisaje es inclemente, o de vegetación feroz o raquítica. Pero
al entrar en la novela se capta, sin embargo, una alegría al enumerar
ciertos elementos propios de la región, ciertas zonas de la tierra y su
vegetación que en ocasiones entran en relación antitética con los anteriores elementos. Cafetales, guanábanos, yaraguá, carboneros, cámbulos, acacias, guaduales, manglares, guamos, naranjos, poleos, chirimo-
yos, zapotes, cocoteros y sauces tienen una fuerza, un poderío y una
connotación más feliz que la selva, la llanura o la vegetación del páramo. Veamos algunos ejemplos: «Las brillantes hojas de plátanos se iluminan con la hoguera que consume su historia» (SMG, 50); y las «flores
amarillas, de un color intenso, casi luminoso, que recuerdan las del árbol
de guayacán, penden graciosamente» (NA, 53), y «los cafetales (están)
vestidos con la nieve atónita de sus flores o con la roja fiesta de sus
frutos» (NA, 88).

El mundo de la flora de tierra caliente es uno de los más ambivalentes
en la obra de Mutis. Tiene, de un lado, este poder embriagante por su
exuberancia y fertilidad, pero, simultáneamente, es un mundo donde todo
se transforma con una velocidad casi imperceptible. Así crea espacios donde
proliferan los señores de la descomposición y del desorden. Es como un
espejo donde las realidades se invierten; atacadas por sus propios elementos se convierten en ambiguas.

Mutis reconoce en la flora familiar una superioridad de naturaleza en
la gran exteriorización de sus perfecciones esenciales. Las flores del cafeto
o del cámbulo forman parte inseparable de su mundo poético. Sin ellos
no habría imagen de cualidades inexpresables en otro lenguaje. Subraya, además, que no es posible divorciar su participación en el reino
físico de su actividad creativa. Las dos están inexorablemente relacionadas y gracias al regalo del lenguaje puede no solamente crear imágenes
con esa experiencia sino también hablar sobre ella:

> Todo llega a la tierra caliente empujado por las aguas del río que sigue
> creciendo: La alegría de los carboneros, el humo de los alambiques, la
> canción de las tierras altas, la niebla que exorna los caminos, el vaho que
> despiden los bueyes, la plena, rosada y prometedora ubre de las vacas.
> (SMG, 28)

Después de estudiar las correspondencias de la obra mutisiana, el poema
de Baudelaire que lleva precisamente ese título vuelve a encarnar con toda
su realidad en esta poesía. Por eso las palabras que Benjamin escribió
sobre dicho poema nuevamente tienen cabida en esta ocasión:

Lo importante es que las correpondencias fijan un concepto de experiencia que retiene en sí elementos culturales. Sólo adueñándose de estos elementos podía Baudelaire valorar plenamente el significado de la catástrofe de la cual él, como moderno, era testigo. Sólo así podía reconocerla como el desafío lanzado únicamente a él y que él ha aceptado en las *Flores del mal.* (113)

El bestiario de Mutis es seleccionado para dar imagen más clara de peligro, terror, miedo, incomodidad, molestia. Los más abundantes son los animales más insignificantes: los insectos. Luego, en orden de frecuencia, estarían las aves, particularmente las de rapiña o las que tienen voces descoordinadas y desagradables como los loros y pericos. Los reptiles le sirven muchas veces para dar la idea de lo repugnante y los animales mamíferos, con excepción de los murciélagos y otros nocturnos como las zarigüeyas y los zorros, sólo ingresan al poema cuando están frente a la muerte o ya han entrado en descomposición.

Los insectos son los que evocan más directamente el trópico. Los mosquitos, especialmente, aluden a la tierra caliente. Paradójico, por cierto, que sea el más diminuto de los animales el que caracterice una tierra supuestamente exuberante y de excesos. En *La Nieve del Almirante,* «una nube de mosquitos se instaló sobre nosotros. Por fortuna todos estamos inmunes a esta plaga» (NA, 19). En la lámpara Coleman que los alumbra de noche «vienen a estrellarse grandes insectos de colores y formas diversos» (NA, 18). En «Razón del extraviado» de *Los emisarios,* la siesta es «mecida por los élitros / de insectos incansables» (E, 11). El animal que picó al Gaviero cuando tuvo que refugiarse en la tienda de Flor Estévez inicialmente es «cierta mosca ponzoñosa de los manglares del delta» (NA, 53).

Como dije antes, se trata del trópico simbolizado por un diminutivo (mosquito, insecto). Mediante ese diminutivo se revela el trópico con sus características de agresión, de insalubridad que mina los cuerpos y desestabiliza la mente. Cualquiera que haya pasado una noche o un día expuesto a los conocidos zancudos, sabe de lo que está hablando Mutis. No es necesario mencionar al mosco anofeles, transmisor del paludismo, tan propio de la selva tropical y de los climas cálidos y malsanos. El adentro/afuera; el adentro es reconocido en los mosquitos que lo revelan y el afuera (trópico) cede a un código figurativo que forma parte de su medio como del espectáculo ordinario y cotidiano.

Hay otros insectos propios de la fauna tropical. Grillos y luciérnagas y mariposas están allí individualizando un ambiente nocturno campestre, o subrayando lo siniestro y el poder de carcomer la vida que tan insignificantes bestias pueden portar. Al final, cuando desaparece el húsar, lo único que encontraron fue su morrión «comido por las hormigas» (SMG, 51). Las aves son elegidas a propósito de un significado total en la obra. No se trata de cisnes tan abundantes en los poetas modernistas o de garzas de delicados colores, ni de cándidas palomas u otras aves domésticas. Nada que pudiera dar la idea de sosiego al cuerpo o al espíritu es empleado por Mutis. Son aves que producen incomodidad, desagradables, algunas veces aves rapaces, de sonidos cacofónicos y desacompasados, o aves de mal agüero: cacatúas, albatros, gavilanes, buitres. Es así como, en su oficio de celador de barcos, Maqroll debía buscar «el albatros vaticinador del hambre y la pelagra» (SMG, 35), y cuando todo le sale mal, el Gaviero establece reglas de vida, una de las cuales es esta: «Los gavilanes que gritan sobre los precipicios y giran buscando su presa son la única imagen que se me ocurre para evocar a los hombres que juzgan, legalizan y gobiernan. Malditos sean» (NA, 29). Otras veces las aves sirven para dar la imagen de voces humanas desacompasadas. Aves que pueden ser mensajeros del mal y lanzar «ensalmos dañinos», de mala suerte sobre el Gaviero.

En el *Diario de Lecumberri* las aves de rapiña sirven en un sentido simbólico para caracterizar a los representantes de la justicia. Es uno de los pocos casos donde los bestiarios, como en la literatura medieval, tienen fines alegóricos:

> tuve la impresión (...) de que viajábamos todos hacia la libertad, dejando atrás jueces, ministerios, amparos, escribientes, guardianes y todas las demás bestias que se pegan a nuestras carnes sin soltar la presa y dan ciegas cabezadas de furia para destrozarnos» (DI, 267).

Es una suerte de metáfora donde lo icónico se destaca. Los buitres comparten propiedades comunes con las autoridades mencionadas, sus cualidades exhiben o dejan al descubierto lo que el narrador ve en ellas. No así en el ejemplo que sigue donde el buitre adquiere una categoría que lo eleva al plano de autoridad, de representante de milicia con aire heráldico. El buitre sirve a dos fines que parecen excluirse (de símbolo de corrupción y abusos de autoridad pasa a ser símbolo de dignidad). Así se refiere a uno de ellos como «el rey de la bandada»:

> Cuando cavamos la fosa en el límite del playón y la selva, nos miraba desde su atalaya con una dignidad no exenta de cierto desprecio. Hay que

reconocer que la belleza del majestuoso animal imponía hasta el punto de que su presencia dio al apresurado funeral un aire heráldico, una altivez militar acorde con el silencio del lugar. (NA, 31-31)

A pesar de que el gusto por los bestiarios le pueda llegar a Mutis por sus lecturas de historia y literatura medieval, no son empleados con los mismos propósitos. La función aquí no es alegórica ni moralizante, no pretende (con excepción de los buitres) destacar las consecuencias morales de las acciones de humanos. En *El libro del buen amor*, los bestiarios se refieren a las características psicosomáticas del animal. Juan Ruiz retoma, por ejemplo, la fábula de la zorra y el cuervo con fines moralizantes. Mutis tampoco se empeña en destacar las características del animal; la bestia habla por sí misma para quien la quiera entender. La función del poeta o narrador no es ilustrar, explicar. Esta obra está muy lejos del tono didáctico o de la sátira social. Sí presenta, en rarísimas ocasiones, el sistema judiciario degradado a través de sus bestias, pero ni se burla de él, ni lo critica como lo hacen los bestiarios medievales.

El deterioro de los espacios creados por el hombre

Maqroll el Gaviero ha sido un viajero sin tregua. Sin embargo no destaca las bellezas de los lugares visitados, ni el arte de las grandes ciudades, ni la armonía de sus espacios. En algunas ocasiones los menciona sólo por su función referencial, sin demasiado énfasis[5]. Las obras de Mutis registran mejor otros espacios: *Ilona llega con la lluvia* tiene como escenario la ciudad de Panamá y *Abdul Bashur* se desarrolla en espacios muy cosmopolitas, pero allí aparecen también Cali, Buenaventura, El Chocó, Cartagena de Indias, todos ellos lugares colombianos. Según la visión que nos transmiten sus obras, los espacios urbanos no están en menor detrimento que los espacios naturales y las topografías corroídas por la acción de los elementos. El hospital (*Reseña de los hospitales de ultramar*), la cárcel (*Diario de Lecumberri*), los burdeles y cabarets (*Ilona llega con la lluvia* y *Abdul Bashur soñador de navíos*), los cuarteles (*La Nieve del Almirante* y *Un bel morir*), los hoteles, en casi todas sus obras, los tugurios, tendajones y cantinas de parajes perdidos (como los de *Amirbar*

---

o los de La Plata en *Un bel morir*) son los lugares que privilegia la civilización moderna y que Alvaro Mutis destaca en todas sus obras. Los hospitales importan como espacios que formalizan las acciones de curar y organizar a los enfermos en vastas salas, y controlar a quienes han llegado a tocar fondo en la decadencia física. Importan también como lugares donde se hace el «noviciado de la muerte» y, convencido de ello, Maqroll invita a todos a penetrar en ese espacio de corrosión humana, no por simple curiosidad, sino para ser iniciados en esa otra realidad:

> *¡Entren todos a vestir el ojoso manto de la fiebre y conocer el temblor seráfico de la anemia*
> *o la transparencia cerosa del cáncer que guarda su materia muchas noches,*
> ...
> *¡Admiren la terraza donde ventilan algunos de sus males*
> ...
> *¡Vengan a hacer el noviciado de la muerte, tan útil a muchos, tan sabio en dones que infestan la tierra y la preparan!*
> (SMG, 101-102)

El hospital permite una toma de conciencia del deterioro más rápidamente porque «La enfermedad —dice Mutis— te muestra esto, en su forma más acelerada, más inmediata (...). En el hospital, el pudrirse, el gastarse y el desaparecer se hacen a una velocidad intensísima para poder ser visibles, pero en el fondo es lo mismo que la vida» (PP, 637).

La cárcel tiene tanta importancia como el hospital en la obra de Mutis. Allí están aquellos que los representantes del «orden» han declarado en deterioro moral y por lo tanto deben ser controlados por violar la ley. Pero la ley, como lo sugiere Deleuze, refiriéndose a Foucault, no es un estado de paz, ni el resultado de una guerra, «es la estrategia de la guerra en acto» (56). Y la prisión, en tanto que es un espacio para el castigo, también es espacio propicio para otro tipo de autonomía, «un suplemento disciplinario que excede el aparato de estado» (52).

El silencio y la violencia son parte cotidiana del orden que en medio del deterioro establecen los presos. Y como la cárcel no está exenta de las plagas que acaban con la poca vida que aún queda en estos cuerpos, el miedo surge ante ellas. El miedo grupal que tiene muchas máscaras:

el miedo de la cárcel, el miedo con polvorienteo sabor a tezontle, a ladrillo centenario, a pólvora vieja, a bayoneta recién aceitada, a rata enferma,

240 ALVARO MUTIS: UNA ESTÉTICA DEL DETRIORO

a reja que gime su óxido de años, a grasa de los cuerpos que se debaten sobre el helado cemento de las literas y exudan la aventura y el insomnio (DL, 9-10)

En la cárcel el narrador vio personas y sucesos que lo marcaron para siempre y le dieron razón a su ya innata desesperanza. Durante los quince meses que pasó allí, vio la plaga de la «tecata balín», convivió con personas comprometidas con el mal absoluto, presenció robos y asesinatos y conoció la historia humana de los que allí estaban. Se dio cuenta de lo poco que el hombre puede hacer frente a las condiciones de azar y deterioro de que está hecha la vida. Supo que la cárcel es un espacio social donde «el vicio cumple su rito y su oficio», donde la angustia y la desesperanza que cada uno lleva encima lo hacen inmune a la compasión por los otros. Pero allí también había un espacio donde el orden se reinstauraba en cada uno, aunque fuera por breves momentos: los baños.

A fuerza de ser nuestro el baño de la crujía no es ya el penal y en él siempre nos sentimos un poco en casa y se olvidan las angustias de la noche, los largos insomnios, las dudas horribles y nos evoca el sempiterno fantasma de la libertad que nos envenena todas las horas. (DL, 80)

Recuerda, por otra parte, las proposiciones de Bachelard respecto a la polisemia del agua en su obra *El agua y los sueños*, y sus posibilidades curativas y purificadoras, aunque en el DL no se trata de aguas profundas, sino del agua corriente, el agua que cae.

Los cuarteles son espacios que alojan seres gregarios que son instruidos para mantener el «orden». Gracias a su propia naturaleza de contribuir con la destrucción, y tener una vocación por la violencia, pueden ejercer las funciones de vigilar y castigar a los demás. La base militar tiene una exigua dotación y gastan el tiempo, dice el Gaviero en *La Nieve del Almirante*, «limpiando sus armas y repitiendo su monótona letanía, las pequeñas miserias de que se nutre la vida del cuartel» (NA, 62). Allí viven los que consideran que los civiles son un estorbo que hay que tolerar y proteger, porque no saben mandar ni obedecer, sólo saben sembrar el desorden y la inquietud.

El hospital, el cuartel y la cárcel, tres espacios que cumplen la función de alojar el deterioro y que tienen como fin «imponer una conducta a la multiplicidad humana cualquiera» (Deleuze, 60). En ellos, enfermos, soldados, o presos están paradójicamente sometidos a un régimen de luz, a un «panoptismo» (58). El vigilante puede verlos a todos sin ser visto y los detenidos ser vistos sin que vean.

Los hoteles, esos lugares impersonales y anónimos, son también importantes dentro de la visión de espacio que nos dan estas obras. En cada una de ellas el hotel es el sitio que más acoge a los errantes parias, sin familia ni patria. En los hoteles se hospeda Maqroll en ciudades donde no es sino un incógnito. Pero no es el gran hotel; se trata de pensiones de miseria, de lugares de tercera clase donde han dormido asesinos o se alojan delincuentes, lugares donde las prostitutas van a ganarse la vida. Hoteles donde salen voces que nombran a los camareros en todas las lenguas de la tierra, o lloran mujeres, como en el «204», que inundan con su llanto toda la ciudad. Los hoteles son para Maqroll el Gaviero el reino de la soledad y de la aceptación de los planes que le va proponiendo el azar cada día. En hoteles se refugia siempre. Jamás se le ha conocido una casa, un hogar o familia alguna, ni ha mostrado nostalgia por el asentamiento.

Otros espacios urbanos también degradados en sus obras son los paraísos de los narcotraficantes, como lo es Marsella para Europa y Asia Menor, Tijuana para los norteamericanos y, claro, Colombia. Los grandes burdeles que operan día y noche, las cantinas como aquella donde conoce a Dora Estela, en *Amirbar*; los tendajones como el de Flor Estévez donde aventureros y choferes de paso alivian su cansancio de la travesía. En un cabaret, Abdul conoció a la Vacaresco, que le dio las señas para encontrar al «Rompeespejos». La cantina, el bar o el cabaret representan lo mismo que el café para Van Gogh, «el sitio donde podemos arruinarnos, volvernos locos, cometer crímenes». (Citado en Artaud, 38). Todos ellos lugares en deterioro que, como bien lo dice Mutis, son «absceso de fijación que hace posible el trabajo ordenado del resto» y que en el caso de Tijuana «permite que millones de norteamericanos vayan a desahogar allí la tensión luterana de su conciencia y a probar los nefandos pecados cuyas maravillas les hacen adivinar los furiosos sermones de sus pastores» (DL, 47).

Tierras bajas o montañas, ciudades o llanuras, cárceles o cabarets, burdeles u hoteles, barcos o coches abandonados, cantinas u hospitales, tugurios o pensiones de mala muerte, son el inhóspito universo de estas novelas, a través del cual Mutis corrobora una vez más su preocupación por la decadencia de todo lo existente.

Lo sorprendente de la obra de Alvaro Mutis es que haya podido revelar una estética tan «poderosa», a través de una serie de elementos significativos, degradados y degradantes, tales como el desgaste del in-

dividuo, una sociedad en decadencia, la naturaleza deteriorante sin fin
y unos espacios creados por el hombre que sólo alojan la mengua y el
detrimento. Elementos que, tal vez, no suponíamos que pudieran constituir una poética. Sorprende, también, que su obra esté ideada, básicamente, en elementos que residen detrás del «orden», mostrando, simultáneamente, cómo esas turbulencias trabajan ocultas y cuya acción
desorganizada tiene como función, precisamente, posibilitar, dar nacimiento a otro estado de cosas, «otro» orden.

> *Una vida que pasó a mi vera y no lo supe.*
> *(...) así se ha ido formando la ciega corriente*
> *de otro destino que hubiera sido el mío y que,*
> *en cierta forma, sigue siéndolo allá, en esa*
> *otra orilla en la que jamás he estado y que*
> *corre paralela a mi jornada cotidiana.*
>
> (NA, 27)

VER LA OBRA DE Mutis como propuesta y como respuesta es ciertamente una tentativa difícil. Estamos frente a una obra que, por todos los flancos, pareciera proponernos una sola situación: el deterioro de todo lo existente, sin otra finalidad que la muerte. Este es el sentimiento predominante y de mayor permanencia en todos los personajes. Sin embargo, en los momentos en que la conciencia registra que el desorden ha llegado a situaciones límites, Maqroll entra en un momento de desesperación que también rebasa sus propias capacidades y, por un momento, busca otras respuestas que conjuren ese deterioro, ese desorden, siempre con el mismo resultado: concluir que no es posible revertir ese desorden, que no hay regreso posible, y recaer en una suerte de determinismo pasivo.

1. RESPUESTA DEL INDIVIDUO

Lo sagrado

La respuesta a través del retorno a lo sagrado o de búsqueda de un orden religioso se da en los momentos límites. Los personajes de

Mutis, cuando sus fuerzas se agotan, intentan reencontrar el orden mediante lo sagrado como una manera de dar sentido y relacionarse con un supuesto orden idealizado que les es negado. Este es el primer síntoma de la presencia del Gaviero como persona poética, y no deja de ser significativo que su aparición en el mundo de las obras fuera a través de la «Oración de Maqroll». Se trata, en efecto, de una oración, pero no sólo para alabar a Dios, sino también para mostrar que su Dios se manifiesta y se confunde con el desorden, que su trabajo también se cumple en el caos y la negación. «Haz —le dice— que todos conciban mi cuerpo como una fuente inagotable de tu infamia». No es una blasfemia, sino la conciencia que tiene Maqroll de encarnar el lado oscuro de la vida, de ser una maldición que él acepta, como diría Mutis, con «islámico fatalismo». Al final esta aceptación, que tampoco es una herejía, sino la lúcida conciencia de las multiplicidades en que Dios se manifiesta, la subraya así:

> ¡Oh Señor! recibe las preces de este avizor suplicante y concédele la gracia de morir envuelto en el polvo de las ciudades, recostado en las graderías de una casa infame e iluminado por todas las estrellas del firmamento.
> Recuerda Señor que tu siervo ha observado pacientemente las leyes de la manada. No olvides su rostro. Amén. (SMG, 39)

La ley de la manada que Maqroll observa es precisamente aceptar el deterioro. El sabe que el desgaste y la decadencia infectan todo cuanto existe: su cuerpo, sus emociones y su espíritu están plagados y lo único que puede esperar es la muerte. La respuesta a través de lo sagrado tampoco será suficiente, él lo sabe, y en la oración lo dice, pero esto no quita que intente una posibilidad de antemano fallida de recuperar un orden que no ha conocido. La esencia de la oración puede entonces trocar su sentido para mostrar la grandeza que reside en el mundo del deterioro. Esta nueva visión puede chocar con otros puntos de vista, especialmente aquellos que no se adhieren al fluir, al cambio y que no han reconocido la presencia del deterioro que trabaja oculta en el orden hasta establecer rupturas o cambios, a veces radicales.

Invocar lo sagrado ante el deterioro es un forma de respuesta (fallida) que sugiere la obra y se va a repetir frecuentemente. En *Los hospitales de ultramar* recitaba una «Letanía» (SMG, 130), mientras se bañaba en las fronteras del delta. Sólo que en su letanía no se limita a la búsqueda de un orden trascendente. La muerte («Agonía de los oscuros / recoge tus frutos»), el miedo y la desesperanza («Miedo de los mayores disuelve la esperanza»), el olvido y el dolor («Llanto de las olvidadas») son aspectos que le resultan demasiado evidentes y, sin renunciar a ellos, quiere hallar el orden que los rige.

Otros personajes también acuden a lo sagrado a través de la oración para establecer el orden en el caos de los elementos. El capitán que guía el planchón por el río Xurandó, en el paso de los rápidos distribuye una oración, escrita por él mismo. Además de la invocación a los altos poderes protectores, tiene un real sentido de arrepentimiento y una convocación a la restitución del orden en los peregrinos que ante el peligro de muerte verán más claro el desorden de su pasado. Sin embargo, no está exenta de una cierta barbaridad. El propio capitán no puede ocultar un cierto escepticismo en la eficacia de su letanía. «Léala —le dice a Maqroll—. Si no cree en ella, por lo menos le servirá para distraer el miedo» (NA, 76).

Luego, en *Amirbar*, en un momento en que el Gaviero se encontraba solo, midiéndose con toda suerte de obstáculos internos y externos, asediado por la ansiedad, sin control de sí mismo, preso del deseo y sin poder dormir porque las voces de la mina se lo impedían, invoca a Amirbar, el jefe de los mares. Maqroll, quien tiene una religiosidad (no una religión), encuentra su consolación en la plegaria. El hace un llamado sincero como servidor a su dios, un medio para refrescar su mirada cuando la amargura inunda todo su ser: «Amirbar, aquí me tienes y tu voz es como un llamado al orden de las grandes extensiones salinas». Luego de evocar y pedir por todo lo que forma parte de la vida del mar y su pasado como navegante que era la esencia de su vida, concluye nuevamente implorando un orden para todo el deterioro en que se encuentra hundido en esa mina:

> por todo esto, Amirbar, aplaca tu congoja y no te ensañes contra mí.
> Mira donde estoy y apártate piadoso del aciago curso de mis días, déjame
> salir con bien de esta oscura empresa. (A, 97-100)

Como se ve, la oración es para Maqroll una conversación íntima, entre él y su señor, Amirbar. Aquí el elemento más importante es la rememoración particular de lo vivido. No se trata de una práctica colectiva como la oración del capitán que es para todos los peregrinos. Maqroll halla su interlocutor a través de la voz de la mina que le grita claramente, ¡Amirbar! Por otra parte, aun mejor que en la primera oración de *Summa de Maqroll el Gaviero*, aquí se dan los tres elementos de la oración, la presencia del orador (Maqroll), la audición (la oración es dicha en voz alta y a su vez escucha la voz de la mina) y la visualización, durante los cuales la personalidad de Maqroll desaparece, se oculta a sí mismo para percibir la respuesta que espera, la acción de Amirbar que lo llevará nuevamente a los reinos del mar.

Podrían multiplicarse los ejemplos de personajes que en situaciones parecidas recurren a lo sagrado en los relatos, novelas y poemas de Mutis. Habría que recordar: la ocupante del cuarto «204» que grita, «¡Señor, Señor, por qué me has abandonado!» (SMG, 34); la salmodia del sirviente en *La mansión de Araucaíma*, y en esta misma obra la Oración del Fraile que es tan verdadera y terrible como la «Oración de Maqroll» y por verdadera no consideraban necesario escribirla. Ella era la realidad que todos llevaban dentro:

> *Señor, bandera de todas las derrotas*
> *pus de los desterrados*
> *ojo de las tormentas...* (MA, 26)

Estas plegarias no son, como las han querido ver algunos lectores, ejercicios retóricos, pobre observación en realidad. Todo lo contrario: estas oraciones están escritas con la vida y, aunque no constituyen una respuesta efectiva contra el deterioro, evidencian que éste también invade los conceptos de trascendencia y de superioridad. Finalmente, lo que nos dicen es que no hay ningún asidero y que aun creer o saber que hay un orden más allá no nos resuelve nada.

Otro aspecto que evidencia el despliegue de respuesta a través de lo sagrado, es el sentido de religiosidad de Maqroll y el anhelo de creer en una trascendencia, pero este sentido, esta intuición o búsqueda se le desvanecen en su intento, sin que quede ninguna certeza del ansiado orden. Son instantes que vive que no alcanzan a balancear su vasto escepticismo y desesperanza inalterables. En su búsqueda penetra muchos caminos. Llega hasta interesarse por la vida de los santos, su capacidad de renunciación y su identificación con la naturaleza (San Francisco en *Un bel morir*), pero Maqroll nada dilucida a través de estas lecturas. Quizás el poeta de *Los emisarios* tenga una mayor fe en la trascendencia, pero Maqroll no la tiene, aunque tampoco la niega explícitamente.

El rito como respuesta a la propuesta del deterioro necesita un sacrificio. Aquí el sacrificado es el propio Maqroll, no un animal o un fruto. Maqroll sabe identificarse con las cualidades del animal, en el sentido de ser fiel a su destino de «seguir la ley de la manada», aceptar renunciando a las racionalizaciones para poder ingresar en un plano de fidelidad a la norma que le impone el «fatum». Los frecuentes baños que en cascadas («La cascada», SMG, 108) y ríos («En el río», SMG, 105 y «El Príncipe

Elector» C, 47) toma Maqroll o el hablante poético, en busca de una acción purificadora que lo libere del desorden y de sus enfermedades, también están dentro de la respuesta a través del rito y de lo sagrado.

El arte

El poeta, para responder al desgaste incontenible y desmesurado, se acoge a una vía, que fue también la que eligió Nietzsche, para responder a la quiebra de valores de la modernidad: el ejercicio de la «voluntad de poder como arte»[1]. Este tipo de respuesta no promete «lo verdadero ni lo real, sino la interpretación creadora», que es la única que no se desgasta por su permanente fluir, y que concibe el mundo como «una realidad a descubrir, a interpretar, a valorar, a falsificar, a crear» (Nietzsche, 17).

Este es el ejercicio al cual se ha abocado Alvaro Mutis desde los comienzos. Si no es posible conservar la realidad vivida en su estado, si todo está sujeto al cambio, si en el orden trabaja siempre oculto el desorden, entonces queda otra salida posible que es el ejercicio de la imaginación. Eso es SMG, y es también lo que una obra tan testimonial como el DL hacen: exorcizar el desgaste emocional y la mengua de las facultades físicas causadas por la cárcel y el hospital (cuyo régimen es «vigilar y castigar o vigilar y curar». Deleuze, *Foucault,* 60), a través de la imaginación creadora y la escritura. «...la ficción nacida en largas horas de encierro y soledad. La ficción hizo posible que la experiencia no destruyera toda razón de vida» (DL, en PP, 243).

Aunque la propia escritura es también interceptada por el desorden. El poeta que habla en *Caravansary* descubre que su orden interno está siendo violado y que alguien foráneo se apodera de él y se da cuenta que tal ejercicio le resulta superior a sus posibilidades cotidianas. Entonces piensa que lo han tomado otras fuerzas, otras voluntades y para responder a este desorden verbaliza sus dudas:

---

1 «Con Nietzsche evoluciona el concepto de voluntad de poder como arte: en *Humano, demasiado humano* da la primacía todavía a la ciencia. Pero entre ésta y *La gaya ciencia*, Nietzsche se dará cuenta que en la historia de la cultura occidental ha sobrevivido un residuo dionisíaco, una forma de libertad del espíritu que lo llevan a descubrir que la voluntad de poder es precisamente el arte» (Vattimo, 88). Vattimo también aclara que la voluntad de organización tecnocrática del mundo no debe ser confundida con la voluntad de poder como arte.

¿Quién convocó aquí a estos personajes?
¿Con qué voz y palabras fueron citados?
¿Por qué se han permitido usar
el tiempo y la sustancia de mi vida? (C, 21)

Máximas, observaciones y sentencias son otros recursos que en su escritura utiliza el Gaviero para responder al deterioro. Lenitivos para él, pero igualmente ineficaces para la comunidad: a pesar de ser recordadas por mucha gente, nadie sabía descifrarlas en la región. Una de ellas decía: «Soy el desordenado hacedor de las más escondidas rutas, de los más secretos atracaderos. De su inutilidad y de su ignota ubicación se nutren mis días» (C, 31).

Los emisarios muestra también cómo la escritura es un recurso para contrarrestar la decadencia que se le viene encima. El objetivo de «La visita del Gaviero» es dejar un heredero de sus escritos, su pasado consignado en la escritura: «En realidad vine para dejar con usted estos papeles. Ya verá qué hacer con ellos si no volvemos a vernos» (E, 36). Es patente la intención de responder a toda la propuesta que le ofreció la vida con un testimonio escrito que llegue, por lo menos, a otra persona. Esa es su herencia. El no es escritor, ni ha pretendido en ningún momento confesarse como artista. En cambio, sí es dueño de un saber que amargamente ha aprendido y desea dejárselo a alguien, aunque tampoco expresa por qué ni para qué.

El otro poeta (no Maqroll), que se expresa en la mayor parte de los poemas de *Los emisarios*, en *Crónica Regia y alabanza del reino* y en *Un homenaje y siete nocturnos*, tiene otra manera de responder a la propuesta del deterioro que es indudablemente artística. Otro orden que irrumpe en el caos cotidiano en que vive Maqroll. Una propuesta que es a la vez el deseo de algo que trascienda el tiempo, la búsqueda de las leyes que rigen el azar y que permitan conocer el sentido último de la existencia, una nostalgia por la trascendencia.

Un homenaje y siete nocturnos es quizás el poemario que más cabalmente representa su propuesta y su respuesta. Este poemario muestra las dos caras de la moneda: el lado opaco de la vida, el lado nocturno de las cosas, la mengua, la conciencia de la destrucción no sin cierta amargura y melancolía, pero a la vez es la respuesta de una esperanza a través de la vía estética.

«Un homenaje», con su epígrafe de la «Oda III» de Fray Luis de León a Francisco Salinas, nos remite también a una posible trascendencia que nos ponga en armonía con lo divino, que supere los intentos de todos los que creyendo tener la verdad se sienten más cerca de Dios. Ante el menoscabo del tiempo, Mutis responde con una visión de la música que desafía el tiempo. La respuesta en este poema es más convincente que las que propone Maqroll; se trata de «un orden donde el tiempo ha perdido / la engañosa condición de sus poderes» (HSN, 2-3). Igualmente, el nocturno III a Chopin es un poema a la música que surge «a ninguna otra parecida» de ese cuerpo que azota la tos, la fiebre sin sosiego mientras gimen «las correas que sostienen» su lecho (HSN, 25-26). Por lo tanto podría decirse que son poemas «antipesimista, en el sentido de que enseña algo más fuerte que el pesimismo, más 'divino' que la verdad: esto es el arte» (Nietzsche, 463).

El hecho de que este poemario hubiera sido, según dice Mutis, «un intento de hacer poesía, sostenida en el puro lirismo», sin una referencia directa, como los lieder del alemán antiguo que mantienen la melodía principal en la voz superior, hace pensar nuevamente en el tipo de respuesta que la voz del hablante lírico quiere dar. Resulta más claro, entonces, que los nocturnos II, IV, V, VI, tengan como referente al apóstol Santiago, Federico Chopin, el «Old Man River» y el Rey San Luis. Proposiciones de una estética del nomadismo, de lo sonoro, del cambio y del ejercicio del poder absoluto.

Todo el poemario constituye un hallazgo de orden estético que es menos visible en los poemarios de Maqroll hasta *Caravansary*, donde lo predominante es el deterioro y el desorden, la ausencia de jerarquías, el desconocimiento de autoridades, el escepticismo religioso que vienen a ser una impostura frente a los valores de la modernidad. Desde este punto de vista, la respuesta de gran parte de *Los emisarios, Crónica Regia y alabanza del reino* y *Un homenaje y siete nocturnos* es una cierta nostalgia de lo arcaico, como posibilidad de reinstaurar un orden. Estos poemarios vienen a completar el mapa de la obra de Mutis. Al hablante poético de estos poemas le parece que ha encontrado una manera de resolver las multiplicidades caóticas y deterioradas, articulándolas, generalmente, en una imagen tenue que se dibuja al final del poema. Todo este poemario es un esfuerzo por salir de la esfera «infernal» del Gaviero, para encontrar otro sistema de relaciones.

Pero esa respuesta tampoco está absolutamente exenta de la duda por el «frágil maderamen del poema» del que nos habla uno de los nocturnos. «Hija eres de los Lágidas», propone la salvación por la poesía, en cuyas «manos está la señal del poder» (E, 15), pues, la poesía puede vencer el cotidiano uso del tiempo y de la muerte. En algunos de

los lieder opone el poema a los poderes corrosivos del tiempo y los
señores de la destrucción:

> *No agites más*
> *tus raídos estandartes.*
> *En la quietud, en el silencio,*
> *has de internarte*
> *abandonado*
> *a tus redes funerales.* (E, 87)

Afirmar y negar se confunden en estos poemarios. Si por una parte
la poesía, la música, el ejercicio de la voluntad de poder como arte son
propuestos como exorcismo de la acción del tiempo, inmediatamente se
niega o por lo menos se pone en duda. Así el nocturno I, a El Escorial,
evoca el orden que creía encontrar allí, y al no hallarlo dice:

> *ni siquiera la poesía*
> *es bastante para rescatar*
> *del minucioso olvido*
> *lo que calla este espejo*
> *en la tiniebla*
> *de su desamparo.* (CR, 16)

Esta nostalgia de un orden arcaico es más visible en el nocturno IV,
al darse cuenta de que ese orden se escapó para siempre y, mirando al
mausoleo, dice:

> *...nos concede un plazo efímero*
> *para que sepamos en verdad lo que ha sido de nosotros*
> *y lo que a estos despojos debemos en el orden*
> *que rige nuestra vida y cuya cifra aquí se manifiesta*
> *o para siempre se desvanece y muere.* (CR, 19)

La lucha entre Dionisio y Apolo en la obra de Mutis es desigual.
Ya se sabe quién tiene en estas obras los poderes en marcha. Hasta en
la respuesta que la persona intenta dar a través de lo estético, se topa
nuevamente con la visión de desorden. El hablante de los primeros
poemas había percibido esa fuerza dionisíaca y había glorificado el
placer en el poema «El deseo»: «Abramos de nuevo todas las venas del
placer. Que salten los altos surtidores no importa hacia dónde.(...) Hay

cauces secos en donde pueden viajar aún aguas magníficas» (SMG, 26). Malestar y satisfacción, plenitud verbal y estética y un deseo de rebasarla se conjugan.

Lo erótico y el recuerdo

Otras respuestas que propone esta obra ante el decaimiento es el recuerdo del placer, lo erótico y la presencia de la mujer. Maqroll exalta el placer en todos los casos en que vive la soledad o se encuentra desvalido: «Nada puede contra la remembranza del placer y la memoria de todos los cuerpos a los que se uniera antaño». El ha aprendido que «hay una nostalgia intacta de todo cuerpo gozado ... sobre la que el tiempo no tiene ascendiente alguno» (SMG, 107).

El húsar, ese guerrero napoleónico, que casi adquiere el rango de heterónimo, también es rescatado por el amor de una lavandera cuyo nombre ni siquiera supo. Pero el recuerdo del placer que vivió con ella fue siempre un sedante y una coraza para soportar los golpes de la vida. Su confianza en ese recuerdo va hasta el punto de rechazar su presencia en la memoria, por temor a que quede preso de la acción deteriorante del tiempo; «lo quería conservar intacto para sus horas de prueba» (SMG, 50). En el mismo tono agrega Maqroll en el poema «Sonata»:

Por el recuerdo de esa breve felicidad
...
por lo que serás en el desorden de la muerte.
Por eso te guardo a mi lado
como la sombra de una ilusoria esperanza. (SMG, 94)

Y no sólo el placer erótico; la sola compañía de una mujer, la cercanía de «otro» cuerpo es también poderoso para engañar (no desalojar) «la soledad que me desgasta», dice el Gaviero en las minas de Cocora (C, 43). Sin embargo, ni poemarios ni novelas muestran una preocupación por hallar la razón del amor; sólo presentan la fascinación por la huella que deja su goce.

La corriente avasalladora de la fuerza sexual tiene otra cara. Este es el tema de *La mansión de Araucaíma*. Aquí lo erótico se convierte en una trampa en la que mueren la Machiche, Angela y el piloto. A través de una relación sexual la india contagia a Maqroll de «la fiebre del pozo» (NA); y Antonia, por miedo de perder a Maqroll para siempre, intenta quemarlo en *Amirbar*, Ilona muere al llevar al extremo el ejercicio de la libertad de su naturaleza sexual. Así, al abandonarse a Larissa (I) queda presa de una mujer que no posee la capacidad para medir cómo suplir sus propias carencias; Jon se siente como muerto en vida al cancelar la relación amorosa con Warda (UE).

Al contrario de las ideologías que condenan el acto de la carne, Maqroll ve en las relaciones eróticas la forma más completa de unión consigo mismo y la posibilidad más plena de restablecer un orden ante los deterioros extremos que sufre en todos los campos. Cuando Maqroll contempla su vida a través de Ilona, de Flor Estévez o de Amparo María, encuentra lo más positivo que hay en aquélla. Mientras que, cuando lo hace a través de sus plegarias, su contemplación es pasiva. Maqroll no hubiera podido sobrevivir a tantas calamidades en ausencia del apoyo sensible y espiritual de la mujer. Por eso invoca frecuentemente este tipo de respuesta al desorden y el acto sexual, en un orden sensible, le sirve de puente catalizador para lograrlo, aunque sea también momentáneamente. La búsqueda de sí mismo se da a través de un elemento femenino que le representan la manifestación más concreta de una doble dimensión activo-pasiva.

Ilona, por ejemplo, no sólo fue el soporte del Gaviero (*Ilona llega con la lluvia*), sino también de Abdul (*Abdul Bashur soñador de navíos*). Cuando Larissa mata a Ilona, Abdul pierde un sentido de orden. Para él «la muerte de Ilona era un desastre abrumador»; con ella todo se formalizaba, sin prescindir del riesgo y la aventura que ella sabía guiar con amor e inteligencia. Abdul, entonces, en ausencia de este soporte, se entrega a otras fuerzas. Primero al Gaviero y luego a las circunstancias sin discriminarlas, hasta descender a la categoría del hampón mediocre.

Doña Empera, la dueña de la pensión de La Plata en *Un bel morir*, también es respuesta al caos en que se hunde el foráneo Gaviero en un pueblo asolado por la violencia. Ella es «madre, sibila protectora»; con ella estaba seguro mientras se dedicaba al transporte de armas de contrabando en el páramo. Habría que agregar a este tipo de mujeres protectoras del desgaste que se desparrama sobre el Gaviero, a Dora Estela en *Amirbar*, quien lo amparó desde el momento de conocerlo hasta el final, cuando logró salir del infierno de la mina. Flor Estévez no sólo lo cuidó durante la recuperación de la mordida de serpiente (araña o mosca), sino que le dio todo su dinero para la vana empresa de los aserraderos.

El recuerdo de su infancia y lo onírico, son otras respuestas que propone la obra de Alvaro Mutis como antídoto contra el deterioro. Cuando el clima sofocante del trópico y el calor establecen ambiente de caldera, cuando los escollos de la vida se multiplican,

> llega el sueño como una guillotina aterciopelada y piadosa que nos deja a la orilla de olvidadas regiones de la infancia o de oscuros rincones de la historia, poblados por figuras que vivimos como fraternas presencias. (I, 28)

Lo onírico es introducido en el texto, a partir de la pesadilla causada por la fiebre, por el cansancio o por desasosiego. Lo onírico es importante en la medida en que el poeta muestra que concede al influjo de los sueños una significación (en *La Nieve del Almirante* los sueños y su interpretación son frecuentes). Pero, a diferencia de la posición clásica surrealista, Maqroll no se abandona totalmente al sueño, a pesar de saber que más allá del dominio de la razón hay otro mundo más ilimitado. Y, tal vez, hasta intenta la proposición de Breton, en el sentido de unir estos estados en apariencia contradictorios.

Las drogas y el alcohol

El uso de la marihuana, las drogas y el alcohol son otras formas de responder al mundo que se propone como un caos económico, emocional y moral. Ese es el mundo en que viven algunos de los grupos que presenta Alvaro Mutis. En el *Diario de Lecumberri* es donde se hace más obvio.

> Ya sabía yo —dice el narrador— lo que llaman cotorrear el puntacho. Una ronda interminable de marihuana que se prolonga toda la noche por entre los delirios y los saltos mortales de una imaginación que busca salida desde hace siglos, liberándose de calles, iglesias, escuelas, leyes, máquinas, trajes, armas, dinero... Un volver a cierto denso cauce antiguo en donde las palabras sirven para nombrar los hechos, sentimientos enterrados profundamente y que los presos mismos no conocen ni logran identificar, en la vigilia, con nada que les sea familiar. (DL, 68)

Se trata del hombre dionisíaco, según lo entendía Nietzsche, que no está dispuesto a aceptar todo, del hombre belicoso, el que destruye y niega para afirmar la vida en su constante devenir transfigurador. El efecto, tanto de las drogas como del alcohol, es una embriaguez que tiene que ver con sensaciones como «el retardo del sentimiento del tiempo y del espacio» (Nietzsche, 431).

El alcohol bajo sus distintas formas, en cada una de las novelas (aguardiente, ron, cerveza, brandy, vodka, whisky), tiene una función semejante a la de la droga y la marihuana. Beber para no perder la razón y hacer peores barbaridades, beber para «mantener una efímera razón de vivir; el peligro se desvanece siempre que nos acercamos a él», dice el capitán (NA, 69). En *Ilona*, cuando Maqroll está en las peores circunstancias en Panamá, bebe para cruzar el umbral de la otra orilla donde los dioses tutelares moran.

> Allí estaba la respuesta salvadora, la verdad revelada, la otra orilla donde se pulen los símbolos y suceden las lentas celebraciones que disuelven toda perplejidad y agotan toda duda. (I, 33)

El alcohol tiene un sentido de control de la catástrofe que caería sobre Maqroll u otros personajes si la vida se dejara venir con toda su fuerza y ellos tuvieran que tomarla sin la ebriedad dionisíaca que proporciona el alcohol. Como dice Mutis, podría «fundirlos y desaparecerlos».

Tanto las drogas como la marihuana y el alcohol llevan una embriaguez que hace al individuo estallar (como estalló Semele ante la visión de su amante Zeus, dando nacimiento a Dionisio prematuramente), y abordar ese mundo de exceso, de excedencia y de excepción.

El suicidio

La respuesta más extrema al deterioro, a la decadencia en todos los órdenes es el suicidio, salida que, como ya hemos dicho en páginas anteriores, adoptan un número significativo de los personajes de estas obras. Algunos porque ya no les queda otra alternativa, como a Larissa, y otros porque no quieren participar en el juego de los humanos que les parece dañino y agotador sin tregua; han vivido tanto que la insensatez de su «prójimo» se les vuelve insoportable como al capitán (NA). El suicidio pudiera ser visto también como la más alta forma de sacrificio, por el cual se nos revela otra dirección del querer y del actuar humanos. Su poder es mayor si entraña una alta noción de autoconciencia.

Por medio del suicidio se hace sentir un poder que se opone a la aparente omnipotencia del yo. De este modo el suprimir la existencia en la forma corporal, subraya los límites del yo que de todos modos se deteriora y le permite, de esta manera, el ingreso a otras formas. Pues sólo cuando se siente y se tiene conciencia del límite en cuanto tal, se abre el camino de la destrucción para sobrepasarlo drásticamente.

A través del suicidio se ingresa en el fin de la existencia. El ser humano se consagra a la muerte y se despoja de las limitaciones del mundo de las convenciones y las formas. La invocación de lo sagrado, el arte, la mujer y la exaltación del placer, el recuerdo y el sueño, las lecturas de historia y, también, el alcohol, las drogas y el suicidio son distintos tipos de respuestas que los personajes dan ante las dudas, las interrogaciones y la incertidumbre que viven como testigos y actores del deterioro. Todos ellos demandan un orden, a veces tan impacientemente que no miden las consecuencias de su respuesta.

2. RESPUESTA PRAGMATICA

El desplazamiento y el cambio

En la obra de Mutis también se encuentra una respuesta más pragmática ante la extensión de los dominios del desgaste. Los personajes y las personas poéticas asumen la inestabilidad, el desorden y el movimiento como una realidad inseparable de la vida misma. Pero se visualizan como oportunidades para una libertad nueva y fecunda. El desorden entonces se acepta como creador o como transición fascinante que puede abrir puertas a rupturas radicales o avanzadas. Esta es la actitud sobre todo de Maqroll el Gaviero, cuando acepta ir en busca de los aserraderos sabiendo que su interés en realidad es la aventura misma y no los aserraderos (NA), o cuando se enrola en el transporte de contrabando de armas, con conciencia de que al final de la cuerda está la cárcel o la muerte (BM), igualmente cuando se va en busca de oro a Amirbar o a las canteras de piedra en Perú (A). Es como si se tratara de estar abiertos a las aventuras a que el propio desgaste va llevando, como parte de su rutina:

> (...) esas que uno comienza a sabiendas de que no van a funcionar y, sin embargo, se lanza de cabeza para hacer algo, por pura inercia y porque tal vez aquello sirva de puente para entrar en otra cosa; en lo nuestro... (I, 51)

Con Ilona sí se pueden llevar a la realidad empresas, como el negocio de las alfombras persas (AB) o el prostíbulo de falsas azafatas, pero los resultados de las mismas no interesan a ninguno de ellos. Ambos deciden renunciar cuando la decadencia se ha introducido en ellas y les ha quitado todo interés estético. Es mejor proseguir entonces la errancia hasta que los sorprenda otra nueva ruptura que organice la merma que causa la rutina.

Por eso deciden abandonar el negocio del prostíbulo, hastiados de la vida tan pobremente trivial de las «azafatas», que chocaba con la de Ilona y la del Gaviero. En ningún momento la propuesta es «moral», es una respuesta consecuente con la estética: aquello se había convertido en una rutina que en nada difería de la del matrimonio, ambos ejercicios de una «monotonía irremediable» (I, 76).

En cambio, para Abdul Bashur, la fascinación de la transición residía en la posibilidad de elegir sus opciones. Su hermana lo define mejor:

> Abdul siempre fue inquieto. Nunca se conformó con aceptar las cosas como la vida las iba ofreciendo. Jamás, sin embargo, lo movió una auténtica ansia de aventura, ni el deseo de vivir experiencias fuera de lo común. Era práctico y metódico en su insaciable deseo de modificar el curso de las cosas y corregir lo que, para él, fue siempre capricho inaceptable de unos pocos, precisamente aquellos para quienes están hechas las leyes y códigos que encarrilan la conducta de las personas. Su frase favorita fue siempre: «Y por qué no más bien intentamos esto o lo otro», y proponía luego la transgresión radical de lo que se le imponía como regla inamovible. (AB, 11)

Para él, como para Ilona no existía la norma escrita. «Se trataba de una subversión permanente, orgánica y rigurosa, que nunca permitía transitar caminos trillados» (I, 52). De allí también el viaje, la errancia permanente, los diferentes países, los personajes cosmopolitas, los distintos idiomas, los diversos tiempos a través de las referencias históricas, los hoteles; todo lo que signifique estar pasando, moviéndose, cambiando, constituyen respuestas a la insoportable rutina decadente.

«Razón del extraviado», ese poema que abre *Los emisarios*, es muy ilustrativo a este respecto. El efecto de la sumisión al cambio, con un sentido creador, confirma en Maqroll los estadios que va alcanzando en su conciencia del deterioro y en su familiaridad con la muerte. Su naturaleza nómada le va confirmando sus desesperanzas y sospechas. El traslado geográfico de una ciudad a otra, de un mar a otro, son de gran importancia en el rito de su existencia interior. Maqroll siempre está en estado de espíritu, en disponibilidad para emprender cualquier viaje que le sea propuesto. Muchas veces el viaje es casi simbólico, como el de las minas. No importa, porque lo que cuenta es el peregrinaje interno como una vía de depuración.

El esquema de todas las novelas es un viaje. Y al final de todos los viajes, Maqroll el Gaviero reaparece en tierras calientes, donde vive riesgosas aventuras que lo llevan a reconsiderar un nuevo viaje y, enfermo, cansado o derrotado, cuenta lo vivido en su previa experiencia de trashumante al narrador que luego nos dará sus noticias.

Con estos breves, pero representativos ejemplos, queremos señalar la importancia que tiene una respuesta pragmática a través de la aceptación del deterioro, como una posibilidad de traspasar barreras, de cruzar umbrales. La propuesta es el encuentro de un orden a través del movimiento, porque si es cierto que el deterioro trabaja oculto dentro del orden, también es cierto lo contrario, toda situación decadente trae las posibilidades de un orden diferente y ello es lo que ha entendido bien Alvaro Mutis, aunque ello no agregue mucha esperanza a sus hastiados personajes.

3. RESPUESTA AL DETERIORO SOCIAL

Nostalgia del poder absoluto y la tradición

Una respuesta distinta es la que sugieren *Los emisarios*, y *Crónica Regia y alabanza del reino*. Escapan a las constantes que habían distinguido novelas y poesías de Maqroll. En esos poemarios la respuesta evoca un orden absoluto, que pudiera conjurar el desorden y ser un punto de anclaje y permanencia contra la continua trashumancia. Evoca también los espacios de un pasado arcaico y las tradiciones remotas que pudieran ofrecer un factor de permanencia, reportar un orden frente al deterioro. Hay en ellos también una «nostalgia metafísica» y una admiración por la monarquía como un régimen que se legitimiza en la unción de la divinidad. El hablante poético de estos poemarios (no Maqroll el Gaviero) encuentra allí mejores opciones que en los sistemas racionales de la modernidad.

Pero no pasa de ser nostalgia; el hablante poético y el propio autor saben que no hay regreso posible, pero ello no les impide volver los ojos a aquel mundo que visualizan menos deteriorado y deteriorante. Implícitamente los regímenes modernos quedan rechazados en la propuesta de estos poemarios. Es una respuesta al deterioro social, a la descentralización, a las multiplicidades y al nomadismo sin rumbo, a través del sustento en un régimen teocrático o trascendente, con carácter de permanencia por su base divina. Esta nostalgia, en parte, es la que lo lleva a poetizar sobre España y el siglo XVI y el reinado de Felipe II («Como un fruto tu reino, señor. / ...ajeno al infame comercio / ...al efímero afán de la razón» CR, 11), que abarca también los nocturnos a El Escorial y el poema a la Infanta Catalina Micaela. Igual motivación hay en los poemas que aluden la Rusia de los zares, cuando Gorki era aún Novgorod, a César Borgia, el Rey San Luis de Francia y a la cultura de Bizancio. Aun podríamos agregar que esta nostalgia subyace en la búsqueda de un diálogo que incluya el encuentro de la herencia árabe-andaluza de la que también son portadores los pueblos latinoamericanos. Esta búsqueda la continúa en *Abdul Bashur soñador de navíos*, donde la presencia de lo árabe tiene una gravitación tremenda.

El poeta de estos poemarios tiene otras certezas que le son ajenas a Maqroll. Maqroll intenta la respuesta de lo sagrado, pero sólo por momentos, cuando necesita demandar un orden distinto con urgencia casi orgánica. Pero el poeta de *Crónica* y *Los emisarios* tiene la convicción de una trascendencia y ante esa trascendencia se inclina, aunque reconozca que es imposible retornar a las monarquías y que su propuesta es completamente anacrónica en los tiempos actuales[2].

Estos poemas representan de alguna manera un refugio frente a la incertidumbre del deterioro de los años, del tiempo y de las costumbres que van corroyendo otras áreas de la sociedad. Sí, este libro no obedece sólo al afecto por la monarquía, lo cual sería demasiado simplista. También al incesante deseo de encontrar una respuesta que nos ponga a salvo de «un mundo que marcha definitivamente hacia el desastre», como dice Maqroll y que, en teoría, y sólo en teoría, estos regímenes pudieran aportar, pues no es posible revertir el tiempo.

Crónica Regia y alabanza del reino contiene algunos poemas sobre Felipe II, escritos en 1948, cuando todavía no había aparecido Maqroll el Gaviero como persona poética, lo cual indica que es una vieja preocu-

---

2 Tal vez sea útil citar las palabras de Mutis sobre la decadencia de la civilización cristiana:»Creo que estamos asistiendo a su liquidación y a su final que comienza con la reforma protestante y todas las ideas generadas por ella y el calvinismo, especialmente. De allí salen las ideas liberales, la tendencia racionalista, en fin, un inmenso engaño de la democracia y la hipocresía que es una de las normas de conducta de pueblos como los Estados Unidos.(...) Creo que estamos viviendo entre ruinas y entre muertos. Me parece extraordinaria esa historia de la aventura de occidente en Europa, con el antecedente maravilloso helénico y de la Roma que establece una noción de Estado, de Derecho, una noción constructora (...) Me produce una fascinación, pierdo toda posibilidad de razonar y de tratar de explicar esto o de ordenarlo en una serie de causas históricas y económicas. No me interesa por demás esa explicación». (TR, 343)

pación de otro hablante lírico que encuentra su continuación en esta obra de 1985. Retoma la misma temática ampliada ahora a toda la dinastía de los Austria, a su destino y a su noción de estado.

Para un poeta que no cree en las democracias, y menos aún en regímenes dictatoriales ni socialistas, todos ellos, para él, producto de un consenso, la solución es la fe en un régimen de ungidos por Dios. Lo cual es un sentimiento real que el autor comparte, no una mera impostura. En variadas ocasiones Mutis ha confesado ser «monárquico, legitimista y reaccionario». Aclaramos nuevamente que estas son palabras del autor que de alguna manera se reflejan en los poemarios que estamos analizando y en ningún momento de Maqroll el Gaviero. Por otra parte, estos poemarios evidencian la influencia de las fuentes históricas a las que nos referimos en la primera parte de este trabajo.

La herencia

Otra forma de responder al deterioro social y a la ausencia de un asidero que nos sugiera un orden, es responder proponiendo guías, maneras para interpretar y organizar el tiempo en que vivimos. De allí que el hablante lírico de *Los emisarios* con frecuencia aluda a la búsqueda de genealogías y factores hereditarios en un pasado remoto, verticalidades que reorganicen un deterioro que se desparrama y hace sentir el riesgo de perder identidad como cultura y como grupo social. Esta es la significación de un poema como «Cádiz». Es allí donde el hablante poético (no Maqroll) encuentra la herencia de la que manan sus sueños. Sobre esa zona él se siente soberano porque los otros no tienen ni de ella la más leve noticia o poder. Allí, dice:

> *Me ha sido revelada de nuevo y para siempre*
> *la oculta cifra de mi nombre,*
> *el secreto de mi sangre y la voz de los míos.* (E, 20)

«Una calle de Córdoba» está en esta misma línea de pensamiento. Oponer el pasado o por lo menos su evocación para encontrar razones que ordenen la decadencia presente. Córdoba le trae la imagen de Cartagena de Indias, Santo Domingo, Santamaría la Antigua del Darién con su arquitectura árabe y también de una herencia cultural: el bachiller Sansón Carrasco, *Las lanzas* de Velázquez, Catalina Micaela, hija de Felipe II.

Aquí...
Los dioses, en alguna parte, han consentido, en un instante
de espléndido desorden,
   que esto ocurra, que esto me suceda en una calle de
Córdoba,
...el único e insustituible lugar en donde todo se cumpliría para
mí. (E, 42)

Hemos visto aquí el poemario como propuesta y como respuesta. De las respuestas que da el individuo, a través de lo sagrado, del arte, del mundo del placer erótico y de lo onírico, quedan grandes dudas no menores que las que produce la nostalgia metafísica, el retorno a la tradición arcaica o la respuesta pragmática, asumiendo el deterioro como un movimiento creador. Ninguna promesa de salvación o de felicidad reside en ellas, a pesar de todo. Por eso tal vez al final de este análisis tengamos que repetir con Maqroll las obsesiones que vuelven a flotar sobre ese frágil consuelo:

> el vivir en un tiempo por completo extraño a mis intereses y a mis gustos, la familiaridad con el irse muriendo como oficio esencial de cada día, la condición que tiene para mí lo erótico siempre implícito en dicho oficio, un continuo desplazarme hacia el pasado, procurando un momento y lugar adecuados en donde hubiera cobrado sentido mi vida y una muy peculiar costumbre de consultar constantemente la naturaleza, sus presencias, sus transformaciones, sus trampas, sus ocultas voces a las que, sin embargo, confío plenamente la decisión de mis perplejidades, el veredicto sobre mis actos. (NA, 57)

Lo que hay en claro, finalmente, es una presencia de dos fuerzas que trabajan juntas y le son necesarias para que la vida cumpla su cometido, y no se estanque en una situación de equilibrio estático, que tampoco conduciría a ninguna parte y sería más monótono. Evita, de otro lado, caer en un dualismo antagónico y, por consiguiente, puede sugerir el tercer término funcional por medio del cual se equilibra. Nada permanece inmutable, todo cambia parejo con el deterioro de todo. No hay, pues, un concepto estático y puede ver que, porque una cosa parezca buena, su contraria no debe ser necesariamente mala, y conoce el sentido de las proporciones, y el principio del equilibrio en el espacio, como el del ritmo en el tiempo.

Las respuestas que la obra da a la entropía inmersa en todo lo existente, a través de lo sagrado, lo erótico, el arte, el desplazamiento, y la nostalgia por el pasado y por los valores absolutos, quedan todos en intentos que no cuajan, ya sea por la falta de fuerza o por lo anacrónico de los mismos. Tal vez la respuesta más definitiva es precisamente esa que no se expresa, la que está ausente de estas obras. Como dice el Gaviero «Una vida que pasó a su vera y no lo supo», otra salida de la que él fue excluido, «un orden que quedó en la otra orilla en la que jamás he estado y que corre paralela a mi jornada cotidiana» (NA, 27). En fin la propuesta final es el otro lado que sugiere el que sí presenta Mutis; una historia de todo lo que aquí no se cumple, otro fluir que no tiene en estos relatos, novelas y poemas su cauce, otra sangre que no vitaliza la vida del Gaviero y la de sus atribulados acompañantes en las cascadas de la vida. La ausencia es lo único que nombra esta respuesta ante la propuesta siempre igual: el deterioro.

Pero si se trata de privilegiar la eficacia de alguna de ellas, la respuesta sería encontrar la otra cara del deterioro en lo dionisíaco y su punto decisivo: el momento en que la negación, el desgaste, se niegan a sí mismos (aunque sea fugazmente) y responde afirmando la vida a través de la estética, el desplazamiento, el cambio. Pero los poderes deteriorantes no desaparecen, sino que se convierten en un poder al servicio de la afirmación, esa cara oculta, la otra que ha estado mayormente ausente de toda esta obra.

LA DESESPERANZA

LA DESESPERANZA

> *Una caravana no simboliza ni representa*
> *cosa alguna. Nuestro error consiste en pensar*
> *que va hacia alguna parte o viene de otra*
> *parte. La caravana agota su significado en su*
> *mismo desplazamiento. Lo saben las bestias*
> *que la componen, lo ignoran los caravaneros.*
> *Siempre será así.*
>
> (NA, 29)

HEMOS LLEGADO aquí al final de esta investigación. Vistas las resonancias y consonancias de la obra, la irreductibilidad del decir poético y el entramado de sus significaciones a través de la estética del deterioro, presentada en las obras de Alvaro Mutis, así como su respuesta, estamos en condiciones de definir ahora el criterio generador de dichas obras.

Mostrar el deterioro del individuo mediante el dolor, la muerte, la enfermedad, el olvido; presentar el deterioro social manifiesto en la decadencia del poder, la guerra, la destrucción, la violencia, el exilio, y tener una visión de los espacios de reclusión social del deterioro (la cárcel, los cuarteles, los hospitales) y de una naturaleza donde «se frustra toda empresa humana» (MA, 92), supone necesariamente sus opuestos complementarios que vienen a constituir los grandes ausentes de este «signo estético». Se ha dicho que la poesía de Mutis no conoció la salud, pero habría que agregar que tampoco conoció la alegría, ni la perduración en la memoria, la compañía permanente, el poder en su esplendor, la paz, ni la esperanza.

Este juego de ausencias y presencias configuran el universo ideológico cultural que nos proponen sus obras, cuya interacción es constante. Las novelas, los poemas y relatos de Alvaro Mutis muestran una sola cara de la moneda, aquella que también ha estado mayormente presente en la situación en la cual enuncia su discurso literario. Así, la obra prosística y poética es una totalidad actuante, funcional, que alude a un proceso histórico y social y, simultáneamente, a una experiencia personal. Las coherencias significativas entre el discurso lírico y el discurso de las novelas y relatos, así como su perspectiva, permiten hablar de la obra como totalidad, cuyo criterio generador es la desesperanza.

La obra (como toda obra poética) es histórica en dos sentidos: afirma la historia y la niega trascendiéndola. Como producto social, encarna la desesperanza de un pueblo, encarna la historia, especialmente, de los pueblos tropicales, donde el sentido de transitoriedad, de impermanencia del hombre se ha desarrollado por fuerza de las constantes guerras civiles, y por la pérdida del contacto, de una relación más sincera con el mundo. Pero como creación, trasciende la historia, supera el tiempo de su enunciación para convertirse en un hecho renovado cada vez que un lector la aborda.

Esta obra presenta una condición de desesperanza fisiológica que todos los personajes llevan adherida a su destino. A través de todas sus errancias están entre el deterioro (de un dios omnisciente y personal, del poder de la razón y del sentido común, del sentido de progreso) y un vago orden que intentan restablecer por diversos medios sin eficacia. Hay también una violencia devastadora de la condición natural de las fuerzas que los rodean, frente a la cual no ven ninguna victoria posible.

Novelas, relatos y poemas nos hablan de esa desesperanza como algo que forma parte del mundo. Todas las imágenes que presentan el lado nocturno de la vida no revelan otra cosa que nuestro propio mundo. Por eso, en el fondo, la obra como totalidad siempre dice lo mismo y se funda en esa única idea de la conciencia del deterioro que mina todo lo existente.

Mutis logra descubrir la desesperanza de la existencia humana, la desesperanza del mundo y por ende la desesperanza que como poeta demuestra sobre la eficacia del poema. De allí su tono siempre escéptico, pleno de la inseguridad de la vida, con un completo conocimiento de la nostalgia y del poder que tiene el tiempo de desgastarlo todo.

Esta condición de desesperanza es entonces un aspecto más trágico. Toda la visión del deterioro resulta de haber visto y vivido en unos espacios terrestres vencidos, arruinados y de haber observado la corrosión y el desgaste, en cuyo favor «el tiempo no tiene ascendiente alguno». Y por otra parte, tal sentimiento aflora ante la nostalgia de un tiempo mítico en el que el caos fue ordenado, donde no había deterioro y de la imposibilidad de conocer el porvenir en el mundo actual de incertidumbre. «¡Abran bien los ojos —dice— y miren cómo la pulida uña del síntoma marca a cada uno con su signo de especial desesperanza!» (SMG, 101).

He aquí una perfecta consonancia con el Neruda de *Residencia en la tierra*, la cual, además, Mutis ha reconocido como una de las fuentes básicas de su poesía. A este respecto el estudio de Amado Alonso en *Poesía y estilo de Pablo Neruda* es sumamente explicativo sobre esa conciencia del trabajo desintegrador del tiempo y la consecuente desesperanza que produce en el poeta dicha conciencia[1].

La desesperanza puede considerarse también el revés de una ganancia intangible. Ante el grito de «Dios ha muerto», sólo queda un abismo que deja la ausencia de valores. Y el primer sentimiento que experimentan estos personajes es que ellos ya están muertos también. En «Moirologhia» (SMG, 124) sólo está la tumba con el «¡desheredado de las más gratas especies!» y el hablante poético muestra el coraje que es preciso tener para mirar hasta el fondo de la tumba y saber que es una huera realidad. Pero Maqroll no intenta tapar la tumba ni proteger un cadáver, cuya «boca moverá pausadamente la mueca de su desleimiento». El coraje de este desesperanzado reside en proclamar la muerte, es el coraje de los que renuncian a los consuelos de la razón y de la metafísica.

La desesperanza es una negatividad que puede tornarse positiva por el conocimiento. La ignorancia de ella sería otra nueva negatividad. Para Abdul y Maqroll, saber de antemano que la meta que buscan es «inalcanzable» (AB, 144) es un antídoto contra el idealismo. El ideal para ellos es algo que jamás se alcanzará y si se alcanza ya no sería un motivo para vivir. De allí que cuando Abdul está a punto de conseguir el barco que soñó toda su vida, muera en un accidente. Así la desesperanza es como para Kierkegaard, «una enfermedad, no una cura» (ix). Tal vez se puede afirmar también lo contrario, una cura contra el idealismo. En esa dialéctica se cumple la condición del desesperanzado.

La desesperanza para Mutis es algo tan simple como «una manera de percibir la realidad sin afeites, maquillajes o engaños» (TR, 339). O'Neill sugiere que la mengua de la certidumbre y, por ende, la erosión de las nociones tradicionales de verdad «podrían bien pertenecer primaria o totalmente al contexto de lo trágico (...)» (11). Obras como las de Mutis relacionan las calamidades que han acaecido a los logros humanos más incomparables con la desesperanza. Sin embargo, esta no es una obra

---

1 Ver especialmente los apartes titulados «Visión reveladora y realidad desintegrada» (21-27) y «Disjecta membra y objetos heterogéneos» (207-305).

del elogio al desorden, ni tampoco de lamento o crítica. No podría decirse que se vea en el deterioro una posibilidad de restituir la vida, ni algo condenable. Maqroll y otros personajes asumen este orden de desgaste, en el que irremediablemente les toca vivir, como una condición natural y van hacia ella con una actitud no demasiado dionisíaca, pero sí con la aceptación «nihilista» positiva de su destino. La poesía también está signada por la misma condición. Las imágenes, las antítesis, los paisajes, los bestiarios, los olores, los colores, lo erótico y la enfermedad, Eros y Tánatos están todos allí en una esplendorosa conjunción, creando la estética del deterioro. Una poesía antitética que finalmente se confiesa parte de la derrota. Ya lo dijimos antes, la poesía para Mutis no es más que «la evidencia de futuras miserias». Miseria también la de la condición humana, sometida al tiempo que «devora la carne de los hombres». Por eso, no hay tampoco en ella ni en la proyección del arte una salvación segura, pero es la única salida posible. Una proposición, otra vez, muy nietzscheana.

Sin embargo, Alvaro Mutis no es un poeta de la marginalidad (¿qué es lo marginal?), como algunas veces se ha querido ver. Es un poeta que nos está hablando de algo que es ley de vida, el deterioro, la desesperanza y, como consecuencia, el movimiento creador, lo cual nada tiene de marginal en la sociedad contemporánea. Son constantes presentes y corren intersectándose y otras veces paralelas a lo que se considera «central».

Esta poesía y narrativa de la desesperanza producida por la conciencia del deterioro es horrible y, a la vez, de una belleza excepcional. Desde *Los elementos del desastre* (1953) hasta *Abdul Bashur soñador de navíos* (1991), Mutis ha sabido convertir todo ese espacio de desamparo y deterioro en un medio que vehiculiza la belleza. Es, como dice Hernando Téllez, «una obra de raras perfecciones en un mundo pleno de imperfecciones» (PP, 693).

Las condiciones de la desesperanza que en una conferencia señalara Mutis (PP, 288), se cumplen todas en sus protagonistas principales y en su más destacado alter ego. La lucidez, la incomunicabilidad, la soledad, la estrecha relación con la muerte del desesperanzado («alguien que ha logrado digerir serenamente su propia muerte, cumplir con la rilkeana proposición de escoger y modelar su fin»), son todas condiciones de Maqroll el Gaviero. Y hay que señalar también que Maqroll «no está reñido con la esperanza, con lo que ésta tiene de breve entusiasmo por el goce inmediato de ciertas probables y efímeras dichas. Por el contrario, es así como sostiene las breves razones para seguir viviendo» (PP,

289). Pero, como desesperanzado, no espera nada y no participa en lo
que está más allá de sus sentidos. La desesperanza y el dejar que todo
suceda, no son una actitud de resignación. «Lejos de eso —dice el Gaviero. Es otra cosa. Tiene que ver con la distancia que nos separa de
todo y de todos. Un día sabremos» (NA, 70).

La desesperanza es un sentimiento común a todos sus personajes
más importantes, con lo cual desterritorializa esta experiencia existencial.
Al rebasar los límites del poeta y del narrador se reterritorializa en el
colombiano (autor implícito en DL y AB); en el paria, Maqroll; en Abdul
Bashur, el árabe musulmán; en el vasco-hispano, Jon Iturri; en Ilona,
la italiana de Trieste; en Bolívar y en todos los seres que en la cárcel
sólo eran distinguidos por un sobrenombre. Esa desesperanza se manifiesta como una vivencia acelerada del presente, sin importar el
riesgo aun de la propia vida, para conseguir dar algún sentido a su
breve paso por la tierra. Todos ellos signados por la marca de la indeterminación económica: desconocen la suerte que les espera el día
siguiente. No tienen la más mínima certidumbre de poder satisfacer sus
necesidades básicas y casi nunca tienen la seguridad de sobrevivir a la
miseria, en la que es tan fácil caer y tampoco pueden escapar a los
enfrentamientos políticos, sociales, culturales (Maqroll en BM). Mutis
aludía al origen de la desesperanza en el trópico, implicando otros
factores inherentes desde los inicios:

> La semilla ha sido puesta mucho antes de que estos seres llegaran al tró-
> pico, sería ingenuo pensar que ello pueda producirse en tan desolados
> lugares; la semilla viene de las más grandes ciudades, de los usados ca-
> minos de una civilización milenaria, de los claustros de viejas universida-
> des, de los frescos ámbitos de las catedrales góticas, o de las empedradas
> y discretas calles de las capitales de la antigua colonia en donde los ge-
> nerales con alma de notarios enfermos del mal de siglo forjan intermina-
> bles y retóricas guerras civiles. Pero es en el trópico donde la desesperan-
> za logra la más rica, la más absoluta expresión de su desolada materia.
> (PP, 285)

Todas sus personas poéticas o personajes están hastiados de una vida
que no ofrece sino la posibilidad de vivir como un eterno presente,
debido a la miseria a la que los someten las mismas condiciones que
pesan sobre Maqroll. La única salida que queda es mostrar, sin protesta
explícita, el colmo de la falta de fe en un mundo que no fabrican y que
no es el de ellos, pero en el que por fuerza deben desplegar su vida:
«¡Escuchen el amortiguado paso de los ruidos lejanos, que dicen de la
presencia de un mundo que viaja ordenadamente al desastre de los años,

/ al olvido, al asombro desnudo del tiempo!» (SMG, 101). Ante lo inevitable de la muerte y la carencia de certidumbre en valores metafísicos que permitan aceptar y dar una explicación coherente a las plagas, el hambre y las fuerzas devastadoras, no queda otra reacción posible que la desesperanza.

Contrariamente a los mitos de las religiones, que ofrecen una terapia mental para los sufrimientos y angustias de la humanidad (hambre, guerra, enfermedad, vejez y muerte), donde tales dolencias serían compensadas por la esperanza de un paraíso, un nirvana, un cielo o una reencarnación en mejores condiciones, esta obra no ofrece ningún paliativo. Es como si concibiera que no hay dos formas de ver la vida sino una sola, cuya otra cara es precisamente la que está ausente de la mayor parte de la obra. Si existe alguna moral, es la desesperanza. La noción de lo justo y lo injusto, del bien y del mal en el plano ético, o la fuerza en plano físico no se dan en ella. Para Maqroll el Gaviero, para Abdul, para Ilona y también para el narrador, el bien y mal no pasan de ser concepciones mentales. Todas las experiencias —aun las que se juzgan como más deteriorantes— contribuyen a darle un sentido a la vida que no es otro que el encuentro con el vacío. Allí tampoco habrá más satisfacción que el seguir en la acción con la lúcida conciencia del desesperanzado. Abdul, en diálogo del final de la saga con el Gaviero, refiriéndose a su etapa de hampón, lo reconocía así: «Insisten en hablar de un descenso cuando se refieren a la reciente fase de mi vida. (...) Para mí, ese mundo, dentro del cual viví varios años cargado de plenitud innombrable, no está más abajo ni más alto que ningún otro vivido por mí» (AB, 143). El mundo del deterioro es tan válido como cualquier otro, pero en dirección inversa. Y cuanto más apartado de un régimen moral, más auténtico en ese nivel. Lo malo es estar a mitad de camino, en la mediocridad. Abdul, a través de una degradación, llega a una condición amoral del mundo. En el hampa halló las mismas miserias y virtudes de la otra gente. Y hasta le parece que la generosidad y la miseria allí se manifiestan más hondamente, porque es un sentimiento neto, no un imperativo de conducta impuesto por las apariencias sociales o las normas morales. Cabría aquí citar a Vattimo cuando dice que,

> Una vez descubierto que los valores no son otra cosa que posiciones de la voluntad (...) Nadie está ya en el mismo puesto de la jerarquía social; ni siquiera queda intacta la jerarquía interna de los sujetos individuales, que descubren en sí no el puro reconocimiento de valores, sino fuerzas en lucha y organizaciones siempre provisionales. (Vattimo, 93)

Maqroll, en todo caso, tampoco sería exactamente un «nihilista pasivo» según lo define Nietzsche porque, si bien sí «recorre el mundo con una mirada desencantada sin encontrar ningún ideal, ninguna meta que le parezca digna de movilizar sus energías» (14) y en un poema dice:

> Hubiera yo seguido con las caravanas. Hubiera muerto enterrado por los camelleros, cubierto con la bosta de sus rebaños, bajo el alto cielo de las mesetas. Mejor, mucho mejor hubiera sido; el resto, en verdad, ha carecido de interés (C, 32);

de todas maneras se enrola en empresas para no quedar en la inercia, a sabiendas de que «las empresas en las que (se) lanza tienen el estigma de lo indeterminado, la maldición de una artera mudanza». Pero sí es un nihilista en el sentido de que «los valores supremos pierden validez; falta la respuesta al porqué» (33).

En las obras de Mutis los personajes van atravesando distancias literales y metafóricas, haciendo marchas forzadas, y entre los leves consuelos viven las enormes arideces que les permite explorar su vida, pero esa aridez sola sería incapaz de mantenerlos vivos. Desde Maqroll hasta el Zuro (A), de Ilona a la Regidora (A), todos los personajes están en constante estado de devenir, de un llegar a ser, de un estoy siendo y no de un soy. Aunque no se espera llegar a ser nada, hay una permanente actividad que rebasa el estaticismo, lo que no quita ni aminora la conciencia de desesperanza y la convicción de impermanencia e insignificancia en la tierra. La síntesis de la vida de Maqroll y de Abdul, así como la de Ilona, fue una cadena de «amores marchitos, y empresas descabelladas» (AB, 146). Aun la misma empresa del narrador y autor implícito (AB) de dejar sus memorias, a las que, además, considera anacrónicas, la emprende para alimentar la desesperanza que lo hace vivir:

> Me he propuesto hacerlo —dice—, con la ilusión de que, al rescatar el pasado de mis dos amigos (Maqroll y Abdul), cumpla, quizás, con un acto de somera justicia para ellos; a tiempo que tal vez me ayude a prolongar mis nostalgias que, a esta altura de mis días, representan una porción muy grande de razones que me asisten para continuar viviendo» (AB, 38).

Alar el Ilirio, protagonista de «La muerte del estratega», posee un escepticismo sobre las victorias y da poca importancia a la derrota. El practica una austera desesperanza y «le gustaba frecuentar los lugares en donde las ruinas atestiguaban el vano intento del hombre por perpetuar sus hechos». Una de las pocas certezas que tiene es saberse «dueño del ilusorio vacío de la muerte» (MA, 117-139).

También Simón Bolívar en «El último rostro» (como Maqroll), se convierte en un hombre compasivo, saboreando una tristeza infinita y manifestando una simpatía por los callejones sin salida en que lo coloca el propio «fatum». No hay en él ni sombra de odio ni deseo de venganza, pero sí una tristeza primordial que aspira encontrar compasión. «Ay, capitán —le dice a Napierski—, parece que estuviera escrito que yo deba morir entre quienes me arrojan de su lado. No merezco el consuelo del ciego Edipo que pudo abandonar el suelo que lo odiaba» (MA, 89), o el alivio de una mujer como las que generalmente encuentra Maqroll para paliar su tristeza, su enfermedad y su desesperanza.

Abdul, en la degradación permanente alcanza el mismo estado de desesperanza del Gaviero al final: si el barco que ha buscado toda su vida no aparece le da igual. «Ya aprendí —dice— y me acostumbré a derivar de los sueños jamás cumplidos sólidas razones para seguir viviendo» (AB, 144). El barco no es menos ilusorio que los aserraderos del Xurandó, las pescaderías en Alaska o las canteras de piedra en el Perú para Maqroll. Al final de estas experiencias el carácter de Abdul había cambiado radicalmente y «la disponibilidad se trocó en escéptica indiferencia del que sube al cadalso pensando ya en la otra vida» (AB, 138).

La desesperanza permea la visión de la sociedad también porque «de la casa de los hombres no sale una voz de ayuda que alivie el dolor de todos (sus) partidarios» (SMG, 47). Su dolor se disemina y entonces esta poesía sale al encuentro del ser humano y le devuelve la conciencia de su fragilidad y desamparo y del poco significado que reside en la vida.

La miseria para Mutis no es sólo una miseria social o la pobreza, sino la miseria como desamparo, como escepticismo, el no tener futuro ni perspectiva en la vida, no creer en nada y también el no tener a dónde ir. De allí que tampoco haya una propuesta convincente de regreso. «Iremos más lejos que nuestra más secreta esperanza, sólo que en sentido inverso, siguiendo la senda de los que cantan sobre las cataratas, de los que miden su propio engaño con la sabia medida del uso y del olvido» (C, 20).

Exceptuando los poemas del Gaviero en *Los emisarios* y también *Crónica Regia y alabanza del reino* y *Un homenaje y siete nocturnos,* en todas las obras de Alvaro Mutis como en las de Conrad, se esparce una conciencia de la desesperanza, una especie de pesimismo trágico que es común también a Neruda, Tolstoi, Dostoievski, Fernando Pessoa[2]. Es la desesperanza que se encuentra en Malraux también, donde el hombre precario ha perdido todo lo que pueda contener un valor de esplendor de gloria o de orden: ni religión, ni estado, ni ciencia. El ser humano se descubre a sí mismo como un extranjero y, como consecuencia, a la pérdida de todo sentido de la vida sólo queda oponer un lenguaje poético, crear una estética del deterioro (otra ilusión) y aprender a convivir con la desesperanza. Maqroll probablemente concibe que lo peor es saber que detrás del mundo del deterioro no existe otro orden. Todo lo contrario de lo que diría Artaud, «Lo grave / es que sabemos / que tras el orden / de este mundo / existe otro» (87).

Esta condición de desesperanza se reafirma en las lecturas de historia, que llenan los momentos «vacíos» de Maqroll y que, como lo dijera Alvaro Mutis en una entrevista, constituyen «una lección constante, de hasta dónde el hombre es un ser destinado a cometer enormes errores (Maqroll comparte esta idea), a padecerlos, a pagarlos, a volver a caer en ellos, sin remedio, sin salvación ninguna y, al mismo tiempo, a disfrutar de la vida».

El único exorcismo posible, el descanso que busca de esta fatal desesperanza, constante como sus trashumancias, es la muerte. «Todas las esperas. Todo el vacío de ese tiempo sin nombre, usado en la necedad de gestiones, diligencias, viajes, días en blanco, itinerarios errados. Toda esa vida... se desliza hacia la muerte» (C, 60). La hora de la muerte sería pues la «suma de todos los errores» que borra todo sentido a la «vana existencia» (C, 31). Sólo la muerte puede dar fin al permanente deterioro; fuera de los dominios de la muerte sólo es posible la desesperanza, que como dice Kierkegaard, es la imposibilidad de ser para «devenir sí mismo y ser sí mismo» (31).

Por otra parte, Kierkegaard implica que la absoluta desesperanza demanda la ausencia de la esperanza de morir: «Cuando la muerte llega a ser una esperanza, entonces la desesperanza sería no poder morir» (18), pero a este extremo nunca llega Maqroll. El sabe que eso es lo

---

2 De Pessoa cabe citar unas líneas del poema «Lisboa revisitada» (1923) que ilustra su desesperanza e incredulidad en la validez de los valores modernos: «No metraigan estéticas. / ¡No me hablen de moral! / ¡No me muestren sistemas completos, ni me enumeren conquistas/ de las ciencias / (...) de las artes, de la civilización moderna! / ¿qué mal les hice yo a todos los dioses? / Si tienen la verdad, ¡guárdensela!». (*Poesía contemporánea de Portugal*. Selección y traducción de Santiago Kovadloff, 55-56).

único que puede tener por seguro y que allí está su verdadera meta: la muerte.

La muerte como pérdida es, como dice Heidegger, sólo para los supervivientes. Cuando Ilona muere, quienes padecen la pérdida son Abdul y Maqroll, pero no experimentan en «su genuino sentido el morir de los otros»; se limitan a «asistir» a él. (261). Además, todos caminamos con la muerte encima, empezamos a morir cuando nacemos, «tan pronto como un hombre entra en la vida, es ya bastante viejo para morir» (268).

¿Trágico? Sí. Pero a la manera nietzscheana. Lo trágico en las obras de Mutis es más bien «una embriaguez de vivir» (459) que a su vez estimula a Maqroll para la vida, «al servicio de un movimiento descendente». Tampoco esta desesperanza puede incluir la idea aristotélica de que las emociones purifiquen. Hay que hacer notar que toda esa desesperanza no le genera la renuncia a la voluntad de vivir, no hay voluntad autodestructiva de la vida y sí hay, al menos en hechos, una voluntad de afirmación a través de la estética y del movimiento que traspone la rutina decadente.

El propio Alvaro Mutis confiesa tener un sentimiento trágico de la vida:

> Yo creo que nos jodimos. (...) Es que yo considero que no se puede tener ningún otro sentimiento. El solo hecho de que nos vamos a morir y de que nos estamos muriendo, me parece tan terrible ante la belleza del mundo que va a seguir viviendo (...) es la sustancia de la cual se nutre toda poesía y, guardadas todas las proporciones, la mía también. (TR, 264)

Para el Gaviero como para Nietzsche «la humanidad no avanza, ni siquiera existe. El aspecto general es el de un enorme taller de experimentos en que se consigue algo muy de tarde en tarde y son indecibles los fracasos; donde todo orden, toda lógica, toda relación y cohesión, falta» (75). Así, la desesperanza puede proponerse como motivo centralizador de esta obra; ella es la que mueve toda la obra narrativa y poética. Por ello, puede decirse también que él es un poeta de la desesperanza y es lo que, precisamente, lo emparenta con Joseph Conrad, quien escribió sobre los trópicos malayo y latinoamericano, Fernando Pessoa, Drieu la Rochelle, Malraux, cuyo escenario en algunas de sus obras es también esa latitud y, por supuesto, también con García Márquez: piénsese en *El coronel no tiene quien le escriba* o en *El general en su laberinto*. Como decía Mutis, «existe una relación directa entre la desespe-

ranza y ciertos aspectos del mundo tropical y la forma como el hombre
los experimenta» (PP, 289). La conciencia de transitoriedad, el estar listo
para arriesgar siempre, el vivir el presente porque no hay ninguna esperanza de futuro y tampoco de pasado porque la historia ha sido dis-
torsionada o destruida, son hechos que generan esa condición de vida
tropical. El poeta se limita a presentar el deterioro sin carácter valorativo
y allí reside otro de sus valores: acepta ese deterioro como un movimiento que no alcanza a ver como renovador, pero que, de hecho, se
realiza como tal en la obra al hacer del desgaste su objeto estético. Para
cerrar momentáneamente este diálogo con la obra de Mutis, podríamos
repetir solidariamente con Maqroll el Gaviero:

> Por ahora, el alivio que me proporciona redactar estos renglones, es de
> seguro, una manera de escapar a este deslizarme hacia la nada que me
> va ganando y que, por desgracia me resulta más familiar de lo que yo
> mismo(a) imagino... (NA, 101)

BIBLIOGRAFÍA

I. FUENTES PRIMARIAS

MUTIS, Alvaro. «Antes de que cante el gallo». *Diario de Lecumberri*. 15-32, Reproducido en *La mansión de Araucaíma*, 57-81.

_____. *Abdul Bashur soñador de navíos*. Novela, Manuscrito inédito, 1991.

_____. *Amirbar*. La Otra Orilla, Bogotá, Norma, 1990.

_____. *Caravansary*. Colección Tierra Firme, México, Fondo de Cultura Económica, 1981.

_____. *Crónica Regia y alabanza del reino*. Poesía, Madrid, Cátedra, 1985.

_____. *Diario de Lecumberri*. México, Espiral Editores, 1986. Esta obra fue publicada también en México: Universidad Veracruzana, Serie Ficción, 1960; y en Bogotá: Círculo de Lectores, 1975.

_____. «El último rostro». *La mansión de Araucaíma*. 83-106

_____. *Ilona llega con la lluvia*. Bogotá, La Oveja Negra, 1987. También lo editan en Barcelona: Mondadori, 1988; y en México: Diana, 1988.

_____. *La última escala del tramp steamer*. Bogotá, Arango Editores, 1989. También lo editan en México: El Equilibrista, 1989.

————. *La mansión de Araucaíma*. Biblioteca Breve 425, Barcelona, Seix Barral, 1978. También fue publicada en Bogotá: La Oveja Negra, 1982.

————. «La muerte del estratega». *Diario de Lecumberri*, 51-65. Publicado también en *La mansión de Araucaíma*, 117-139.

————. *La Nieve del Almirante*. Madrid, Alianza, 1986.

————. *La verdadera historia del flautista de Hammelin*. Colección infantil del Jicote Argüendero, México, Penélope, 1982.

————. *Los emisarios*. Tierra Firme, México, Fondo de Cultura Económica, 1984.

————. *Poesía y prosa: Alvaro Mutis*. Biblioteca Básica Colombiana. Quinta serie, 46, Editor Santiago Mutis Durán, Bogotá, Instituto Colombiano de Cultura, 1982.

————. «Sharaya» *Diario de Lecumberri*, 39-49. También en *La mansión de Araucaíma*, 105-107.

————. *Summa de Maqroll el Gaviero (Poesía, 1947-1970)*. Bogotá, La Oveja Negra, 1982.

————. *Summa de Maqroll el Gaviero (Poesía, 1948-1970)*. Insulæ Poetarum, Prólogo de J. G. Cobo Borda, Barcelona, Barral, 1973.

————. *Summa de Maqroll el Gaviero, poesía 1948-1988*. Prólogos de Octavio Paz y Ernesto Volkening, México, Fondo de Cultura Económica, 1990.

————. *Un bel morir*. Bogotá, La Oveja Negra, 1989.

————. *Un homenaje y siete nocturnos*. México, El Equilibrista, 1986. También fue editado en Pamplona: Pamiela, 1987.

II. FUENTES SECUNDARIAS

ALONSO, Amado. *Poesía y estilo de Pablo Neruda*. Buenos Aires, Sudamericana, 1951, 21-27 y 287-305.

ANDRADE, Mario de. *Macunaima*. Edición crítica, Río de Janeiro, Secretaría de Cultura y Tecnología, 1978.

ARTAUD, Antonín. *Van Gogh: El suicidado de la sociedad*. Traduc. por Ramón Font. Caracas, Fundamentos, 1977.

ARTURO, Aurelio. «La balanza». Mutis, *Poesía y prosa*. 663-664.

————. *Material de lectura*. Poemas, selección de Alvaro Mutis. Serie Poesía Moderna, 105, México, UNAM, 1984.

————. *Morada al sur*. Bogotá, Imprenta Nacional, 1963.

BACHELARD, Gastón. *El agua y los sueños.* Traduc. por Ida Vitale. México, Fondo de Cultura Económica, 1978.

BARNECHEA, Alfredo y OVIEDO, José Miguel. «La historia como estética». Mutis, *Poesía y prosa.* 576-597.

BARTHES, Roland. *Crítica y verdad.* Trad. José Bianco. Buenos Aires, Siglo XXI, 1972.

_____. *El grado cero de la escritura.* Traduc. por Nicolás Rosa. México, Siglo XXI, 1978.

_____. *Essais critiques.* Colección Tel quel, Paris, Seuil, 1964.

BAUDELAIRE. *Obra completa. Edición bilingüe.* Traduc. por Enrique Parellada. Serie Bolsillo, Barcelona, Río Nuevo, 1977.

BENJAMIN, Walter. *Sobre el programa de la filosofía futura y otros ensayos.* Traduc. por Roberto Vernengo. Caracas, Monte Avila, 1961.

BERGMAN, Ingmar. *The Seventh Seal (El séptimo sello).* Trans. from the Swedish by Lars Malmström and David Kushner. London, Lorrimer Publishing, 1975.

BERNARD, J.F. y DE SAUZET, H. *Mémoires du Cardinal de Retz.* Amsterdam, 1719.

BERTRAND, Aloysius. *Gaspard de la nuit: fantaisies à la manière de Rembrandt et de Callot.* Paris, Ch. Bosse, 1920.

BITSAKIS, Eutyches. *Physique et matérialisme.* Paris, Éditions sociales, 1983, 325.

BLANCHOT, Maurice. *The Writing of Disaster.* Trans by Ann Smock. Nebraska, University of Nebraska Press, 1988.

BORGES, Jorge Luis. *Obra poética.* Madrid, Alianza Emecé, 1975.

_____. *El Aleph.* Madrid, Alianza, 1967.

BRETON, André. *Manifestes du surréalisme.* Paris, J.-J. Pauvert, 1972.

BURGOS CANTOR, Roberto. «Gaviero loco, rostro y espejo (itinerario de una lectura)». Mutis Durán, 173-186.

BUTOR, Michel y POUSSEUR, Henri. «El libro y la música». *Escribir...¿Por qué? ¿Para quién?* Traduc. por Luis Pasamar. Caracas, Monte Avila, 1976, 145-165.

CADENAS, Rafael. *Realidad y literatura.* Caracas, Equinoccio, Universidad Simón Bolívar, 1979.

CAMPBELL, Joseph. *El héroe de las mil caras, psicoanálisis del mito.* Traduc. por Luisa Josefina Hernández. México, Fondo de Cultura Económica, 1972.

CANO GAVIRIA, Ricardo. «Dieciséis fragmentos sobre Maqroll el Gaviero». Mutis Durán, 53-62.

CARPENTIER, Alejo. *El siglo de las luces.* Barcelona, Seix Barral, 1964.

CARRANZA, Eduardo. *Los pasos cantados*, 1935-1975. Bogotá, Instituto Colombiano de Cultura, 1975.

CARRETER, Lázaro. *Diccionario de términos filológicos*. Madrid: Gredos, 1974. 354.

CASSIRER, Ernesto. *Filosofía de las formas simbólicas*. 2 Vols. México: Fondo de Cultura Económica, 1971.

CASTAÑON, Adolfo. «El otro invierno del almirante». Mutis Durán, 97-102.

CASTILLO, Ariel y MILAN, Eduardo. «Mutis». *La orquesta*. Vol. III, Nº 13-14. México, mayo-agosto, 1988.

CASTILLO, Ariel. Entrevista personal con Mutis, (fotocopia).

CERVANTES, Francisco. «Alvaro Mutis y la claridad». *Diagrama de Cultura*, suplemento de *Excelsior*. 19 de agosto, 1973. 12.

————. «Trayectoria de Alvaro Mutis». *Revista mexicana de literatura*, 1-4, 1961, 79-80.

————. «Anotaciones para aviso del lector de la *Crónica Regia* de Alvaro Mutis». *El semanario. Cultural de Novedades*. México, 21 de julio 1985, 3.

————. «*Los emisarios* de Alvaro Mutis. La tenaz oposición del mundo». *Sábado*, suplemento de *Uno más Uno*. 27 de abril, 1985. 10-11.

————. «Nocturnos para demorar el polvo». *El semanario. Cultural de Novedades*. 25 de enero de 1987.

————. «Una lírica en descomposición: *La Nieve del Almirante*». *El semanario. Cultural de Novedades*. 15 de febrero, 1987, 4-5.

CERVANTES, Miguel de. *Don Quijote de la Mancha*. Barcelona, Juventud, 1955.

CHARRY LARA, Fernando. «Los trabajos perdidos». *Eco*, 61, 1965, 111-115.

————. «Alvaro Mutis». *Lector de poesía*. Bogotá, Instituto Colombiano de Cultura, Colección de Autores Nacionales, 3, 1975, 57-62.

————. «Alvaro Mutis». *Poesía y poetas colombianos modernistas. Los nuevos. Piedra y cielo. Mito*. Bogotá, Procultura, 1985, 272-278.

————. «La poesía de Mutis por Fernando Charry Lara». Mutis, *Poesía y prosa*. 713-715.

CHATEAUBRIAND, François Auguste René. *Mémoires d'outre-tombe*. Paris, Garnier Frères, 1910.

COBO BORDA, J. G. *Album de la poesía colombiana*. Vol.2. Biblioteca Básica Colombiana, 41, Bogotá, Instituto Colombiano de Cultura, 1980.

————. Prólogo. *Summa de Maqroll el Gaviero*, (1948-1973).

_____. «Soy gibelino, monárquico y legitimista». *Eco* 237. Bogotá, 1981, 250-258. Reproducido en Mutis Durán, 251-258.

COHEN, Jean. *Structure du langage poétique*. Paris: Flammarion, 1966.

_____. «Théorie de la figure». *Sémantique de la poésie*. Paris, Seuil, 1979, 84-127.

COLEMAN, Alexander. *Other Voices: A Study of the Late Poetry of Luis Cernuda*. Chapel Hill, The University of North Carolina Press, 1969.

COLLAZOS, Oscar. *Textos al margen*. Bogotá, Instituto Colombiano de Cultura, 1978, 57-59.

CONRAD, Joseph. *Heart of Darkness and Other Tales*, (*El corazón de las tinieblas y otros cuentos*). New York, Oxford University Press, 1988.

_____. *Almayer's Folly*. (*La locura de Almayer*). New York, Garland Pub., 1978.

_____. *Lord Jim*, London, J. M. Dent and Sons Ltd, 1961.

_____. *Nostromo*. New York, Oxford University Press, 1988.

_____. *The Rescue*. (*El rescate*). London, J. M. Dent and Sons Ltd, 1949.

_____. *The Portable Conrad*. Edited and with an introduction and notes by Morton Dauwen Zabel. New York, The Viking Press, 1966.

_____. *Victory*. New York, Random House, Modern Library, Copyright by Doubleday, Page & Company, 1915-1921.

CORCEGA, Shamuel de. *Verídica estoria de las minas que la judería laboró sin provecho en los montes de Axartel*. Soller, Jordi Capmany, 1776.

CROS, Fernando. «Los emisarios de Alvaro Mutis. ¿Ruptura o recuperación?» *Sábado*, suplemento de *Uno más Uno*. 31 de agosto de 1985. 10.

_____. «Son muchos los mundos perdidos». *Revista de la Universidad de Antioquia*, 205. 113-119. Aparece también como «Conversando con Mutis,. *Torre de papel*, revista de la Universidad de Chapingo, 3, l986, 24-32.

CRUZ KONFLY, Fernando. «*La Nieve del Almirante* o la agonía en la modernidad». Mutis Durán, 133-142.

DARIO, Rubén. *Poesía*. Prólogo de Angel Rama. Caracas, Biblioteca Ayacucho, 1977.

DE GREIFF, León. *Obras completas*. 2 Tomos. Prólogo de Jorge Zalamea. Bogotá, Tercer Mundo, 1983.

DEGUY, Michel. *La poésie n'est pas seule*. Court traité de poétique. Paris, Seuil, 1987.

DELEUZE, Gilles. *Foucault*. Prólogo de Miguel Morey. Traduc. por José Vázquez Pérez. Buenos Aires, Paidós, 1987.

DEL RE, Ana María, et al., eds. *Antología, poesía hispanoamericana moderna*. Vol. I. Caracas, Equinoccio, Universidad Simón Bolívar, 1982.

DICKENS, Charles. *Bleak House*. New York, P.F. Collier & Son, 1911.

_____. *David Copperfield*. London, Chapman and Hall, 193, Piccadilly. Philadelphia, J. B. Lippincott & Co, 1875.

_____. *Dombey and Son*. New York, P.F. Collier & Son, 1911.

_____. *Little Dorrit*. New York, P.F. Collier & Son, 1911.

_____. *Our Mutual Friend*. New York, P. F. Collier & Son, 1911.

_____. *Pickwick Papers*. New York, P. F. Collier & Son, 1911.

_____. *The Old Curiosity Shop*. New York, P. F. Collier & Son, 1911.

EMMANUEL, Pierre. *La poésie comme forme de la connaissance*. Strasbourg, Institut International d'Études de Strasbourg, Cours d'Été, 1984.

ESCALONA ESCALONA, José Antonio. *Muestra de la poesía hispanoamericana del siglo xx*. 2 Vols. Caracas, Biblioteca Ayacucho, 1985.

FERDINANDY, Miguel de. «El estratega: un cuento de Alvaro Mutis». *Eco* 237, 1981, 266-270.

FERNANDEZ, Dominique. «Deux romans d'Alvaro Mutis. Les paumés de Panama». Paris, *Le Nouvel Observateur*, Mars, 30, 1989, 192.

FERRIÈRE, Serge Raynaud de la. *Místicos y humanistas*. Nice, Meyerbeer, 1958.

FRANZIUS, Enno. *History of the Byzantine Empire. Mother of Nations*. New York, Funk & Wagnalls, 1967.

GAITAN DURAN, Jorge. *Si mañana despierto*. Bogotá, Antares, 1961.

GARCIA AGUILAR, Eduardo. «La expedición poética de Mutis». *Sábado*, suplemento de *Uno más Uno*. 27 de abril, 1985. 15.

_____. «Crónica Regia, el delirio felipista de Alvaro Mutis». *Sábado*, suplemento de *Uno más Uno*. 5 de octubre, 1985. 14. Reproducido en Mutis Durán, 121-125.

GARCIA MARQUEZ, Gabriel. «Alvaro Mutis». *El Espectador*. 13 de septiembre, 1954. Publicado también en *Gaceta* N° 2, Instituto Nacional de Cultura, Bogotá, 1976, 9, y en Mutis, *Poesía y prosa*, 537-543.

_____. *El amor en los tiempos del cólera*. Bogotá, La Oveja Negra, 1985.

_____. *El general en su laberinto*. Bogotá, La Oveja Negra, 1989.

_____. *El otoño del patriarca*. Barcelona: Plaza & Janés, 1975.

_____. *El coronel no tiene quien le escriba*. Buenos Aires, Sudamericana, 1974.

_____. *Cien años de soledad*. Buenos Aires, Sudamericana, 1969.

GENETTE, Gérard. *Figures III*. Paris, Seuil, 1972.

GIMFERRER, Pere. «La Poesía de Alvaro Mutis». Mutis, *Poesía y prosa.*
702-705.

GIRALDO, Leonel. «En mitad del sueño, en mitad del mar, en mitad de
la vida». Mutis, *Poesía y prosa.* 698-701.

GOGOL, Nikolai V. *Dead Souls (Las almas muertas).* New York, Rine-
hart, 1948.

HEIDEGGER, Martin. *El ser y el tiempo.* Traduc. por José Gaos. México,
Fondo de Cultura Económica, 1980.

HERNANDEZ, Consuelo. «El poema: Una fértil miseria». Tesis de Mas-
ter, Universidad Simón Bolívar, Caracas, 1984.

_____. «El último rostro de Bolívar». *Reporte Universitario.* Universi-
dad Simón Rodríguez, Caracas, 1984.

_____. «*Los emisarios,* nuevo poemario de Alvaro Mutis». *Suplemento
literario* de *El Nacional.* Caracas, julio, 28, 1985, 6.

_____. Carta de Alvaro Mutis a Consuelo Hernández. México, sep-
tiembre, 1984.

_____. Entrevista personal con Alvaro Mutis, I. México, enero, 1991.

_____. Entrevista personal con Alvaro Mutis, II. México, agosto, 1991.

HOLGUIN, Andrés. *Antología crítica de la poesía colombiana, 1874 -
1974.* Tomo I. Bogotá, Tercer Mundo, 1981. .

HOYOS, Bernardo. «Entrevista de Bernardo Hoyos con Alvaro Mutis».
Mutis Durán, 299-318.

HOYOS, Alberto. «Alvaro Mutis, poeta de mares y de vidas». *Lecturas
Dominicales* de *El Tiempo,* 28 de enero, 1968. Reproducido en Mutis,
Poesía y prosa. 698-701.

HUERTA, David. «Alvaro Mutis. Maqroll y los paisajes emblemáticos». *La
cultura en México,* suplemento de *Siempre,* 12 de septiembre, 1983.
XI-XII.

_____. «Libros y antilibros». *El gallo ilustrado,* 842, 6 de agosto, 1948.

HUIDOBRO, Vicente. *Obras completas,* Tomo I. Santiago, Andrés Bello,
1976.

JARAMILLO ESCOBAR, Jaime. «Rehén de la nada: sólo para lectores de
Alvaro Mutis». Mutis Durán, 165-172.

JARAMILLO, Rosita. «Una visita al mundo ceremonial de Alvaro Mutis».
Fabularia. Manizales, 1 de agosto de 1982, 8-10. También en Mutis
Durán, 259-280.

JAUSS, Hans Robert. *Aesthetic Experience and Literary Hermeneutics.*
Theory and History of Literature, Vol. 3. Trans. by Michael Shaw.
Introduction by Wlad Godzich. Minneapolis, University of Minnesota
Press, 1982.

JIMENEZ, David. «Poesía de la presencia real». Mutis Durán, 113-121.

JIMENEZ, Juan Ramón. *Piedra y cielo*. Madrid, Biblioteca Calleja, 1917.

JIMENEZ, Olivio. *Antología de poesía hispanoamericana contemporánea, 1914-1970*. Madrid, Alianza, 1978.

JUNG, CARL. *Synchronicity*. Trans. by F.F.C. Hull. Princeton, Princeton University Press, 1973.

KIERKEGAARD, Soren. *The Sickness Unto Death*. Princeton, Princeton University Press, 1983.

KRIEGER, Murray. «An apology for Poetics». *American Criticism. The Poststructuralist Age*. Edited by Konisberg, Michigan, University of Michigan, 1981, 87-101.

KRONFLY, Ilian. «Alvaro Mutis, una conciencia de la desesperanza». Tesis de Licenciatura, Universidad de Los Andes, Mérida, 1976.

LOPEZ COLOME, Pura y CERVANTES, Francisco. «De la literatura y el destino, I». *Sábado*, suplemento de *Uno más Uno*. México, 2 de agosto de 1986, 5.

————. «De la literatura como destino, II». *Sábado*, suplemento de *Uno más uno*. México: 9 de agosto de 1986. 5.

————. «De la literatura como destino, III y último». *Sábado*, Suplemento de *Uno más Uno*. México, 16 de agosto, 1986, 6.

LOPEZ COLOME, Pura. «*Un homenaje y siete nocturnos*, de Alvaro Mutis, serena ya la luz nocturna». *Sábado*, suplemento de *Uno más Uno*. 22 de diciembre, 1986. 11.

————. «*La Nieve del Almirante*. Ver para morir». *Sábado*, suplemento de *Uno más Uno*. 7 de febrero, 1988. 11.

LYOTARD, Jean François. *Discours figure*. Paris, Klincksieck, 1971.

MACANDREW, Elizabeth. *The Gothic Tradition in Fiction*. New York, Columbia University Press, 1979.

MACHADO, Antonio. *Poesías completas*. La Habana, Arte y Literatura, 1975.

MALRAUX, André. *La condition humaine*. (*La condición humana*). Paris, Gallimard, 1947.

MARCIANO, Carlos. «Mutis habla». *La vanguardia*. Barcelona, s/f., 47.

MARCO, Joaquín. «La poesía de Macondo: Summa de Maqroll el Gaviero de Alvaro Mutis». *Vanguardia*. Barcelona, s/f., 17.

MASPERO, François. «Alvaro Mutis, gavier des brumes». *La quinzaine littéraire*. Nº 529. Paris, avril, 15, 1989, 6.

MELVILLE, Herman. *Moby Dick*. New York, Vaard Editions, 1972.

MILAN, Eduardo. «Conversación con Alvaro Mutis». Manuscrito, 1987.

_____. «*La Nieve del Almirante*. Navegación al origen». *Revista de la UNAM*, 439, 1987, 45-47.

Mito 1955-1962. Selección y prólogo de J. G. Cobo Borda. Colección de autores nacionales. Bogotá, Imprenta Nacional, 1980.

MONTIEL, María Rocío. «Las metamorfosis de una poesía». Tesis de Licenciatura, UNAM, 1985.

MONTEJO, Eugenio. *Trópico absoluto*. Caracas, Fundarte, 1982.

MORENO DURAN, R. H. «El falansterio violado». Mutis Durán, 77-86.

MUTIS, Alvaro. «Entrevista con Cristina Pacheco». *Gaceta*, 39. Bogotá, 1983. Reproducido en Mutis Durán, 241-250.

MUTIS DURAN, Santiago. *Tras las rutas de Maqroll el Gaviero* (1981-1988). Cali, Proartes, Gobernación del Valle y Revista Gradiva, 1988.

NERUDA, Pablo. *Caballo Verde para la Poesía*. Revista fundada y dirigida por Neruda. Madrid, 1935.

_____. *Confieso que he vivido*. Barcelona, Seix Barral, 1976.

_____. *Residencia en la tierra* (1925-1931). Barcelona, Bruguera, 1980.

NIETZSCHE, Federico. *La voluntad de poderío*. Traduc. por Aníbal Froufe. Madrid, Edaf, 1981.

OCHOA SANDY, Gerardo. «Maqroll cumple una parte del destino que yo no cumplí. Todo aquello que no pude ser. Afirmación de Alvaro Mutis, autor de la novela *La Nieve del Almirante*». *Uno más Uno*. México, 22 de enero de 1987, 23.

O'HARA, Edgar. «Los emisarios: respuestas que son preguntas». *Casa del tiempo*, 57, 1985. 62-65.

_____. «Crónicas de una voz, Alvaro Mutis, *Crónica Regia y alabanza del reino*». *El semanario. Cultural de Novedades*. México, 16 de marzo, 1986.

OLACIREGUI, Julio. «El sueño gótico de Alvaro Mutis». *Intermedio*, suplemento del *Diario del Caribe*. Barranquilla, 15 de julio, 1984. También en Mutis Durán, 87-96.

O'NEILL, Patrick. *The Comedy of Entropy: Humour / Narrative / Reading*. Toronto, University of Toronto Press, 1990.

OQUENDO, Diego. «Alvaro Mutis. Literatura simplemente». *Magazín Dominical* de *El Espectador*. 23 de septiembre de 1979, 7. Reproducido en Mutis, *Poesía y prosa*, 651-655.

OVIEDO, José Miguel. «Alvaro Mutis. Summa de Maqroll el Gaviero». *Eco*, 159, 1979, 329-331.

_____. «Summa poética de Alvaro Mutis. Mutis, *Poesía y prosa*. Bogotá, Instituto Colombiano de Cultura, 1982. 110-171.

_____. «Caravansary de Alvaro Mutis. Hastío y fervor».Vanguardia,
67, 1982, 35-36.

_____. «Mutis; viaje al corazón de las tinieblas». El Semanario. Cultu-
ral de Novedades. 30 de agosto, 1987.

PACHECO, Cristina. «Se escribe para exorcizar a los demonios». Uno
más Uno. México, 24 de octubre, 1981, 8-9. Reproducido en Mutis
Durán, 241-250

PACHECO, José Emilio. «Diario de Lecumberri». Revista mexicana de
literatura. 1-4, 1961, 80-82.

_____. «Sartre, Sade, Maqroll y Macondo». Gaceta Colcultura, 119-
120, 1980, 8.

_____. «La fuerza original de Alvaro Mutis». Mutis, Poesía y prosa.
Bogotá, Instituto Colombiano de Cultura, 1982. 686-687.

PANABIERE, Louis. «Lord Maqroll». Mutis Durán, 203-211.

PARRA, Nicanor. Antipoemas. Barcelona, Seix Barral, 1976.

PAZ, Octavio. Corriente alterna. México, Siglo XXI, 1979.

_____. El arco y la lira. México, Fondo de Cultura Económica, 1973.

_____. Los hijos del limo. Barcelona, Seix Barral, 1974.

_____.«Los hospitales de ultramar». Puertas al campo. México, Unam.
1987. También en Prólogo de Summa de Maqroll el Gaviero 1948-
1988.

_____. «Nueva Analogía». Signos en rotación. Madrid, Alianza, 1971,
311.

_____. Poemas, (1935-1975). Barcelona, Seix Barral, 1979.

PERALES, Mely. «Conversación indiscreta con Alvaro Mutis».Hombre de
mundo, 10, 1979, 79-84. Se reproduce fragmentariamente en Mutis,
Poesía y prosa como «La sola palabra intelectual me produce urtica-
ria». 658-659.

PEREZ-LUNA, Elizabeth. «No soy muy optimista con relación a este
continente». Mutis, Poesía y prosa, 605-609.

PERSE, Saint-John. Antología poética. Selección, traducción y prólogo
de Jorge Zalamea. Buenos Aires, Fabril Editora, 1960.

PESSOA, Fernando. Poesía contemporánea de Portugal. Compilada por
Santiago Kovadloff. Caracas, Monte Avila, 1980, 34-65.

PITTY, Dimas Llivio. «Alvaro Mutis: la obligación política del escritor es
decir eficazmente su visión de la vida». Mutis, Poesía y prosa, 602-
605.

PLATON. The Dialogues of Plato. Trans. by R. E. Allen. New Haven, Yale
University Press, 1984.

PONGE, Francis. *Things.* Selection and Trans. by Cid Corman. New York, Grossman Publishers, 1971.

PROUST, Marcel. *A la recherche du temps perdu.* Paris, Robert Laffont, 1987.

RABAGO PALAFOX, Gabriela. «El hombre se acabará el día en que se acabe la poesía». Mutis, *Poesía y prosa,* 610-616.

RAMIREZ RODRIGUEZ, Rómulo. «La poesía no necesita difusión». Mutis, *Poesía y prosa.* 655-657.

RAMOS, Graciliano. *Angustia.* Sao Paulo, Martins Editora, 1962.

_____. *Vidas Secas.* Sao Paulo, Martins Editora, 1962.

_____. *Memórias do Cárcere.* Sao Paulo, Martins Editora, 1962.

RAMOS SUCRE, José Antonio. *Obra completa.* Pról. José Ramón Medina. Cronología, Sonia García. Caracas, Biblioteca Ayacucho, 1980.

REVERDY, Pierre. *Escritos para una poética.* Caracas, Monte Avila, 1977.

RIMBAUD, Arthur. *Une saison en enfer.* Neuchâtel, Suisse, A La Baconnière, 1984.

ROMERO, Armando. «Gabriel García Márquez, Alvaro Mutis, Fernando Botero: Tres personas distintas, un objetivo verdadero». *Inti,* 16-17. 1983. 135-146. Reproducido en Mutis Durán, 107-202.

ROMERO, JOSE. «Tres novelas de Alvaro Mutis». *Vuelta,* 152, julio de 1989.

ROJAS HERAZO, Héctor. «La poesía de Alvaro Mutis». Mutis, *Poesía y prosa,* 671-672.

RUIZ, Jorge Eliécer. «La poesía de Alvaro Mutis». Mutis, *Poesía y prosa,* 673-676.

RUIZ, Juan. *El libro del buen amor.* Editor G. B. Gybbon Mony Penny. Madrid, Clásicos Castalia, 1988.

RUY SANCHEZ, Alberto. «La obra de Alvaro Mutis como un edificio mágico y sus rituales góticos de tierra caliente». Mutis Durán, 63-76.

SAINT-EXUPÉRY, A. *Pilote de guerre. (Piloto de guerra).* New York, Edition de La Maison Française, Inc., 1942.

_____. *Vol de Nuit.* Paris, Gallimard, 1931.

SEFAMI, Jacobo. «Dos poetas y su tiempo». *Dactylus* 6. Universidad de Texas en Austin, 1986; 58-60.

SCHWOB, Marcel. *Croisade des enfants.* New York, G. Schirmer, 1906. *Imaginary lives.* New York, Boni and Liveright, 1924.

SERIA, Joseph. «Y queremos tener poetas nacionales cada 25 años». Mutis, *Poesía y prosa,* 568-570.

SHERIDAN, Guillermo. «La vida verdaderamente vivida». *Revista de la Unam,* 3, 1976, 25-37. También en Mutis, *Poesía y prosa,* 616-650.

SOLARES, Ignacio. «La actual literatura latinoamericana nos permitió poner los pies en nuestra tierra». Mutis, *Poesía y prosa*, 1982, 570-572.

SOLZHENITSYN, Alexander. *The Gulag Archipelago*, 1918-1956. (*El archipiélago de Gulag*). Trans. by Thomas P. Whitney. New York, Harper & Row, 1974-1978.

————. *The Cancer Ward* (*Pabellón de cáncer*). New York, Modern Library, 1983.

STAROBINSKI, J. Préface à Jauss. *Pour une esthétique de la réception*. Traduit par Claude Millard. Paris, Gallimard, 1978.

STEVENSON, Robert Louis. *In The South Seas*. Honolulu, University of Hawaii Press, 1971.

SUCRE, Guillermo. «El poema, una fértil miseria». *Plural*, 43. 1975. 17-22. También en *La máscara, la transparencia*. Caracas: Monte Avila, 1974, 367-379.

TELLEZ, Hernando. «Los trabajos perdidos». *Eco*, 1965. 111-115

————. «La poesía de Alvaro Mutis». Mutis, *Poesía y prosa*, 668-671.

TODOROV, Tzvetan. *Genres in Discourse*. Trans. by Catherine Porter. New York, Cambridge University Press, 1990.

————. *Poétique*. Paris, Seuil, 1968.

————. *The Poetics of Prose*. Trans. by Richard Howard.I thaca, New York, Cornell UP, 1977.

————. «Reading as construction». *The reader in the text*. Princeton, Princeton UP, 1980.

————. «Synecdoques». *Sémantique de la poésie*. Paris, Seuil, 1979, 7-26.

TOLSTOI, León. *War and Peace.*(*La guerra y la paz*). New York, Oxford University Press, 1989.

VALDES MEDELLIN, Gonzalo. «Crónica Regia. Entrevista a Alvaro Mutis». *Sábado,* suplemento de *Uno más Uno*. México, 16 de noviembre de 1985. 6-7. También en Mutis Durán, 321-331.

VALENCIA DE CASTAÑO, Gloria. «Reportajes a Alvaro Mutis». Mutis, *Poesía y prosa*, 668-669.

VALENCIA GOELKEL, Hernando. «Diario de Lecumberri». Mutis, *Poesía y prosa*, 688-689.

————. «Los trabajos perdidos». *Crónicas de libros*, 51-57.

————. «Sobre unas líneas de Alvaro Mutis». *Crónicas de libros*, 59-64. También en Mutis, *Poesía y prosa*, 677-680.

VALVERDE, Humberto. «Alvaro Mutis: entre amigos». Mutis Durán, 365-380.

VARON, Policarpo. «La mansión de Araucaíma». *Eco*, 159, 1974, 332-334. Reproducido en Mutis, *Poesía y prosa*, 706-709.

VATTIMO, Gianni. *Las aventuras de la diferencia. Pensar después de Nietzsche y Heidegger*. Trad. Juan Carlos Gentile. Barcelona, Península, 1986.

VILLAR, Arturo. «La poesía». *Estafeta Literaria*, N° 26. Bogotá, 1973.

VILLEGAS, Juan. *Estructura mítica del héroe*. Barcelona, Planeta, 1978.

VINYES, Ramón. «La balanza». Mutis, *Poesía y prosa*, 665-667.

VOLKENING, Ernesto. «El mundo ancho y ajeno de Alvaro Mutis. Acerca de Caravansary». *Magazín dominical* de *El Espectador*, 20 de septiembre, 1981. También en Mutis Durán, 35-42.

WALPOLE, Horace. *The Castle of Otranto*. New York, C. Scribner's Sons, 1931.

WATT, Ian. *Joseph Conrad, Nostromo*. Cambridge, Cambridge University Press, 1988.

ZALAMEA, Alberto. «La balanza». Mutis, *Poesía y prosa*, 665-667. «*La Nieve del Almirante*, el diario de Maqroll y de Alvaro Mutis». Mutis Durán, 27-34.

ZALAMEA, Jorge. *El gran Burundún Burundá ha muerto*. Bogotá, Colombia Nueva, 1966.

ÍNDICE

Este libro se terminó de imprimir en Caracas,
Venezuela, en los Talleres de ANAUCO
EDICIONES, C. A., durante el mes de mayo
de mil novecientos noventa y seis